JN112081

速読速聴・英単語
Business
1200 ver.2

Vocabulary Building×Rapid Reading & Listening

単語1100 + 熟語100

東京国際大学教授
松本茂 監修　　松本茂, Robert Gaynor, Gail Oura 著

はしがき

　「文脈の中で語彙を身につけていく」というコンセプトの「速読速聴・英単語シリーズ」は，1999年の『Core 1900』(※) 初版発刊以来，おかげさまで170万部を超え，たくさんの読者の皆様にご愛読いただいております。

　本シリーズのビジネス分野に特化した教材である『Business 1200』(※) は2008年に発刊して以来，ビジネスに関する重要な単語と熟語を効率的に学べる教材として多くの読者の皆様にご愛用いただいておりました。このたび，掲載している英文の内容をより時代に合ったものに見直すとともに，掲載する英文のレベルにバリエーションを持たせることで，より多くの方々に使っていただけるように改訂しました。

　今回の改訂でPart I と Part II の2部構成にしました。Part I では短めの読みやすい英文でビジネス関連の基礎教養を取り上げ，Part II では，英字新聞・雑誌の記事など読みごたえのある英文を扱います。Part I の英文レベルは中級（『Core 1900』(※) と同じ），Part II は中上級レベル（『Advanced 1100』(※) よりやや易しめ）になっており，徐々に英文レベルが上がっていきますので，無理なく，ビジネスで使われる語彙を身につけることができます。

　本書では，ビジネス分野の英語学習を効率的に進めていただけるよう，「経済全般」「経営戦略」「会計・財務・株式」「マーケティング」「ビジネス倫理」「有名経営者・起業家」など，8つの領域のテーマを幅広くバランスよく掲載しております。ビジネスに関連する用語や出来事について，スペースが許す限り解説しましたので，背景知識が深まり，その結果，応用力の高い単語が増強されるはずです。

　ビジネスの分野に限ったことではありませんが，英語の学習を続けていくためには，興味深い内容の生きた英語にたくさん触れること，そしてそれらを継続的に繰り返し読み，聴くことがとても大切です。最初は果てしない道のりのように感じるかもしれませんが，最後まで完走するためには「楽しさ」を見つけ「楽しい」「面白い」と思うことも必要です。ゴール地点での自分の姿をイメージし，しっかりとした目的意識を持って，コンフォートゾーンを超えた未知の情報を吸収していくことで，達成感を得ることができると確信しています。

　本書が皆様のさらなる英語力向上のお役に立つことができれば，これにまさる喜びはありません。

◆ ver.2 発刊にあたって

本書（ver.2）における改訂の大きなポイントは以下の通りです。

① 易しめの英文でビジネス教養を学ぶ Part Ⅰ と，新聞や雑誌などの本格的な英文記事を読みこなす Part Ⅱ とに分け，取り組みやすくしました。

② 英文の約６割を刷新。時代の変化を特徴づける内容，今後も，時代を超えてビジネスの常識として知っておきたい内容を掲載しています。

③ 英文中の約６割の見出し語を刷新。よりタイムリーなものに見直しました。

④ 長文読み上げ，単語読み上げ２種類の音声を Web サイトにて提供しています。

ver. 2 発刊にあたり，今回も監修・執筆をご快諾くださった松本茂氏をはじめ，Robert L. Gaynor 氏，Gail K. Oura 氏，櫻井功男氏，松尾直美氏，松本祥子氏には大変お世話になりました。また，翻訳につきましては林彩氏，西田直子氏，山下友紀氏，佐々木洋子氏にご助力いただきました。ご協力くださったすべての方々に，この場をお借りして厚くお礼申し上げます。

2021年4月 編集部

※『Core 1900』＝『速読速聴・英単語 Core 1900』（中級レベル）
　『Business 1200』＝『速読速聴・英単語 Business 1200』（中上級レベル）
　『Advanced 1100』＝『速読速聴・英単語 Advanced 1100』（上級レベル）

CONTENTS

Key Points of This Issue / Terms & Expressions

◆本書で用いた記号

【品詞】

vt. 他動詞　　　*vi.* 自動詞　　　　*n.* 名詞
adj. 形容詞　　　*adv.* 副詞　　　　*conj.* 接続詞　　*prep.* 前置詞

【記号・略語】

派　見出し語の元になる語もしくは見出し語から派生した語
≒　類義語（ほぼ同じ意味・用法）
⇔　反意語（ほぼ反対の意味・用法）
参　見出し語に関連した参考語
〔 〕言い換え可　　（ ）省略可　　〈 〉機能などの補足説明
～ 名詞（句）の代用　　... 動詞や節の代用　　～... 2つの名詞（句）が続く場合
《複》複数形　　《米》アメリカ英語　　《英》イギリス英語
cf. 参考表現

【発音記号・アクセント】

原則としてアメリカ英語の発音。
[´ ` ] ´ が第1アクセント，` が第2アクセント
[*r*] イタリック部分は省略可

音声のストリーミング再生とダウンロードについて

本書で🎧が記載されている部分は，Webサイトにて音声のストリーミング再生とダウンロードをすることができます。音声ファイルはMP3形式です。繰り返し聴いて学習に役立ててください。以下のURLか二次元コードよりアクセスしてください。

https://service.zkai.co.jp/books/zbooks_data/dlstream?c=5356

本書の構成と効果的な活用法

◆構成

❶ 音声ファイル番号

本文と単語（番号付き見出し語）が収録されている音声ファイル番号を示しています。スピードは fast speed（＝約150～160 wpm ／ words per minute：1分あたりの英単語数）で，英語圏のニュース放送でアナウンサーが普通に読み上げる際の平均的スピードです。英文を1回ずつ，単語は1語ずつ吹き込んであります。発音は，アメリカ標準英語です（Part Ⅱ No.2の本文のみ著作権の都合によりイギリス英語の音声です）。

※本文と見出し語の音声はWebサイトにて提供しております（p.7参照）。

※英文の日本語訳，各単語の訳，コラムは収録しておりません。

❷ 英文

紙面の都合上，1見開きに入りきらない英文記事は複数に分割しています。赤太字は見出し語，黒太字は姉妹編『Core 1900』『Advanced 1100』で登場した語です。

【英文選定基準】Part Ⅰでは，ビジネスパーソンが教養として身につけておきたいキーワード，キーコンセプトを解説する，1見開きで完結する短めの英文を中心に掲載しています。Part Ⅱでは，ビジネスに関連する幅広いジャンルから，内容的に興味深く，重要語彙ができるだけ多く含まれている（特に見出し語扱いのものがなるべく多く含まれている）英文を掲載しています。

❸ 英文出典・語数

「Original」は，ネイティブスピーカーによる書き下ろしです。英字新聞，雑誌，Webサイト等からの抜粋記事については，p.368の出典一覧にて詳細をご確認ください。

❹ 全訳

通常訳（通常の日本語の語順で訳したもの）になっています。ただし，英語の品詞に合わせて和訳しているため，多少日本語としては不自然な訳になっている箇所もあります。ご了承ください。なお，英文中で太字の単語の訳の部分は同様に太字になっています。

❺ 見出し語

英語圏の新聞や雑誌，Webサイト，放送で取り上げられるビジネス分野の話題を読み聴くために，知っておいた方がよい語を取り上げました。**黒太字**は，『Core 1900』，『Advanced 1100』での既習語です。別の意味で使われている場合も多々ありますので，ご活用ください。

※赤太字の単語にのみ☑（チェックボックス）に通し番号を付けてあります。

【見出し語選定基準】(1) 英字新聞・雑誌・Webサイト・放送などでの実際の出現頻度，(2) 他社ビジネス英単語集の見出し語，(3) 熟語については，データ上の頻度に加え，native speaker なら当然知っている熟語で，『Core 1900』『Advanced 1100』では紹介できなかった語——主にこの3つを基準に著者と編集部が選定しました。

❻ 語句・表現

イディオムや，難解な語句・表現の解説，固有名詞の解説です。なお，難度の高いものでも，訳を参照すれば意味を確認できると判断したものは解説を省略しました。

❼ ビジネス知識コラム

Key Points of This Issue では英文記事にまつわる背景知識をまとめてあります。Terms & Expressions では関連語彙を取り上げています。

❽ 達成度ゲージ

達成度を確認できるように，累積見出し語数を表示してあります。

◆効果的な活用法

学習目的や学習時間によって使い方はさまざまだと思いますが，基本的な使い方としては (1)「まず英文の内容を把握→単語を確認」，(2)「まず単語を大体覚える→英文で確認する」の2通りがあります。その他に以下の活用例も参考にしてください。

活用例1

目標：英文内容把握＆単語確認

1 英文を読む前に，本書を見ずに2〜3回聴いてみる。1語1語の「音」にとらわれるのではなく，全体として何を言っているのかという要点を押さえて理解することに全神経を集中させる。聴き取れない部分があっても，残りの聴き取れた部分で「推測する」よう心がける。

2 次に本書を開いて，英文を目で追いながら，また2〜3回聴いてみる。

3 次に，今度は自分で実際に「音読」してみる。

4 見出し語の意味を確認した上で，英文の内容を把握する。

5 4の終了後，単語の発音と英文を確認するために英文を見ながら，再度，音声を聴く。

活用例2

目標：速聴

1 英文を見ずに，音声だけを数回聴く。

2 英文を見ながら，音声を聴いてオーバーラッピングを行う。

※注) オーバーラッピング（overlapping）＝英文を見ながら音声を聴き，ほぼ同時に音読すること。

英語でビジネスができるようになるための学習法

■＜英語「を」学ぶ＞から＜英語「で」学ぶ＞へ

『Basic』『Daily』『Core』『Advanced』という英語の難易度でレベル設定した本とは異なる，ジャンルを限定した本書『Business』を「速読速聴・英単語」シリーズに加えて早いもので12年以上が経ちました。この12年間に11回も増刷されるほど，読者のみなさんからご支持いただけたことは監修者として望外の喜びです。

以前から申し上げているように，英語を使えるようになるには，「英語の基礎・基本がある程度身についたら，なるべく早い時期から，＜英語「を」学ぶ＞ために費やす時間よりも，＜英語「で」学ぶ＞時間を増やすことへと移行することが重要」です。この私の考えがこの『Business』の教材化にも結びついています。

速読速聴シリーズの既刊本においても，同じトピックに関する英文を連続して読むことの重要性を説いてきました。本書ではその考えをさらに推し進めて，「ビジネス」という1つのジャンルに限った英文を掲載してあります。このことにより，「英語でビジネスについて学ぶ」ということを疑似体験していただける教材になっていると自負しております。

とくに今回は，パートⅠでは，聞いたことがあるビジネスのキーコンセプトについて英語で説明できるようになるために，「ビジネス基礎教養」の英文を掲載しました。また，パートⅡでは，初版と同様に経済全般，経営戦略，会計・財務・株式，広告・広報，マーケティング，ビジネス倫理などの重要な分野・領域における読み応えのある英文を収めてあります。どちらのパートの英文も英語でビジネスについて学ぶのに役立つものです。

■「英語が使えなければ力がない」と見なされてしまう

英語ができれば仕事ができるほど世の中は甘くないです。しかし，英語を使えないと，ビジネスを遂行する上でマイナスになる可能性がある会社，業種，職種が増えているのも事実です。また，英語が使える従業員がいることで，国内だけでなく海外の消費者や企業もターゲットとしてビジネスを展開することも可能になります。

さらに，新型コロナウイルスによる影響だけでなく，AIの急速な発展と実用化などにより，日本の多くの企業のグローバル化はいっそう進むことでしょう。

＜英語「が」できる＞だけではなく，＜英語「で」ビジネスができる＞人材がますます求められるようになるはずです。英語だけできても企業人として機能しないですが，英語ができれば力をさらに発揮でき，より充実する環境が，今後ますます拡大することでしょう。

こういった状況に対応するためにも，ビジネスに関係する内容のことを英語「で」学ぶことが大切です。本書のPartⅡでは，ビジネスを8つの分野に分けて，それぞれの分野の英文を集中的に読む構成になっています。これは本シリーズにおいて一貫して説いてきた「1つのトピックをある一定期間，集中して読む・聴く」という学習法に基づいているのです。ビジネスという1つのトピックをさらに分野ごとに細分化した上で，それぞれに集中して，英文を読んだり，聴いたりすることにより，英語とトピックの両面において理解に広がりと厚みが生まれ，単語も効率的かつ有機的に学べるはずです。

「私は単語の力が足りないからひたすら英文を読むことにしている」と言う人がいます。それはそれでよいことですが，音声メディアも学習の素材とすると効果的です。また，「私はリスニング力が弱いから英語をいつも聴いていますが，英文はあまり読んでいません」というように音声メディアだけを学習の対象にしている人もいらっしゃいます。この学習法も不十分だと思います。

読むことと聴くことの片方だけに頼っていることは，英語の総合的な力を身につけるのには不十分です。例えば，ラジオで英語放送を聴いている際に，繰り返し[ɑ̀:ntrəprənə́:r] という音を耳にしたとしましょう。これは耳慣れない音かもしれません。しかし，「起業」のことが話題になっていることがわかれば，それがどうやら「起業家（アントレプレナー）」であるということが類推できるようになります。そして辞書で調べてスペリングと発音を確認します。さらに，その後に関連する記事やインターネット情報に entrepreneur という単語が出てきた際に，＜スペリング・発音・意味＞の三位一体の形で知識として定着します。これでこの単語を身につけたことになるのです。

■複数の雑誌，新聞に目を通す

同じ企業活動，経済政策，経済的事件であっても報道する新聞社や出版社によって表現の仕方がかなり異なります。また国によっても違います。例えば，イギリスとアメリカのメディアでは報道の視点がかなり違うことは珍しくありません。当然，使う英語表現も違います。したがって，*The Economist, The Wall Street Journal, Fortune* などを読み比べ，Podcast を利用して BBC Global News，Bloomberg On the Economy，The Wall Street Journal This Morning などを並行して聴くと，知識だけでなく，英語表現の幅は大きく広がります。

同じ出来事に関して，かなり違う英語表現を使って説明していることにも気がつくことでしょう。また，その逆に，まったく同じ表現を使っていることに気づく場合もあるはずです。この「気づき」が英語感覚を磨き，かつまた英語学習を楽しくしてくれるのです。さらに，複数の雑誌，新聞に目を通すことによって，自分の考えを持つ上でもバランスがとれるようになります。

■難易度の違う英文に接する

そして，時には少し易しく感じる英文を読むことも英語学習上有効です。子どもや学生向けに書かれた *White House Kids, The Learning Network, TIME for Kids Magazines* といった易しめの英文を読むことをお勧めします。易しめの英文を読む場合には精読して単語までじっくり学習する，難しい英文の場合には概略をつかむように心がけるなど，英文のレベルによって目的を変えて多角的に学習するとよいでしょう。

本書でも，*The Economist* など実際の雑誌の難しめの記事の他，やや易しめの書き下ろし英文が含まれていますので，難易度の違う英文を読めるようになっています。

また，読むことだけでなく，聴く方も難易度の高いものばかりでなく，時々易しく感じる英語を聴くとよいでしょう。例えば，NHK BS 放送で日本のニュースを聴いたり〔観

たり〕，Podcast で *VOA Special English* や *BBC 6 Minute English* のような易しい英語も聴いたりすることによって，英語の定着率がさらに増します。また，自分自身の英語力の伸びも実感でき，成長や成果を実感できると思います。ご自分の環境で持続可能な方法で学んでください。ハードな練習だけでは長続きしないものです。さまざまなシチュエーションで英語に触れる時間と量を確保し負担なく継続させることがポイントです。

■ビジネス知識を最大限利用する

　ある文章のメインポイントを理解できない，という経験は誰でもあります。特にイラストや図表がない場合に，余計にそういうことが起こりやすいものです。

　ビジネスに関する記述の場合，特殊な構文などを使った英文はあまりないので，文法的な知識が欠如しているために内容が理解できないということよりも，記事の背景や基本的なビジネス概念を知らなかったり，特定のビジネス用語のコンセプトを知らなかったりするために，全体がよくわからない，ということの方が圧倒的に多いはずです。

　本書を読んで，ビジネス知識やビジネス用語に精通することが，ビジネス関連の英文を読んだり，聴いたりすることをよりスムーズにしてくれるはずです。頭の中に内容に関するフレームワークを構築することが，ビジネス英語力を向上させる近道なのです。

■英語のまま理解する

　日本語を介して理解していたのでは，理解の速度は速くなりません。何よりも読んだり聴いたりして得た内容や英語表現を，英語でのコミュニケーションに活かすことが難しくなります。丁々発止の討論を行う際に，いちいち日本語を介して考え，発言していたのでは，議論の流れについていけません。

　では，どうするのか。それには「英語の回路」を頭の中に構築するしかありません。日本語の回路から英語の回路へと切り替えるのです。もちろん，すぐにできるわけはありません。その第一歩がビジネスや経営学で使われるコンセプトや重要な語句，経済や経営問題に関連する出来事を英語で説明できるようになることです。

　本書の英文を何度も読んだり聴いたりした後に，自分の言葉で重要なコンセプトや世界の出来事を英語で説明できるようにしておくとよいでしょう。英語の回路を十分に発達させるには，インプットするだけでは不十分で，アウトプットすることが重要です。

■立場を決めて読む・聴く

　英文を読む際，英文そのものと格闘している人が多いのが残念です。読むことも本来は書き手とのコミュニケーションのはずです。著者は何を言おうとしているのか，どのような情報や意見を共有しようとしているのか，どのように説明しているのか，といったことに関心を払いながら読み進めていくとよいでしょう。英語の放送を聴く時も基本的には同じ発想が必要です。しかし，これが意外と難しいのです。英語を追えば追うほど英語が逃げていく感じがするのではないでしょうか。

　そのようなお悩みをお持ちの場合は，コラム記事やニュース解説のように，発信者の意見・分析が提示されている文章を，暫定的に自分の立場を決めて，読んだり聴いたり

することが深い理解につながります。例えば，アメリカの金融政策についての記事だとします。現状の政策を変革すべきか，維持すべきかのどちらかの立場を仮に取るのです。そうすれば発信者の意見を批評的・批判的に読み取る〔聴き取る〕手がかりとなります。つまり，発信者とディベートを行っている感じです。どの部分が主張で，いくつ理由を挙げられ，そのそれぞれにどのような資料が提示されているのか，といったような発想で分析できるようになります。これがクリティカル・リーディングおよびクリティカル・リスニングです。

　一流の記者，コラムニスト，キャスターなどの意見を鵜呑みにするのではなく，仮想ディベートをするくらいのつもりで読んだり聴いたりすることをお勧めします。こうすれば，ポイントをおさえ速く考えられるようになり，スピードにも対応できるようになります。こうやって発信者とのコミュニケーションを楽しむことで，おのずから使える英語の力もついてきます。

■教養を広げる

　いわゆる名句と言われる引用があると上級者でもお手上げ状態になることがあります。英文雑誌記事などには聖書やシェイクスピアなどからの引用も多いものです。また，ヒットした映画のセリフや歌のフレーズなども出てきます。政治家の有名なセリフなども使われます。さらにやっかいなのは，これらの名句がそのまま使われるのではなく，一部分を替えて使われる場合です。これに対処するには，教養や興味・関心の幅を広げるしかありません。

　では，どうしたらよいのか…。名句集といったものを読む，ヒットした映画を観る，聖書を読むといったことを通して「教養を広げる」ことを地道に行っていくことしかないと思います。その一環として，今回の改訂版のPart Iも大いに利用してください。また，英語を読んだり聴いたりする際に，おやっと思った表現に出会った時には，そのことについて調べるといったことも大切です。

　本書を利用して英語力をさらに伸ばし，ご自分の仕事の幅を広げて，より充実したビジネス・ライフを送られることを願っています。As long as you keep on learning, you are a winner.

2021年4月 松本 茂

Vocabulary Building×Rapid Reading & Listening   Business 1200 ver.2

Part I   ビジネス教養

1. 基礎知識
2. キーワード
3. 人物

1 What Is Finance?

1　❶ Finance encompasses all the activities that go into managing money —
investing, borrowing, lending, **budgeting**, saving, and **forecasting**. These
activities **facilitate** the operation of households, companies and even nations.
There are three main types of finance: personal finance, business
5　finance, and public finance.
　❷ Personal finance is the management of one's money as an individual. This
includes creating a budget, paying bills, using credit, filing taxes, putting
money into savings, and investing.
　❸ Business finance is concerned with the effective use of money to
10　maximize profitability. This determines how a company raises funds to
conduct business, as well as how it will reinvest its profits or distribute them
to shareholders.
　❹ Public finance is the management of government debt (money it
owes), revenue (money it receives) and expenditures (money it spends).
15　Government revenue is mainly from taxes, fees, and fines, while expenditures
include mostly infrastructure and government programs. (Original, 145 words)

☑	**budgeting** [bʌ́dʒətiŋ]	*n.* 予算編成
派	**budget**	*vt.* を予算に計上する　*vi.* 予算を立てる
☑	**forecasting** [fɔ́ːrkǽstiŋ]	*n.* 予測 解説 予算管理上，年度途中に当該年度の最終値を予測すること。
☑	**facilitate** [fəsílətèit]	*vt.* を容易にする，を円滑に進める，を促進する
1 ☑	**personal finance**	個人の資産管理，個人ファイナンス
2 ☑	**business finance**	企業の資金管理，企業金融
3 ☑	**public finance**	財政

1　ファイナンス（資金管理）

❶ ファイナンス（資金管理）には，資金管理に関わるすべての活動，つまり投資，借入，融資，**予算編成**，貯蓄，**予測**などが含まれる。これらの活動は，家庭，企業，さらには国の運営**を円滑に進める**。ファイナンス（資金管理）には主に，個人の資産管理，企業の資金管理，財政の3つのタイプがある。

❷ 個人の資産管理とは，個人の財産を管理することだ。予算の作成，請求書の支払い，クレジットの利用，税金の申告，貯蓄に資金を回すこと，そして投資だ。

❸ 企業の資金管理は，収益性を最大化するための資金の有効利用に関するものだ。企業がビジネスを行うためにどのように資金を調達するのか，また，どのように利益を再投資するのか，あるいはどのように利益を株主に分配するのかを決定するものである。

❹ 財政とは，政府の債務（借金），歳入（収入），歳出（支出）の管理である。政府の歳入は主に税金，手数料，罰金からであり，一方，歳出は主に社会インフラ基盤と政府プログラムを含む。

---

4 ☐	**file taxes**	税を申告する，確定申告する
	派 **file**	*vt.*（公的処理を求めて書類）を提出する
	≒ **tax filing**	納税申告
5 ☐	**raise funds**	資金を調達する，基金を集める〔募る〕
6 ☐	**shareholder** [ʃéərhòuldər]	*n.* 株主；資金援助者

語句・表現

☐ *l.3*　household「家庭，世帯，家族」召使いなどを含む家庭の単位を表す。
☐ *l.9*　be concerned with ～「～に関わっている」
☐ *l.10*　maximize「～を最大化する」

2　What Are Financial Markets?

1　❶ A **financial market** is an exchange market where traders buy and sell financial securities, such as stocks and bonds, as well as **precious metals**. Numerous types of financial markets exist.　These markets provide financing to individuals and organizations at low **transaction costs**.

5　❷ In the stock market, shares of ownership (stocks) of a company are sold to investors.　The investors profit when they achieve **capital gains** as stock values go up.　In the less-risky bond market, investors buy bonds and the business or government returns the amount invested within an agreed-upon period, plus interest.

10　❸ The **commodities** market is where traders and investors buy and sell natural resources or commodities like corn, oil, and gold. The **derivatives** market involves contracts between parties based on the current value of the **underlying asset**.　Derivatives can be useful to businesses and investors alike by providing a way to **lock in** prices, to **hedge against** unfavorable

15　rate changes, and to mitigate **market risks**.　　　　　(Original, 154 words)

---

7 □ **financial market** 金融市場

8 □ **precious metals** 貴金属

9 □ **transaction cost** 取引費用

10 □ **capital gain**　キャピタルゲイン, 資本利得, 資産益
【解説】土地, 建物, 株, 債券などの資産価格が値上がることによって得る利益。それらの価格が下がって出た損失をキャピタルロスと言う。

⇔ **capital loss**　キャピタルロス

□ **commodity** [kəmá:dəti]　*n.* (大規模に取引される)一次産品, 農産物, 鉱物；商品　commodity price (物価)

11 □ **derivative** [dirívətiv]　*n.* デリバティブ, 金融派生商品
【解説】金融派生商品と呼ばれ, 株, 債券, 為替などの伝統的な金融商品から派生してできたことからこう呼ばれる。先物取引, スワップ取引, オプション取引などの取引がある。

2　金融市場

❶ 金融市場とは，トレーダーが株式，債券などの金融証券と貴金属を売買する取引市場のことである。多くの種類の金融市場がある。個人や組織が，これらの市場で安い取引費用で資金調達ができるのである。

❷ 株式市場では，企業の所有株式（株）が投資家に売却される。株式価値が上昇し投資家がキャピタルゲイン（資本利得）を得ると，投資家は利益を上げる。リスクの少ない債券市場では，投資家は債券を購入し，企業または国が，合意によって定められた期間内に投資された額と利子を払い戻す。

❸ 商品市場とは，トレーダーや投資家がトウモロコシ，石油，金といった天然資源や商品を売買する市場のことだ。デリバティブ市場には，原資産の現在の価値に基づく当事者間の契約が必要である。デリバティブは，企業にとっても投資家にとっても同様に有益になり得る。それは価格を固定する手法，不利な為替レートの変動に対して防衛する手段，市場リスクを和らげる手法が提供されることによってもたらされる。

12 ☑	**underlying asset**	原資産 **解説** 有価証券の原資。株式，債券，為替など，先物やオプション，スワップといったデリバティブ取引の対象となっている資産。
13 ☑	**lock in ～**	～（変動する可能性がある数値など）を固定する，～を確定する
14 ☑	**hedge against ～**	～（金銭的な損失・危険など）に対して防衛する
15 ☑	**market risk**	市場リスク，マーケットリスク **解説** 市場価格（金利・株価・為替など）の下落により，保有資産に損失が生じる可能性のこと。

語句・表現

- *l.2*　financial securities「金融証券」stocks, bonds, money market securities (e.g., treasury bills), and other instruments representing the right to receive future benefits under a set of stated condition
- *l.8*　agreed-upon「同意済みの，承諾済みの，取り決められた」
- *l.15*　mitigate「～を和らげる」

3 What Do Banks Do?

1　❶ The primary functions of **commercial banks** are to accept deposits and to lend **funds**. In the United States, these **financial transactions** are generally done through **checking accounts**. Yet, they can also be accomplished by credit card transfers, **electronic payment**, and **wire**
5　**transfers**.

❷ In addition, these banks act as **intermediaries** on behalf of their customers for such services as paying bills, insurance premiums, and loan installments. They can represent a customer in purchasing securities in the stock market, or even act as **trustee** of a customer's estate. Other general
10　services offered by banks include issuing **debit cards** and credit cards.

❸ Banks are vital to economic stability and growth. Banks put their account holders' money to good use by lending it out to others who then can buy homes, start small businesses and send their children to college.

(Original, 136 words)

16 ☑	**commercial bank**	商業銀行, 市中銀行
☑	**fund** [fʌnd]	*n.*〈複数形で〉(投資などの) 資金, 財源, 基金；蓄え *vt.* に資金を提供する；を蓄える
17 ☑	**financial transaction**	金融取引
18 ☑	**checking account**	当座預金口座 解説 小切手や手形の決済が可能な無利子の預金口座。企業による利用が多い。
	参 **savings account**	普通預金口座
19 ☑	**electronic payment**	電子決済
20 ☑	**wire transfer**	電信送金

3 銀行は何をする

❶ 商業銀行の主な機能は，預金の預かりと**資金**の貸し付けである。米国では，これらの金融取引は通常，当座預金口座を通じて行われる。しかし，クレジットカードによる振込，電子決済，電信送金によっても可能である。

❷ また，これらの銀行は顧客の代わりに，代金や保険料の支払い，ローンの分割払いなどのサービスの仲介者として業務を行う。銀行は株式市場で証券を購入する際に顧客の代行をしたり，顧客の不動産の受託者役も担う。銀行が提供するその他の一般的なサービスには，**デビットカード**とクレジットカードの発行が含まれる。

❸ 銀行は経済の安定と成長に不可欠だ。銀行は口座保有者の資金を，他者に貸し付けることで有効に運用している。貸し付けは住宅の購入，中小企業の立ち上げ，子どもを大学進学させる人に行われる。

21	**intermediary** [ìntərmíːdièri]	*n.* 仲介者，媒介（者）

参 **intermediary bank** 中継銀行

22	**trustee** [trʌstíː]	*n.* 受託者，保管人，管財人；（大学などの）評議員，役員，理事

解説 信託法による信託財産の管理処分の委託を受けた人のこと。

参 **trustee in bankruptcy** 破産管財人
参 **trustee bank** 受託銀行

☑	**debit card**	デビットカード

解説 支払いをする際に，即時に銀行口座から代金が引き落とされるカードのこと。

語句・表現

- ☐ *l.6* act as ～「～の役を務める」as の次の名詞はしばしば無冠詞。
- ☐ *l.7* insurance premium「保険料」
- ☐ *l.7* loan installment「ローンの分割払い」
- ☐ *l.11* put ～ to good use「～を運用する，～を活かす」

4 Real Assets and Financial Assets

1 ❶ Assets are the lifeblood of a business because they are valuable resources that determine a company's **net worth**. These assets are classified into **real assets** and **financial assets**. It is important for a business owner to differentiate between the two types of assets because changes in either of
5 them can affect the trajectory of a business.

❷ Real assets are value-generating properties and commodities owned by the business. They are essentially physical items, such as land, buildings, equipment, precious metals, and oil. In contrast, financial assets get their value from a contractual right or ownership claim. Some examples are
10 **stocks**, **bonds**, **mutual funds**, and **bank deposits**.

❸ A mix of real and financial assets provides a good hedge against market risks since they often move in opposite directions. Real assets provide more **stability** than financial assets. On the other hand, financial assets provide more **liquidity** and can be converted to cash more easily.

(Original, 151 words)

23 ☑	**net worth**	自己資本, 純〔正味〕資産〔財産〕(≒ net asset) **解説** 企業のすべての資産の総額から, 負債の額を差し引いた金額のこと。
24 ☑	**real asset**	実物資産
25 ☑	**financial asset**	金融資産
☑	**stock** [sták]	n. 株式；蓄え　adj. 株式に関する；手持ちの；在庫の vt. を仕入れる；を蓄える　vi. 仕入れる
☑	**bond** [bánd]	n. 債券, 公債 vt. を債権に取り替える；を保証する
26 ☑	**mutual fund**	投資信託 **解説** 複数の投資家の資金を集めてファンドを形成し, 投資信託会社が株式や債券, 不動産などで運用し, その利益を投資家に分配する金融商品。
	≒ **unit trust**	投資信託

4 実物資産と金融資産

❶ 資産は企業の生命線である。というのも，資産は企業の自己資本を決定する重要な材料であるためだ。資産は，実物資産と金融資産に分類される。企業のオーナーにとってはこの2種類の資産を区別することが重要である。どちらか一方に変動があれば事業の軌道に影響を与える可能性があるからである。

❷ 実物資産とは，その企業が所有している，価値を生み出す不動産物件や商品である。それらは基本的に，土地，建物，設備，貴金属，石油など形があるものだ。対照的に，金融資産とは契約上の権利または所有権の請求により価値が得られるものだ。例として，株式，債券，投資信託，銀行預金がある。

❸ 実物資産と金融資産を組み合わせることで，市場リスクに対する良好な防衛手段となる。理由として，両者は反対方向に変動することが多いからである。実物資産は，金融資産よりも安定性が高い。一方，金融資産はより流動性が高く，現金化がより容易である。

27 ☐	**bank deposit**	銀行預金
☐	**stability** [stəbíləti]	*n.* (変化などに対する) 安定性，不動性；(意思などの) 不変性；(人などの) 信頼性
28 ☐	**liquidity** [likwídəti]	*n.* 流動性，換金性

✎ 語句・表現

- ☐ *l.4*　differentiate between ～「～を区別する」
- ☐ *l.5*　trajectory「軌道」
- ☐ *l.8*　in contrast「対照的に」

5 What Is E-Commerce?

1　❶ Have you purchased something online recently? If so, you are hardly alone. In the year 2020, about two billion people worldwide made online purchases. The electronic buying and selling of goods and services over the Internet is known as e-commerce. It can be conducted via computers,
5　**tablets**, or smartphones. Most financial transactions today can be completed through e-commerce — from buying **virtually** any product you can imagine to stock investing and **online banking**.

❷ E-commerce has helped businesses establish a wider **market presence** by providing less expensive and more efficient **distribution channels**
10　for their products or services. For example, Amazon has successfully established a dominant international **market reach** using its business model, which solely relies on online sales and delivery. Other **mass retailers** have **supplemented** their brick-and-mortar presence with online stores.

15　❸ Why is e-commerce so popular? Because buyers can shop whenever they want, 24 hours a day, seven days a week. And without even leaving home. It is the **epitome** of convenience.　　　　　　　　　　(Original, 160 words)

29 ☑	**tablet** [tǽblət]	*n.* タブレット, タブレット型コンピュータ；(石・粘土などの) 書字板
	virtually [və́ːrtʃuəli]	*adv.* ほとんど, 実質的に, 事実上, 実質的には；コンピュータ上で
	派 **virtual**	*adj.* 事実上の, 実際の；仮想の
30 ☑	**online banking**	オンラインバンキング
31 ☑	**market presence**	市場プレゼンス, 市場での存在感
32 ☑	**distribution channel**	流通チャネル **解説** 商品がメーカーから消費者へと流通する経路やその手段。
33 ☑	**market reach**	市場での勢力範囲, 市場範囲

5 eコマース

❶ あなたは最近，何かをオンラインで買ったことがあるだろうか。もしそうならば，それはあなただけではない。2020年に，世界でおよそ20億人の人々がオンラインで買い物をしたのである。電子媒体を使って商品やサービスの売買をインターネット上で行うことは，電子商取引（eコマース）として知られている。それはコンピュータ，タブレット，あるいはスマートフォンを用いて行われる。大部分の金融取引は，今日では電子商取引を介して完結することができるのだ──あなたが想像できる**ほとんど**すべての商品の購入から，株式投資やオンラインバンキングまで。

❷ 電子商取引は，企業が一層大きな市場プレゼンスを確立するのに一役買ってきた。それは，企業の製品やサービスをより低価格でより効率的な流通チャネルで提供することによってである。例えば，アマゾンは自社のビジネスモデルを用いて，他の追随を許さぬ国際的な市場での勢力範囲を順調に確立してきており，それはもっぱらオンラインでの販売および配送に依存している。他の量販店は，オンラインショップで実店舗の存在を補完してきている。

❸ 電子商取引は，どうしてそれほど多く利用されているのだろうか。そのわけは，購入者がいつでも好きな時に，1日24時間，年中無休で買い物ができるからである。しかも，家を離れなくてもいいのだ。これこそ，利便性そのものである。

---

34 ☑	**mass retailer**	量販店
35 ☑	**supplement** [sápləmènt]	*vt.* を補完する，を補う　*n.* 補足，追加；栄養補助食品
36 ☑	**epitome** [ipítəmi]	*n.* そのもの；典型的な例，縮図

✏ 語句・表現

☐ *l.4*　via ～「～を経由して，～を用いて」
☐ *l.12*　solely「もっぱら，単独で」
☐ *l.13*　brick-and-mortar「実際の店舗の」レンガとモルタルでできた，という表現から，「インターネット上ではなく，実在する」の意味。

6 Mission and Vision

1 ❶ Companies frequently **articulate** their goals and objectives in mission and vision statements. Although the two types of statements are often presented together, they differ in both content and purpose.

❷ Organizations use mission statements to proclaim to the public **their**
5 **reasons for existing**. Mission statements may also **summarize** current **concrete objectives**, and what companies are doing to meet them. For example, here is the mission statement for a leading international bank: To responsibly provide financial services that enable growth and economic progress. The statement conveys the image of a conscientious institution
10 that offers both stability and opportunity.

❸ **Conversely**, vision statements are more likely to concentrate on less **tangible long-term** aspirations. They often seek to be **inspiring** or **thought-provoking**. This is the vision statement for the bank above: To be the most competent, profitable, and **innovative** financial organization in the
15 world. In this statement, the bank clarifies the direction for its future growth and identifies its **ultimate goal** to be at the top of its industry.

(Original, 167 words)

37 ☑	**articulate** [ɑːrtíkjəlèit]	*vt.* を明確に表現する；をはっきりと発音する
38 ☑	**one's reason for existing**	（人・物の）存在理由
39 ☑	**summarize** [sʌ́məràiz]	*vt.* を要約する，(話)をまとめる；(複雑なこと)を簡単に言う
40 ☑	**concrete objective**	具体的な目的〔目標〕
41 ☑	**conversely** [kənvə́ːrsli]	*adv.* 一方，反対に；逆に言うと
☑	**tangible** [tǽndʒəbl]	*adj.* 具体的な；明確な；重要な；実在する

6 ミッションとビジョン

❶ 企業は，しばしば，ミッション・ステートメントおよびビジョン・ステートメントの中でその目標や目的を明確に表現する。この2種類のステートメントは一緒に表明されることが多いが，内容と目的の両方の点で異なっている。

❷ 組織はミッション・ステートメントを利用して，一般に向けてその存在理由を宣言する。ミッション・ステートメントは，現在の具体的な目標，および，企業がそれらを達成するために遂行していることを要約していることもある。例えば，ある一流の国際的な銀行のミッション・ステートメントにはこうある。成長や経済発展を可能にする金融サービスを責任を持って提供すること。このステートメントが伝えているのは，安定とチャンスの両方を提供してくれる，誠実な機関という印象である。

❸ 一方，ビジョン・ステートメントの方は，それほど**具体的**ではない，**長期にわたる**目標を重視する傾向が強い。それらのステートメントは，やる気にさせるものか，あるいは示唆に富むものにしようとする場合が多い。次にあるのは，上記の銀行のビジョン・ステートメントであり，世界で最も優良で，収益性が高く，そして**革新的な**金融組織であることを示している。このステートメントの中で，当該の銀行はその将来的な成長の方向性を明確にし，またその業界の頂点に立つことが最終的な目標であると確認している。

☐ **long-term** [lɔ́(ː)ŋtə̀ːrm]	*adj.* 長期間にわたる，長期の	
42 ☐ **inspiring** [inspáiəriŋ]	*adj.* やる気にさせる，鼓舞する，触発する	
43 ☐ **thought-provoking** [θɔ́ːtprəvòukiŋ]	*adj.* 示唆に富む，いろいろ考えさせられる，啓発的な	
☐ **innovative** [ínəvèitiv]	*adj.* **革新的な**	
派 **innovation**	*n.* （技術などの）革新，一新；新しい考え	
44 ☐ **ultimate goal**	最終的な〔究極の〕目標	

7 What Is Branding?

1 ❶ Branding is the process of creating a company's unique brand — the "public face" of your company. Creating a strong brand involves **in-depth** research to discover what would attract your **target market** to your products or services.

5 ❷ Smart branding uses strategic thinking and creativity. It involves doing **consumer research**, designing a corporate identity, writing brand messaging, and positioning your company to stand out in the marketplace. A strong brand name, a well-designed **logo**, and a catchy **slogan** all make your company easily **identifiable**. If customers are happy with your products

10 or services, this solid **brand identity** builds confidence in the brand. Customers tend to be loyal to a brand they know and trust.

❸ A classic example of a successful brand is Nike, the sporting goods company. Their target market is serious athletes. The company name "Nike" is the name of the Winged Goddess of Victory in Greek mythology.

15 Nike's logo — the "Swoosh" — is derived from the goddess' wing which **symbolizes** the sound of speed, movement, and power. Their slogan, "Just Do It" is simple and memorable. Those three words convey the essence of the brand. It motivates us to do more.   (Original, 189 words)

45 □ **in-depth** [índépθ]	*adj.* 〈限定用法〉徹底的な；詳細な, 綿密な	
46 □ **target market**	ターゲット・マーケット, 標的市場	
47 □ **consumer research**	消費者調査	
48 □ **logo** [lóugou]	*n.* ロゴマーク	
49 □ **slogan** [slóugn]	*n.* スローガン, 標語	

7　ブランド構築

❶ ブランド構築とは，企業の持つ唯一無二のブランド，すなわち会社の「対外的な顔」を創造する過程である。強力なブランドを創り出すには何がターゲット・マーケットを貴社の製品やサービスに引き付けるのかを見いだす徹底的な調査が必要である。

❷ 賢明なブランド構築には，戦略的思考や創造性が生かされている。そのためには消費者調査を実施すること，企業理念を策定すること，ブランドメッセージを文字に表すこと，そして市場で注目されるようにあなたの会社を位置付けることが必要である。力強いブランド名，巧みにデザインされたロゴマーク，そして人目を引くスローガン，それらすべてがあなたの会社を容易に見分けられるようにしてくれる。顧客が貴社の製品あるいはサービスに満足しているならば，この確固たるブランドの独自性が，ブランドに対する顧客の信頼を築き上げているということである。顧客は，自分たちが知っていて信頼しているブランドに，義理立てする傾向がある。

❸ 成功したブランドの典型例が，スポーツ用品会社のナイキである。同社のターゲット・マーケットは熱心な運動選手である。社名の「ナイキ」は，ギリシャ神話の翼を持った勝利の女神の名前である。ナイキのロゴマークである「スウッシュ」は，この女神の翼に由来するもので，スピード，動き，そして力の音を象徴している。ナイキのキャッチフレーズ「Just Do It（ただやるのみ）」は，単純でかつ覚えやすい。これらの３つの単語がこのブランドの本質を伝えている。我々にさらにやる気を起こさせてくれるのだ。

50 ☑	**identifiable** [aidèntəfáiəbl]	*adj.* 見分けられる，見分けがつく，（特定の人や物であると）確認できる；同一であると認識できる
51 ☑	**brand identity**	ブランドの独自性，ブランド・アイデンティティ
52 ☑	**symbolize** [símbəlàiz]	*vt.* を象徴する
	派 **symbol**	*n.* シンボル，象徴；記号

✎ **語句・表現**

□ *l.15* swoosh「（車などが空気・水などの摩擦音で）シューッという音を立てる」「シューッという音」本文の the Swoosh は「スウッシュ（ナイキ社のロゴ）」のことを表す。

8 Innovative Corporate Leadership Structure

1   ❶ Large corporations traditionally have a **hierarchical** leadership structure. At the top is the **board of directors**, followed by upper-level management. This level includes the CEO and other **executive officers**, with **vice-presidents** under them. The lower-level managerial tier is made up of
5   departmental managers, who **keep track of** day-to-day operations and supervise employees.

❷ Recently, however, many **forward-looking** companies are embracing a more inclusive "**shared leadership**" model. Under this system, employees at all levels are encouraged to participate actively in company operations.
10   This includes decision-making, idea sharing, planning, and project review.

❸ These companies empower employees with "**emergent leadership**" qualities by giving them real responsibility and by rewarding their contributions. In so doing, an environment of trust and openness is nurtured throughout the organization. Shared responsibility and the free flow of ideas
15   will promote **employee loyalty** while increasing a company's competitive edge.

(Original, 139 words)

53	**hierarchical** [hàiərá:ァkikl]	*adj.* 階層的な，階級組織の
54	**board of directors**	取締役会，理事会，役員会
55	**executive officer**	執行役員
56	**vice(-)president** [váisprézədənt]	*n.* 〈企業の役職の１つで〉VP，本部長，次長；副大統領，副社長
57	**keep track of ~**	～を把握する，～を追跡する，～の経過を追う，～に絶えず注意している
58	**forward-looking** [fɔ́:ァwəァdlùkiŋ]	*adj.* 進歩的な，積極的な

8 革新的な企業リーダーシップ構造

❶ 大企業には慣習的に階層的なリーダーシップ構造がある。最上位に取締役会があり，次が上級管理職層となる。この階層には，CEOやその他の執行役員，その下に本部長がいる。その下の管理職階層は，部門マネージャーで構成され，日常業務を把握し，従業員を監督する。

❷ しかし最近では進歩的な企業の多くが，より包括的な「シェアド・リーダーシップ」モデルを採用している。このシステムでは，全階層の従業員が会社の運営に積極的に関与することが奨励される。これには，意思決定，アイデアの共有，企画，プロジェクト審査が含まれる。

❸ こういった企業では，従業員に実際に責任を持たせたり，貢献に対して報酬を与えたりすることで，「エマージェント・リーダーシップ」の資質を推進している。そうすることで，組織全体で信頼と開放性（オープンネス）の環境が育まれる。責任を共有し自由にアイデアを出せることで，従業員の忠誠心が促進されると同時に会社の競争力も高まるのだ。

59 ☑	**shared leadership**	シェアド・リーダーシップ **解説** 組織やチームの個々のメンバーがリーダーシップを発揮し，組織の目標達成につなげるリーダーシップ理論。
60 ☑	**emergent leadership**	エマージェント・リーダーシップ **解説** 状況に応じて必要なリソース（スキル，知識などの能力に加え個性なども含む）を持った人が，入れ替わり立ち替わりリーダーとして立ち現れる，自然発生的なリーダーシップのこと。
61 ☑	**employee loyalty**	従業員の忠誠心，従業員ロイヤルティ

🖋 語句・表現

- □ *l.4* tier「層」発音は [tíər]。「結ぶ人」の tier は [táiər] と発音する。
- □ *l.4* be made up of ～「～で構成される，～で成り立つ」
- □ *l.5* day-to-day operation「日常業務，日々の業務」
- □ *l.11* empower ～ with ...「（人）に（権利，権限など）を与える」
- □ *l.13* in so doing「その際：そうすることで」

9　The Evolution of HRM

1　**❶ Human resource management** (HRM) is the strategic approach to the effective management of people within an organization.　HRM places a great deal of emphasis on gaining **employee commitment** to **organizational goals**.　The thinking behind how companies manage their people in the U.S.
5　has evolved greatly over the years.

　❷ In the early 1900s, workers had limited benefits while the HR staff was focused mostly on hiring, firing, and pay.　From the 1930s to the 1950s, the focus started to shift to improving worker benefits through HR's **negotiations with labor unions**.　With the advent of the Civil Rights
10　Movement in the 1960s, **equal employment opportunity** became a key HR **management responsibility**, leading to more inclusivity and diversity in the workplace.　By the 1980s, the over-riding purpose of HRM — to maximize the **productivity** of an organization by **optimizing** the effectiveness of its employees — was firmly established.　(Original, 145 words)

62 ☑	**human resource management**	人的資源管理（HRM）
63 ☑	**employee commitment**	従業員の積極的な姿勢，従業員の組織への献身，従業員のコミット
64 ☑	**organizational goal**	組織目標，組織の目標
65 ☑	**negotiation with ~**	～との交渉
66 ☑	**labor union**	労働組合 **解説** 賃金，労働時間，休暇，保障などの労働条件を改善することを目的として２人以上の労働者が組織・運営する団体で，雇用者との交渉などを行う。
	≒《英》**trade union**　労働組合	

9　HRMの進化

❶ 人的資源管理 (HRM) は，組織内の人材を効果的に管理するための戦略的アプローチである。HRMでは，組織目標に対する従業員の忠誠心を得ることを非常に重視している。米国では企業がどのように従業員を管理するかに関する考え方が，長年にわたって大きく進化してきた。

❷ 1900年代初頭，労働者は限られた恩恵しか享受できなかった。その当時人事担当者は主に雇用，解雇，および給与に重点を置いていたからだ。1930年代から1950年代にかけて，人事管理部門と労働組合との交渉を通じて労働者の福利厚生を改善することに焦点が移り始めた。1960年代の公民権運動の登場により，雇用機会均等が人事管理部門の重要な管理責任となり，職場の包括性，多様性が高まった。1980年代までに，HRMの最も重要な目的，つまり従業員の力を最大限に活用することで組織の生産性を最大化するということが，しっかりと確立された。

67 ☐	**equal employment opportunity**	雇用機会均等 (EEO)
	参 the Equal Employment Opportunity Law　男女雇用機会均等法	
68 ☐	**management responsibility**	管理責任，経営責任
☐	**productivity** [pròudʌktívəti]	*n.* 生産性
☐	**optimize** [áptəmàiz]	*vt.* を最大化する，を最大限に利用する；を最適化する

語句・表現

- ☐ *l.4*　thinking behind ～「～の背景にある考え」
- ☐ *l.9*　with the advent of ～「～の出現で」
- ☐ *l.11*　inclusivity「包括性」多様性を尊重し受け入れる姿勢を指す。

10-1 What Is Consumer Behavior?

1　❶ In marketing, the term "consumer behavior" refers to the analysis of how people make decisions about what they buy, want, or need, regarding a product or service. Successful organizations build their **marketing strategies** with consumer behavior as the foundation.

5　❷ Factors affecting consumer behavior can be **grouped into** three main categories:

Personal: age, **gender**, occupation, interests, opinions, and lifestyle
Psychological: motivation, **attitudes**, **preferences**, beliefs, and **values**
Social: influence of family, **peer groups**, **social media**, education level, and
10　income

69 ☑	**marketing strategy**	市場戦略, マーケティング戦略, 販売戦略 **解説** 誰をターゲットに, 何をいくらでどのような販売チャネルを利用して売るのかなどを考える販売促進のための戦略。
70 ☑	**group ～ into ...**	～を…に分類する
☑	**gender** [dʒéndər]	*n.* (社会的・文化的役割としての) 性
	参 sex	*n.* 生物学的性別, 男女〔雌雄〕の別
☑	**attitude** [ǽtət(j)ùːd]	*n.* 考え方, (人・物に対する) 態度, 感じ方
☑	**preference** [préfərəns]	*n.* 好み；優先権
	派 prefer **派 preferable**	*vt.* をより好む, を選ぶ *adj.* 好ましい, ましな
☑	**value** [vǽljuː]	*n.* 価値観, 価値基準

10-1 消費者行動

❶ マーケティングにおいて「消費者行動」という語は, 製品やサービスに関して, 人々が何を購入し, 求め, あるいは必要とするかをどのように決定するかの分析を意味する。成功する組織は, 消費者行動をその基盤として, 市場戦略を構築するのである。

❷ 消費者行動に影響を与える要因は, 3つの主要なカテゴリーに分けることができる:

個人に関すること:年齢, **性別**, 職業, 興味, 意見, および生活様式

心理面に関すること:動機付け, **考え方**, **好み**, 信念および**価値観**

社交面に関すること:家族の影響, ピア・グループ, ソーシャルメディア, 教育水準, および収入

71 ☑ **peer group**	ピア・グループ, 仲間集団
	解説 年齢・社会的立場・境遇などがほぼ同じ人たちで構成されるグループ。peerは「同僚・仲間」の意。
72 ☑ **social media**	ソーシャルメディア
	解説 ツイッターやフェイスブック, ブログなど, ウェブ上で個人間のコミュニケーションを促進するサービスの総称。

✎ 語句・表現

□ *l.4* with consumer behavior as the foundation「消費者行動をその基盤として」このwithは状況, 様子を表して「…して;…しながら」の意味を表す用法。with the window open(窓を開けたまま)など。

□ *l.5* affect「〜に影響を及ぼす」

10-2 What Is Consumer Behavior?

1 ❸ What leads consumers to prefer one brand over another **alternative**? Which factors ultimately will **trigger** purchasing decisions? Marketers can find answers by using various data collection methods, such as personal interviews, online surveys, customer reviews, focus groups, and
5 social media research. If needed, an organization can contract with an outside marketing data analyst to learn about purchase patterns, current buying trends, and analysis of comparative data with competitive brands.
❹ Whatever method is used, the goal is to discover what consumers care about. Then, marketing campaigns can focus their messages on fulfilling the
10 specific needs of the target market by enhancing existing products and crafting desired new ones.　　　　　　　　　　　　(Original, 180 words)

☐	**alternative** [ɔːltə́ːrnətiv]	n. 選択肢　adj. 二者択一の；代わりの
☐	**trigger** [trígər]	vt. を引き起こす, をもたらす；(銃) を撃つ n. (銃の) 引き金；誘因；(銃の) 引き金
73 ☐	**purchasing decision**	購買決定, 購入の意思決定
74 ☐	**data collection methods**	情報収集方法
75 ☐	**customer review**	カスタマーレビュー, お客様の声
76 ☐	**contract with** ~	~と契約を結ぶ
77 ☐	**purchase pattern**	購買様式, 購入パターン
78 ☐	**buying trend**	購入傾向

10-2　消費者行動

❸ どのような理由で，消費者は他の**選択肢**よりもある特定の銘柄を好むのだろうか。どの要因が最終的に**購買決定を引き起こす**のだろうか。マーケティング担当者はその答えを，さまざまな**情報収集方法**を利用して見つけることができる。その方法とは，個人面談，オンライン調査，カスタマーレビュー，フォーカスグループ，そしてソーシャルメディアの調査などである。必要であれば，組織は購買様式や現在の購入傾向，そして競合する銘柄との比較情報の分析について知るために，外部のマーケティングデータ分析の専門家と契約を結ぶことができる。

❹ どのような方法が利用されるにしろ，その目的は，消費者が関心を持っているものを見つけ出すことである。そして，既存の製品を拡充し，望みの新製品を作り出すことによって，マーケティングキャンペーンはターゲット・マーケット（標的市場）の特定のニーズを満たすことにメッセージを絞れるのだ。

79 ☑ comparative data	比較情報，比較（対照）データ
80 ☑ specific needs	特定ニーズ，（顧客・利用者などに）特有のニーズ

📝 **語句・表現**

□ *l.4*　focus group「フォーカスグループ」情報を収集するために集められた顧客グループのこと。

11 Advertising and Public Relations

1 ❶ Both advertising and public relations (PR) are essential for an effective business communication strategy.　However, many people mistakenly think that advertising and PR are the same.　But there are some key differences between the two.

5 ❷ Advertising is creating paid announcements to be **promoted** through various media including online, print, TV, and radio.　Such advertisements are directed at a target audience to generate sales of a product or a service.

❸ PR, on the other hand, is a strategic communication process which aims at building a positive image for a client company.　A PR professional
10 seeks free publicity in media coverage by writing press releases and by pitching ideas for stories to media contacts.　Consumers generally find PR endeavors more trustworthy than advertising.

❹ Successful ads and positive news coverage reinforce each other's message.　In today's digital age, even more venues for these messages are
15 available, such as online advertising, social media campaigns, and ads on mobile platforms.　Using advertising and PR together effectively will undoubtedly lead to favorable public impact.　　　　　(Original, 168 words)

☑	**promote** [prəmóut]	vt. を宣伝する；を促進する；を昇進させる
81 ☑	**client company**	取引先企業, クライアント（企業）
82 ☑	**media coverage**	メディア掲載, マスコミ報道
	参 **coverage**	n. (ニュースなどの) 報道, 取材, 放送
	派 **cover**	vt. (テレビや新聞などがニュース) を報道する, を放送する
83 ☑	**pitch** [pítʃ]	vt. を売り込む；を投げる
	参 **sales pitch**	セールストーク, 売り文句 (≒ sales talk)
	参 **elevator pitch**	エレベーター・ピッチ (的を得た簡潔な説明)
84 ☑	**media contact**	メディア窓口, 問い合わせ先

11 広告と広報

❶ 広告と広報 (PR) のどちらもが効果的なビジネス・コミュニケーション戦略には不可欠だ。ところが，多くの人は広告と広報は同じものだと誤って捉えている。しかし，両者の間には重要な違いが何点かある。

❷ 広告とは，オンライン，印刷物，テレビ，ラジオといったさまざまなメディアを通じて**売り込ん**でもらうためにお金を払って宣伝することである。こういった広告は，ある製品またはサービスの売り上げを生み出すためにターゲット層に向けられたものだ。

❸ 一方，広報は，クライアント企業のために肯定的なイメージを構築することを目的とした戦略的なコミュニケーション・プロセスだ。広報の専門家は，メディア掲載の中で無料で宣伝できる機会を求めている。プレスリリース (報道発表) を書いたり，メディア窓口に記事のアイデアになるものを売り込んだりするのだ。消費者は，一般的に広報の試みを広告よりも信頼できると捉える。

❹ うまくいった広告と，肯定的なニュース報道が出れば相互のメッセージを補強し合う。今日のようなデジタル時代では，これらのメッセージを表示する場がさらに増えている。例えばオンライン広告，ソーシャルメディア上のキャンペーン，モバイル・プラットフォーム上での広告などだ。広告と広報を効果的に併用することで，一般の人々に好感を与えられることは間違いない。

85 ☐	**venue** [vénjuː]	*n.* (仕事などの) 場所；開催地
86 ☐	**online advertising**	オンライン広告
87 ☐	**mobile platform**	モバイル・プラットフォーム **解説** スマートフォンやタブレット型端末などのモバイル端末向けのオペレーティングシステムの総称。iOS, Androidなど。

✎ **語句・表現**

☐ *l.2* mistakenly「誤って」
☐ *l.11* PR endeavor「広報活動」
☐ *l.12* trustworthy「信頼できる」

2 キーワード ◆ Keywords

12 The 4 Ps of Marketing

1 ❶ The 4 Ps — product, price, promotion, and place — are considered key factors in marketing **goods and services**. Often referred to as "the **marketing mix**," they are tools to help companies gain **competitive advantage** within the marketplace.

5 ❷ How do the 4 Ps work? "Product" is a good or service offered to the public. Marketing focuses on **showcasing** features and benefits of the product. "Price" is the cost to **purchase** the product. When setting the price, marketers consider supply and shipping costs, as well as prices of **competitors**. "Promotion" includes advertising, public relations, and

10 promotional strategy. Marketing seeks to reveal to consumers why they need the product. "Place" is where a product will be sold. It could be available in **brick-and-mortar stores** or through online retailers.

❸ Using the 4 Ps is a **tried-and-true** method for effective marketing. Newer models have been suggested, yet proponents feel that the 4 Ps are

15 still **relevant** today.   (Original, 151 words)

88 ☑	**goods and services**	財・サービス **解説** 衣食住の欲求を満足させるモノのうち，「財」は機械や家具などの有形物を，「サービス」は教育や医療などの無形物を指す。
89 ☑	**marketing mix**	マーケティングミックス
90 ☑	**competitive advantage**	競合的優位性，競争上の優位性 **解説** 競争に勝つための要因。ビジネスにおいては，商品やサービスの質，低価格など，競争相手よりもよりよい価値を顧客に提供する仕組みを指す。
91 ☑	**showcase** [ʃóukèis]	*vt.* (際立たせるために)を紹介する〔見せる，展示する〕
☑	**purchase** [pə́ːrtʃəs]	*vt.* を購入する
☑	**competitor** [kəmpétətər]	*n.* 競合〔ライバル，競争〕他社〔企業，業者〕，競争相手

12　マーケティングの 4P

❶ 4P, つまり製品, 価格, 販売促進, 流通は, 財・サービスのマーケティングにおいて重要な要素であると考えられている。「マーケティングミックス」と呼ばれることも多く, 市場で競争上の優位性を高めるために企業にとって有用なツールだ。

❷ 4Pはどのように機能するのだろうか。「製品」は, 一般社会に提供される商品またはサービスである。マーケティングにおいては, 製品の特長や利点を紹介することに重点を置く。「価格」は, 製品を購入するための費用のことだ。価格を設定する際, マーケティング担当者は供給コストや輸送費, 競合他社の価格を考慮する。「販売促進」には, 広告, 広報, プロモーション戦略がある。マーケティングを行う際には, その製品の必要性を消費者に示すことを目的とする。「流通」は商品が販売される場所のことだ。実店舗やオンライン小売業者が利用可能だ。

❸ 4Pを活用することは効果的なマーケティングとして実証済みの方法だ。新しいモデルも提案されているが, 4Pがまだ今日的な意義を持つと考え, 支持する者もいる。

92 ☑	**brick-and-mortar store**	実店舗
	参 **brick-and-mortar**　*adj.*（店舗が）実在の	
93 ☑	**tried-and-true** [tráidntrúː]	*adj.* 実証済みの；確実に信頼できる
☑	**relevant** [réləvənt]	*adj.* 今日的な意義のある, 現実の問題に直結する

✎ 語句・表現

☐ *l.12*　online retailer「オンライン小売業者」

13　The 4 Cs of Marketing

1　❶ The 4 Cs — customer, cost, convenience, and communication — is a **customer-centric** model.　Many marketing specialists today feel that this approach is more valuable than the 4 Ps.

❷ Instead of highlighting the "product," businesses first discover what the 5　"customer" wants and needs.　They can solicit consumer feedback through **focus groups** and **test marketing**.　Such **input** helps them create a product the customer really values and wants to buy.

❸ Rather than "price," the focus is on "costs" to the consumer in terms of time and effort spent in acquiring the product, implementing it, and making 10　any needed adaptations.

❹ "Place" is secondary to the "convenience" experienced while shopping. Nowadays, customer purchases should be quick and uncomplicated, whether in-store or through **e-commerce**.

❺ "Promotion" of the product is replaced by two-way "communication" 15　between the company and the consumer.　This is easily accomplished through social media.　It offers an opportunity for **content marketing**, in which a business shares valuable information that consumers want to know about.　Such interaction **invariably** leads to greater customer loyalty.

(Original, 168 words)

94 ☑	**customer-centric** [kʌ́stəməʳséntrik]	*adj.* 顧客中心の
95 ☑	**focus group**	フォーカスグループ

解説 市場調査のために抽出された消費者グループ。あるテーマで討議してもらい，その結果を商品開発などに反映させる。

96 ☑	**test marketing**	試験販売
97 ☑	**input** [ínput]	*n.* 情報，データ
98 ☑	**e-commerce** [íːkàːməʳs]	*n.* ネット通販，eコマース，電子商取引 (electronic commerce の略)

13　マーケティングの4C

❶ 4C（顧客，コスト，利便性，コミュニケーション）は顧客中心のモデルである。今日，多くのマーケティング専門家は，このアプローチの方が4Pよりも意味があると感じている。

❷「製品」を強調する代わりに，「顧客」が何を欲し必要としているのかを企業が見つけるのが先決。企業側はフォーカスグループや試験販売を通して，消費者の意見や感想を求めることができる。そのような情報は，企業にとって，顧客が本当に価値があると考え，購入したいと思っている製品を作るのに役立つ。

❸「価格」の代わりに，消費者にとっての「コスト」に焦点を当てる。つまり，ある製品を入手すること，取り付けること，および何か必要があれば調整することに費やされる時間と労力という観点から考えるのである。

❹「流通」は，顧客が買い物をする際に感じる「利便性」ほど重要ではない。最近では，顧客の買い物は，店頭販売であれネット通販であれ，迅速かつシンプルでなければならない。

❺ 製品の「販売促進」は，企業と消費者間の双方向の「コミュニケーション」に置き換えられている。これはソーシャルメディアを通じて簡単に実現できる。そして，コンテンツマーケティングの機会にもなり得る。コンテンツマーケティングというのは，消費者が知りたいと思う貴重な情報を企業が伝えるものだ。こういった相互作用は，常に顧客ロイヤルティの向上につながる。

---

99 ☑	**content marketing**	コンテンツマーケティング **解説** ウェブサイトで有益な情報を発信して，見込み客を引き付けるマーケティング手法。
100 ☑	**invariably** [invéəriəbli]	*adv.* 常に，いつも，変わらず（≒ always）

🖊 語句・表現

☐ *l.4*　highlight「〜を強調する」

☐ *l.5*　solicit「（意見・支援など）を求める〔請う〕」

☐ *l.13*　in-store「店頭販売で」副詞的に用いられている。

☐ *l.16*　social media「ソーシャルメディア」

14-1 Five Forces

1 ❶ In business, it is **imperative** to know your competition. One way to analyze the competition is by using the Five Forces model developed by Harvard Business School's Michael E. Porter.
❷ In Porter's model, these forces shape industry competition:

5 1. Competitive rivalry
Who are your competitors? How **fierce** is the competition? With high rivalry competition, advertising and price wars may ensue, and this can hurt business profitability.

2. Power of **suppliers**
10 How easily can suppliers increase prices and thus affect your **bottom line**? The fewer suppliers there are, the more power they have. Businesses are in a better position when there are **multiple** suppliers.

☑ **imperative** [impérətiv]	*adj.* 必要不可欠の；避けられない *n.* 命令；義務，責務
☑ **fierce** [fíərs]	*adj.* し烈な，すさまじい，猛烈な；凶暴な，獰猛な
☑ **supplier** [səpláiər]	*n.* 供給業者，供給者，サプライヤー **解説** 「ポーターの５つの競争要因」では，部品，原材料，サービスなどの自社への「売り手」のことを指す。
☑ **bottom line**	純利益；最底値；結論 (計算上の最下行に記入されることから)
101 ☑ **multiple** [mʌ́ltəpl]	*adj.* 多数の，多様な；倍数の
派 **multiply**	*vi.* 掛け算をする；数が増える

14-1　ファイブフォース

❶ 事業において，貴社の競争相手を知ることは**絶対に必要で**ある。その競争相手を分析するひとつの方法は，5つの競争要因モデルを用いて行うもので，ハーバードビジネススクールのマイケル・E・ポーター教授によって開発された。

❷ ポーターのモデルでは，これらの競争要因が業界の競争を形成している：

1．競争企業との敵対関係

貴社の競争相手は誰か。競争はどれくらい**し烈な**ものだろうか。競争状態が激しい場合，広告合戦や価格戦争が結果として起こるかもしれないし，さらにそのことが事業の収益性を傷つける可能性もある。

2．**売り手（供給業者）の交渉力**

売り手はいかに簡単に価格を上げ，そしてその結果，貴社の**純利益**に影響を与えることができるのか。売り手が少なければ少ないほど，売り手はより大きな力を持つ。多数の売り手がいる場合，（貴社は）ビジネスの上で優位に立てる。

✍ 語句・表現

☐ *l.7*　advertising and price wars「広告合戦と価格（値下げ）競争」
☐ *l.7*　ensue「結果として起こる，後に続いて起こる」
☐ *l.8*　profitability「収益性，採算性」
☐ *l.11*　The fewer ～, the more ...「～であればあるほど…である」

14-2 Five Forces

1　(**❷**続き) 3. Power of buyers
What effect do buyers have on **pricing**? When there are fewer buyers and **plentiful** sellers, buyers have **leverage** to dictate costs. The more buyers you have, the more **pricing power** you retain.

5　4. Threat of new **entrants**
How easily can others enter the market and threaten your company's position?   If competitors can enter with little money or effort, you will need to modify your strategy to handle such rivals.

5. Threat of **substitute** products
10　How easy is it for consumers to **switch** from your product to a competitor's? How do the competitor's prices and quality **compare with** yours? The threat of substitutes is affected by switching costs, as well as consumers' **inclination to** change.

❸ With continuous monitoring, the Five Forces model can help your
15　business evaluate its competitive position and **boost its profits** by making necessary strategic adjustments.　　　　　　　(Original, 245 words)

102 ☑	**pricing** [práisiŋ]	*n.* 価格設定, 価格決定；値付け
103 ☑	**plentiful** [pléntifl]	*adj.* 多い, 豊富な, 十分な, 有り余るほどの
	≒ **plenty**	*adj.* たくさんの　*n.* 多量, たくさんのもの (plenty of ~)
☑	**leverage** [lévəridʒ, líːv-]	*n.* (目標を達成するために人に与える) 力, 影響力；てこ, てこの作用
104 ☑	**pricing power**	価格決定力
105 ☑	**entrant** [éntrənt]	*n.* 参入業者, (事業, 競技などへの) 参加者；新規加入者

14-2　ファイブフォース

(❷続き) 3. 買い手の交渉力
買い手はどのような影響を価格設定に与えるか。買い手が少なく売り手が多い場合，買い手は値段を決定するための**力**を手にする。貴社に買い手が多くいればいるほど，価格決定力は貴社が維持するということだ。

4. 新規参入業者の脅威
他の業者がいかに簡単に市場に参入して，貴社の地位を脅かしかねないか。仮に競争相手がほとんどお金もかけず努力もせずに参入できてしまうなら，貴社はそうした競争相手に対処するために自分の戦略を修正することが必要となるだろう。

5. 代替品の脅威
消費者にとって，貴社の製品から競争相手の製品へ乗り替えるのはどの程度容易であるか。競争相手の価格や品質は，貴社のものとどのように優劣を争うのだろうか。代替品の脅威にさらされるかどうかは，消費者の変えたいという気持ちだけでなく，乗り替えに必要な費用によっても影響を受ける。

❸ 継続的に観察すれば，この5つの競争要因モデルは，必要な戦略的調整を行うことで，貴社の事業がその競争力を評価し，その利益を押し上げるのに役立つ可能性がある。

☐	**substitute** [sʌ́bstət(j)ùːt]	*adj.* 代替の，代用の；後任の　　*vi.* 代理になる *n.* 代用品，代わりの人〔もの〕
106 ☐	**switch** [swítʃ]	*vi.* 〈from … to ～ を伴って〉切り替える，乗り替える *vt.* (電源など)を入れる，を切る；を取り替える
107 ☐	**compare with ～**	～と競う，～と優劣を争う
108 ☐	**inclination to ...**	…したいという気持ち；…する傾向
109 ☐	**boost one's profit**	(人，企業の) 利益を押し上げる

📝 語句・表現

☐ *l.12* switching cost「切替コスト，スイッチングコスト」既存の製品やサービスから新しいものへ切り替える時に必要な費用。

15 Just-In-Time Inventory Management Systems

1　❶ A **just-in-time** or **JIT inventory management system** is one of the key components of a **lean manufacturing** strategy.　This approach was first implemented by Toyota Motor Corporation in the 1970s.　Instead of relying on **demand forecasts** to determine how many parts to purchase
5　from suppliers, Toyota began acquiring just enough parts to fulfill existing automobile orders.　Traditional inventory systems often result in stock **surpluses** when demand falls unexpectedly.　JIT systems avoid this problem while reducing inventory costs and warehouse storage space.

　❷ Thanks to its success in Japan, JIT inventory management is now common
10　around the world.　Nevertheless, there can be **pitfalls**, such as unpredictable **interruptions** in the **supply chain**.　This happened in Japan when one of Toyota's parts suppliers couldn't fulfill orders after a factory fire.　Therefore, it is important for companies using JIT systems to always have backup **supply sources** available.　　　　　　　　　　　(Original, 141 words)

---

110 ☑	**just-in-time (JIT)** [dʒʌ́stintáim]	*adj.* 〈経済〉ジャストインタイム
		解説 顧客にとって「必要なものを，必要なだけ，必要な時に作る」生産方式をJIT生産方式と呼び，製造期間短縮・在庫削減の有効な手段である。JIT（ジット）とも言う。
	参 just in time	ぎりぎりで間に合って；すんでのところで
111 ☑	**inventory management system**	在庫管理システム
112 ☑	**lean manufacturing**	リーン生産方式
	参 lean	*adj.*（組織，経営などが）効率的な，無駄がない；贅肉がない
113 ☑	**demand forecast**	需要予測
114 ☑	**surplus** [sə́:rplʌs, -pləs]	*n.* 過剰，余剰

15 ジャストインタイム在庫管理システム

❶ ジャストインタイム，もしくはJIT在庫管理システムは，リーン生産方式戦略の主要な要素の１つである。この方法を初めて実行に移したのはトヨタ自動車株式会社で，1970年代のことである。需要予測に基づいて供給業者から購入する部品の量を決定するのではなく，トヨタが始めたのは，その時点の自動車の受注を満たすのにちょうど足りるだけの部品を手に入れることだった。従来の在庫システムでは，需要が予想外に落ち込むと，在庫過剰をしばしばもたらす。JITシステムはこの問題を回避してくれると同時に，在庫管理費用を削減し，倉庫の保管場所を縮小する。

❷ 日本でのその成功のおかげで，JIT在庫管理は今や世界中に普及している。とはいえ，落とし穴もあり得る。例えば，予測できない障害がサプライチェーンで起きることなどだ。日本でこの事態が起きたのは，トヨタの部品供給業者たちのうちの１社が，工場火災のために注文を処理することができなかった時だった。そのため，JITシステムを利用する企業にとって重要なのは，常に予備の供給源が得られるようにしておくことである。

115 ☑	**pitfall** [pítfɔ̀ːl]	*n.* 落とし穴，思わぬ危険
	≒ **trap**	*n.* わな，トラップ
116 ☑	**interruption** [ìntərʌ́pʃən]	*n.* 障害
117 ☑	**supply chain**	サプライチェーン，供給連鎖 **解説** 商品が消費者に届くまでの原料調達から製造，在庫管理，物流，販売といった一連の流れ。
118 ☑	**supply source**	供給源，供給元

📝 **語句・表現**

☐ *l.8* warehouse「倉庫」
☐ *l.10* unpredictable「予測不可能な，意表をつく」

16 PESTLE Analysis

1 ❶ When launching a new product or service, businesses need to do all
they can to ensure success. This is especially true if they are venturing
into an unfamiliar market in another region or country. PESTLE analysis is
a marketing tool that helps businesses understand the environment they
5 will be operating in. It organizes relevant information into six categories:
(P) political, (E) economic, (S) social, (T) technological, (L) legal, and (E)
environmental.

❷ For example, say you operate a chain of restaurants and want to
branch out into another country. It would be prudent to know the
10 political climate in that country. You would also want a clear picture
of how economic conditions might affect your potential clientele. Social
information will help you understand the dining preferences of your target
demographic. Technological information can tell you if the population is
tech savvy and likely to use online booking or ordering services. Important
15 legal facts would include tax and labor laws. Finally, environmental data can
help you judge the reliability of your supply chain.

❸ No venture is free from risk. And with so much at stake, it is important
not to enter a new market blindly. PESTLE analysis can arm you with vital
information to guide you on your way. (Original, 217 words)

---

119 ☑	**launch** [lɔ́ːntʃ]	*vt.* を売り出す
120 ☑	**venture into ~**	（思い切って，危険を冒して）～へ進出する
121 ☑	**marketing tool**	マーケティングツール **解説** マーケティング活動の中で企業が駆使できる手段。製品・価格・広告・販促・広報活動・流通経路など。
122 ☑	**branch out into ~**	（事業の手を）～に広げる
123 ☑	**political climate**	政治情勢，政治風土

16 PESTLE 分析

❶ 新しい製品あるいはサービスを売り出す場合，企業は全力を尽くして成功を確かなものにする必要がある。それがとりわけ当てはまるのは，別の地域あるいは国といった馴染みのない市場へ進出しようとする場合である。PESTLE分析とは一種のマーケティングツールであり，企業が事業を行おうとしている環境を理解するのに役立つ。この分析では関連情報を6つの区分にまとめている。(P) 政治的，(E) 経済的，(S) 社会的，(T) 技術的，(L) 法的，そして (E) 環境面である。

❷ 例を挙げよう。あなたがあるレストランチェーンを経営していて，さらに他国に事業の手を広げたいと考えているとしよう。当該の国の政治情勢を知ることは賢明だろう。それに加えてあなたが知りたいと思うのは，経済状況があなたの潜在的顧客にどのように影響を与えるかについての明確な展望のはずだ。社会情報により，あなたは自分のターゲット層の食事の好みがよくわかることになる。技術情報が教えてくれるのは，そのターゲット層の人々が現代の科学技術に精通しているかどうか，そしてウェブ予約・注文サービスを利用する可能性があるかどうかである。重要な法的事実には，税金と労働法が含まれるだろう。最後に，環境データはあなたが自分のサプライチェーン (供給連鎖) の信頼性を判断するのに役に立つ。

❸ 危険のない冒険的事業はない。そして多くのことが危機にさらされている以上，新しい市場へは，やみくもに参入しないことが大切なのだ。PESTLE分析は，極めて重要な情報を提供し，行くべき道を示してくれる。

124 ☑	**target demographic**	ターゲット層
125 ☑	**tech savvy**	現代の科学技術に精通している
参	**savvy**	*adj.* (事情に) 精通している

✎ 語句・表現

☐ *l.11* potential clientele「潜在的顧客」clientele は集合的に「(劇場・商店などの) 顧客，常連」の意。

☐ *l.11* social information「社会情報」人口動態，価値観，流行，習慣などを指す。

17-1 STP

1 ❶ American automobile manufacturer Henry Ford perfected the art of **assembly line** production. In the early 20th Century, his factories **churned out** a black Model T every 34 seconds. With only a single product, Ford effectively advertised anywhere and everywhere to as many people as
5 possible.

❷ This **one-size-fits-all** method is now considered **obsolete**. Today's consumers demand products that more closely match their individual needs and tastes. For example, Toyota Motor Corporation currently manufactures about 30 different models, each with multiple variations. A strategy known
10 as STP (**Segmenting, Targeting, Positioning**) helps companies discover what products to produce and how to market them.

126 ☑	**assembly line**	組み立てライン
127 ☑	**churn out ~**	~を大量生産する
128 ☑	**one-size-fits-all** [wánsàizfítsɔ́:l]	*adj.* 画一的な, 汎用的な, ワンパターンの；(衣服などが) フリーサイズの (《略》OSFA)
129 ☑	**obsolete** [àbsəlí:t, ´--`]	*adj.* 時代遅れの；役に立たない；すたれた
	派 **obsoletely**	*adv.* すたれて, 古臭く；旧式に
	派 **obsoleteness**	*n.* 時代遅れ
130 ☑	**segmenting** [séɡmentiŋ]	*n.* セグメンティング, セグメント化, 市場細分化
		解説 幅広い層の人々や ターゲット市場を, 特定の共通要素に基づいて分類すること。
131 ☑	**targeting** [tá:rɡətiŋ]	*n.* ターゲティング, 標的市場の設定
		解説 セグメンテーションされた市場や顧客層の中から標的を設定すること。

17-1 STP

❶ アメリカの自動車製造業者, ヘンリー・フォードは, 組み立てラインによる製造手法を完成させた。20世紀初頭には, 彼の工場は34秒に1台のペースで黒いモデルTを大量生産した。たった1種類の製品で, フォードは場所を問わずどこにでも可能な限り多くの人々に対して効果的に宣伝をしたのである。

❷ この画一的な方法は, すでに時代遅れであると考えられている。今日の消費者たちが要求している製品とは, 自分たち個々人のニーズや嗜好に, もっとぴったり合っているものなのである。例えば, トヨタ自動車株式会社は, 現在, 約30種類の車種を, それぞれ複数のバリエーションで製造している。STP (セグメンティング, ターゲティング, ポジショニング) として知られる戦略は, 企業がどのような製品を生産し, そしてそれらをどのように販売促進するべきかを見極めるのに役立つ。

132 ☐ **positioning** [pəzíʃəniŋ]	*n.* ポジショニング, 立ち位置の明確化 **解説** マーケティング戦略の1つで, ターゲットとなる顧客に自社製品の魅力を認知させるために価値を明確にすること。

✐ 語句・表現

☐ *l.1*　Henry Ford：ヘンリー・フォード (1863-1947)　米国のフォード・モーター社の創設者。

☐ *l.7*　match「～と調和する, ～と合う」

17-2 STP

1　❸ In segmenting, a company divides potential consumers into various
groups. These might be based on age, gender, income **bracket**, lifestyle,
or **numerous** other characteristics. After segmenting, targeting is used
to **zero in on** particular groups. For example, the **optimal** market for
5　Toyota's Prius **hybrid** would include **middle-income** buyers who are
environmentally conscious and tech-savvy.

　❹ Finally, positioning involves determining how to represent a product to
its targeted market. A good strategy for the Prius has been to emphasize
its increased **fuel efficiency** and **lower emissions**. Other highlighted
10　features that match its target group include **affordability** and **next-
generation** technology.

(Original, 196 words)

133 ☑	**bracket** [bræ̀kət]	*n.* （所得による）階層；（同類として区分される）グル ープ　*vt.* を括弧でまとめる
☑	**numerous** [n(j)úːmərəs]	*adj.* 非常に多い
134 ☑	**zero in on** ~	~に焦点を絞る；~に銃の照準を合わせる
☑	**optimal** [ɑ́ptəml]	*adj.* 最適な, 最善の
	≒ **optimum**	*adj.* 最善の, 最適な
☑	**hybrid** [háibrid]	*n.* ハイブリッド車；雑種 *adj.* ハイブリッドの, 混成の, 雑種の
135 ☑	**middle-income** [mídlínkʌm]	*adj.* 中間所得層の, 平均的な収入の
136 ☑	**environmentally conscious**	環境問題意識を持った, 環境を意識した
137 ☑	**fuel efficiency**	燃費, 燃費性能

17-2 STP

❸ セグメンティング（市場細分化）では，企業は潜在的な消費者をさまざまなグループに分類する。それらは年齢，性別，所得層，生活様式，またはその他非常に多くの特質に基づいている可能性がある。セグメンティングが終わると，特定のグループに焦点を定めるためにターゲティング（標的市場の設定）がなされる。例を挙げると，トヨタ自動車のプリウスハイブリッドの最適市場には，環境問題意識を持ち，さらに科学技術に精通した，中間所得層の購入者が入るだろう。

❹ 最後に，ポジショニング（立ち位置の明確化）には，ターゲット市場に向けてどのように製品を見せていくかを決定することも絡んでくる。プリウスにとって優れた戦略とは，これまでのところ，その燃費向上と排気ガス低減を強調することであった。そのターゲットグループに合致するその他の際立った特質には，値ごろ感や次世代技術などがある。

138 □	**low emission**	排気ガス低減，低排出，低エミッション
139 □	**affordability** [əfɔ́ːrdəbíləti]	*n.* 値ごろ感，費用負担できること
140 □	**next-generation** [nékstdʒènəréiʃən]	*adj.* 次世代の，次世代型の

✐ 語句・表現

□ *l.1* potential consumer「潜在的消費者」自社の商品やサービスの存在を知れば，購入や利用の可能性のある人のこと。

□ *l.9* highlight「～を強調する，～を目立たせる」

18 SWOT Analysis

1　Before launching a new enterprise, product, or project, it is necessary to thoroughly explore possible **upsides** and downsides. One way to do this is through a **SWOT analysis**. It contrasts positive and negative aspects in a four-way **framework**: strengths, weaknesses, opportunities, and threats.

5　Below is a simple example for an urban ice cream shop that wants to open its first suburban location. The shop is known for offering unusual flavors and toppings, along with customer self-service.

SWOT Analysis for Frozen Delights **Expansion Plan**	
Strengths	Weaknesses
· Frozen Delights offers unique products and customer service model. · Effective **buzz marketing** has created name familiarity. · High profit margins have resulted in adequate capital to finance the expansion.	· Our reputation hasn't been established in suburban areas yet. · **Flat sales** in the last quarter may indicate the need for more **paid advertising**.
Opportunities	Threats
· Location is available for a reasonable price inside a busy shopping mall. · Area population of mostly families with children is growing by 7.5 percent annually.	· Competition: A popular conventional ice cream store is located across from the mall. · Predicted increases in **raw material cost** may reduce profits.

(Original, 185 words)

---

141 ☐ **upside**　　　　　*n.* (潜在している将来の) 利点 ; (悪い状況のうちの)
[ʌ́psàid]　　　　　　　　よい面 (⇔ downside)

142 ☐ **SWOT Analysis**　SWOT分析, スウォット分析

143 ☐ **framework**　　　*n.* 枠組
[fréimwə̀ːrk]

144 ☐ **expansion plan**　拡張計画
　　≒ **reduction plan**　削減計画

18   SWOT 分析

新しい事業，製品，あるいは計画に着手する前に必要なことは，考えられる利点と欠点を徹底的に調査することである。それを実行する1つの方法は，SWOT（スウォット）分析を利用するものだ。この分析は，プラス面とマイナス面を4項目の枠組で対照させる。それは強み (S)，弱み (W)，機会 (O)，そして脅威 (T) である。下記に挙げるのはわかりやすい一例で，初めて郊外の立地に店舗を開くことを検討している都市部のアイスクリーム店のものである。この店は，一風変わった味やトッピング，加えて顧客によるセルフサービスを提供することでも知られている。

フローズンディライツ拡張計画に関する SWOT 分析	
強み	弱み
・ フローズンディライツは，独自の製品や顧客サービスモデルを提供している。 ・ 効果的なバズマーケティングによって，知名度が上がっている。 ・ 高い利益幅が拡張への出資に十分な資金をもたらしている。	・ 当店の評判は郊外地域ではまだ確立されていない。 ・ 直近の四半期において売上が横ばい状態で，さらなる有料広告が必要になる可能性がある。
機会	脅威
・ 店舗については，妥当な家賃で活気のあるショッピングモール内に空きがある。 ・ 地域人口は大部分が子どものいる家庭で占められ，毎年7.5パーセントの割合で増加している。	・ ライバル：評判のよい従来型のアイスクリーム店がモールの向かい側にある。 ・ 原料費の上昇が予想されているため，利益が減少する可能性がある。

145
☑ **buzz marketing**   バズマーケティング

解説 マーケティング手法の一種で，口コミを積極的に用いて商品やサービス，ブランドなどを訴求する手法のこと。

146
☑ **flat sales**   売上の横ばい状態，売上の低迷

147
☑ **paid advertising**   有料広告

148
☑ **raw material cost**   原料費

---

19 Financial Statements

1　❶ **Financial statements** display the **financial soundness** of a **business operation**.　They let a business owner know how well the business has done during a just-completed fiscal year.　These statements are useful when obtaining a **bank loan**, and when trying to attract potential investors.

5　❷ There are four main types of financial statements:

Balance Sheets show a snapshot of what a company owns and what it owes on a specific date.

Income Statements show the company's net earnings or losses over a set time frame.

10　**Statements of Cash Flow** show how much cash entered and left the company, also over a set time frame.

Statements of Shareholders' Equity show the performance of the company's stock over time.

❸ These four financial statements are in line with the common accounting

15　principles, as outlined by the Generally Accepted Accounting Principles.

(Original, 135 words)

149 ☑	**financial statements**	財務諸表
150 ☑	**financial soundness**	財務健全性, 財務健全度
151 ☑	**business operation**	事業運営
152 ☑	**bank loan**	銀行ローン, 銀行からの融資
153 ☑	**balance sheet**	貸借対照表, バランスシート **解説** 企業の財政状況を把握するための資料で, 資本＋負債のバランスから, その差額である一時点の資産を出す計算書。
154 ☑	**income statement**	損益計算書, P/L **解説** 企業の経営業績を表す資料で, 収益 (売上高) からそれにかかった費用を差し引いて, 一定期間の最終的な純利益, あるいは損失を導く計算書。
≒ 155 ☑	**profit and loss statement**	損益計算書

19　財務諸表

❶ 財務諸表は事業運営の財務健全性を示すものである。事業主に，終了したばかりの会計年度中の事業の経営状態を示してくれる。これらの諸表が役に立つのは，銀行からの融資を受ける場合，そして潜在的投資家の関心を集めようとする場合である。

❷ 財務諸表には，主に4種類ある：

貸借対照表は，企業の資産および負債の，特定の期日における概要を示す。

損益計算書が示すのは，企業の純利益あるいは純損失であり，対象は一定の期間である。

キャッシュフロー計算書は，どれくらいの現金が企業に出入りしたかを，これも一定の期間について示す。

株主資本等変動計算書は，企業の株の経時的な変動を示す。

❸ これら4つの財務諸表は，共通の会計原則に則っており，それは米国会計基準（GAAP）によって概説された通りである。

156 ☑	time frame	期間，時間枠
157 ☑	statement of cash flow	キャッシュフロー計算書 **解説** 企業の一定期間におけるキャッシュフロー（現金の出入り）の状況を「営業活動・投資活動・財務活動」の3本柱で表す。
158 ☑	statements of shareholders' equity	株主資本等変動計算書

✎ 語句・表現

☐ *l.6*　snapshot「ある瞬間で切り取ったもの」

☐ *l.8*　net earnings or losses「純利益あるいは純損失」

20 Intellectual Property

1 ❶ Should the results of creative human endeavors with value be legally protected? The answer is yes. **Intellectual property** refers to original creations of the mind — inventions, publications, artwork, music, designs, **software code**, scientific developments, as well as symbols and images used
5 in commerce. Almost every country has laws protecting products of the human **intellect** from **unauthorized use** by others.

❷ Such legal protection gives **exclusive rights** of ownership, as shown below:

a. Copyright — For authors and other creators of original material.
10 b. **Patent** — For inventors of new and useful inventions.

c. Trademark — For companies with a distinctive, easily identifiable symbol that sets them apart from others.

d. **Trade Secrets** — For companies with **proprietary information** they want kept confidential, such as secret **formulas**, processes, and methods
15 used in production.

❸ Intellectual property rights encourage the creation of even more intellectual goods, thereby stimulating innovation. Because individuals profit from the intellectual goods they create, they have an incentive to produce even more creative works. This ultimately leads to further technological
20 progress, benefiting us all.　　　　　　　　　(Original, 170 words)

159	intellectual property	知的財産
160	software code	ソフトウェアコード **解説** アルゴリズムやデータ処理をプログラム言語でコードとして作成したもの。
161	intellect [íntəlèkt]	n. 知性, 知力 ;〈可算名詞〉知識人
162	unauthorized use	不正使用, 無断使用
163	exclusive right	独占権, 占有権
	參 exclusive	adj. 独占的な ; 排他的な ; 特定の人とだけ交際する ; 高級な　n. 独占記事 ; 排他的な人

20　知的財産

❶ 創造的な人間の努力から得られる，価値のある成果は，法的に保護されるべきだろうか。答えはイエスである。知的財産とは，知性から独自に創作されたものを指す。発明，出版物，芸術作品，音楽，設計，ソフトウェアコード，科学的発展の所産，また商業目的で使用されるマークや画像がそうである。ほとんどすべての国に，人間の知性による成果を，他人による不正使用から保護する法律がある。

❷ そのような法的保護により，所有者であるという独占権が以下に示す通り与えられる。

a. 著作権：対象はオリジナル素材の著者およびその他の創作者。

b. 特許：対象は新規の役に立つ発明の発明者。

c. 商標：対象は，他社と区別する独特の一目でわかるマークを持つ企業。

d. トレード・シークレット（営業秘密）：対象は企業で，内密にしておきたい専有情報があるもの。製造に使用される極秘の化学式，工程，そして方法などがある。

❸ 知的財産権は，さらに知的な創作物を創造する意欲を高めてくれるため，新しい考えを刺激する。個々人は創造する知的な創作物から利益を得るので，さらに独創的な作品を作り出したいと思うのだ。このことが，最終的には，さらなる技術的進歩につながり，私たちすべての人の利益となるのである。

164 ☑	**patent** [pǽtnt]	*n.* 特許，特許権，パテント；特許品 *adj.* 特許の，特許権を持つ　*vt.* の特許を取得する
165 ☑	**trade secret**	営業秘密，企業秘密，トレード・シークレット
166 ☑	**proprietary information**	専有情報（財産的価値のある情報），機密情報
167 ☑	**formula** [fɔ́ːrmjələ]	*n.* 化学式，公式；定型句，（式辞などでの）決まり文句；処方，調理法

✎ 語句・表現

☐ *l.12*　set 〜 apart from ...「〜を…から区別する，〜を…から際立たせる」

☐ *l.13*　they want kept confidential：they（= companies）want proprietary information (to be) kept confidential の proprietary information が前に出て，(that) they want kept confidential が修飾している形。

21-1 IR (Investor Relations)

1　❶ Investor Relations (IR) refers to the responsibility of maintaining clear **communication channels** between company top executives and its investors. Why is this function needed? Because investors play a vital role in the **operational** success and growth of a company. And, it is extremely
5　important for companies to maintain strong, **transparent** relationships with them.

❷ The IR department helps individual and **institutional investors** make informed decisions about investing in the company by providing them with a detailed description of company products and services, financial statements,
10　financial statistics, and an **overview** of the company's **organizational** structure.

168 ☑	**Investor Relations (IR)**	IR, 投資家向け広報活動, インベスターリレーションズ
169 ☑	**communication channel**	コミュニケーション・チャネル, 情報伝達経路, 意思疎通経路
		解説 情報を伝えるルートのこと。3種のマーケティング・チャネルのうちの1つ（他は流通チャネル, 販売チャネル）。
	参 channel	n. 伝達経路, ルート；方法, 手段
☑	**operational** [àpəréiʃənl]	adj. 運営の, 経営の, 運用の；使用可能な
	派 operation	n. 実施, 運営, 運転；作用；手術
	派 operate	vt. (制度など)を実施する　vi. 働く, 作用する
170 ☑	**transparent** [trænspǽrənt, -péər-]	adj. 透明性の高い；透明性のある；率直な；明確な
	派 transparency	n. 透明さ, 透明性

21-1　IR（投資家向け広報活動）

❶ 投資家向け広報活動（IR）とは，企業の経営幹部とその企業への投資家たちの間の，確実なコミュニケーション・チャネル（情報伝達経路）を維持するという責務のことである。どうしてこの機能が必要とされるのだろうか。それは，投資家たちが，一企業の**経営**の成功と成長において，極めて重要な役割を担っているからである。さらに，企業にとって非常に大切なのは，投資家たちとの力強く，透明性の高い関係を維持することである。

❷ IR部門は，個人投資家や**機関投資家**たちが，企業への投資に関して詳細な情報を得た上で意思決定をするのに役立っており，それは彼らに企業の製品やサービス，財務諸表，財務統計，そしてその企業の**組織構造**の**概観**について，詳細な説明を提供することによってである。

---

171 ☑ **institutional investor**	機関投資家
	解説 個人投資家から拠出された資金を運用・管理する法人投資家の総称。信託銀行，投資信託会社，投資顧問会社，生命保険会社などを指す。

☑ **overview** [óuvərvjùː]	*n.* **概観，概要 ；要旨，要約**

☑ **organizational** [ɔ̀ːrɡənəzéiʃənl]	*adj.* **組織の，組織的な**
派 organization	*n.* 組織，団体；組織化すること
派 organize	*vt.* を組織する；（考えなど）をまとめる（≒ compile） *vi.* 組織的に団結する

✎ 語句・表現

□ *l.3*　play a vital role in ～「～において極めて重要な役割を果たす」（vital *adj.*「生命維持に必要な，不可欠な」）

21-2 IR (Investor Relations)

1　(**❷**続き) To do this, IR needs to **be** tightly **integrated with** the company's accounting department, legal department, and executive **management** team.

❸ IR teams are typically tasked with coordinating shareholder meetings,

5　leading financial analyst briefings, and publishing reports to the Securities and Exchange Commission (SEC). IR also relays back to management what investors see as **assets** and flaws, what they want to be changed, and, most importantly, what will drive up the value of company shares based on investor wants and needs.　　　　　　　(Original, 173 words)

☑	**be integrated with ~**	～と連携されている，～と結びついている
	参 **integrate**	*vt.* をまとめる，を集約する，を統合する（≒ combine）；の人種差別を撤廃する
172 ☑	**accounting** [əkáuntiŋ]	*n.* 経理，会計
☑	**management** [mǽnidʒmənt]	*n.* 管理，経営；〈集合的に〉経営陣；経営力
	派 **manage**	*vt.* を管理する；をやり遂げる；うまく…する
	派 **manager**	*n.* 部長；管理人；監督；やりくりする人
173 ☑	**shareholder meeting**	株主総会
174 ☑	**financial analyst**	証券アナリスト，金融アナリスト
		解説 金融・証券市場に携わる専門職全体を表す用語。情報を収集・分析し，株価の評価や予測を行う。

21-2　IR（投資家向け広報活動）

(❷続き) これを行うには，IR がその企業の経理部，法務部，そして経営**管理**チームと，しっかり**と連携されている**必要がある。

❸ IR チームは，通常は株主総会を運営したり，証券アナリスト向け概況説明会を主導したり，また証券取引委員会 (SEC) への報告書を発行したりする任務を負っている。IR はまた，投資家らが何を**資産**や瑕疵と考えているか，彼らが何を変えてもらいたがっているか，そして最も重要なことだが，投資家の欲求と必要性に基づいて，何が会社株式の価値を押し上げることになるかを経営幹部に取り次ぐ。

175 ☐ **relay ~ to ...**	~（伝言など）を…（人）に取り次ぐ	
参 **relay**	*n.* リレー；中継装置	
☐ **asset** [ǽset]	*n.*〈複数形で〉**資産；財産；価値のあるもの**	
176 ☐ **drive up ~**	~を押し上げる，~を吊り上げる；~に拍車をかける	

✍ 語句・表現

☐ *l.5*　Securities and Exchange Commission (SEC) (= U.S. Securities and Exchange Commission)「米国証券取引委員会」

☐ *l.7*　flaw「瑕疵」一般的に備わっているはずの本来あるべき機能・品質などが備わっていないこと。ビジネスシーンでの欠陥・不具合など。

☐ *l.9*　investor wants and needs「投資家の欲求（要求）と必要性」

22 ROI & ROE

1　❶ ROI (Return on Investment) and ROE (Return on Equity) are both important **financial performance** measures.　However, it is essential for investors to understand the differences between them.

　❷ ROI can be calculated by dividing EBIT (earnings before interest and tax)
5　by **total investments**.　It shows the gain made on investment expressed as a percentage.　This can help investors predict how much they will earn for every dollar they invest.　An annual ROI figure of 12-15% is considered very good.

　❸ **By contrast**, ROE is calculated by dividing net income by **shareholders'**
10　**equity**.　It is good for assessing a company's **earnings strength**.　Unlike ROI, it **factors in** how much debt is owed.　This gives a clearer picture of a company's profitability.　An annual ROE figure of 15-20% is generally considered good.

　❹ **Shrewd** investors will recognize that ROI and ROE are equally helpful.
15　Used together, they are **indispensable** tools for deciding on or monitoring investments.　　　　　　　　　　　　　　　　　　(Original, 155 words)

177 ☑ **ROI (Return on Investment)**	投資利益率 解説 投下資本に対する利益の割合
178 ☑ **ROE (Return on Equity)**	自己資本利益率 解説 自己資本に対する当期純利益の比率
179 ☑ **financial performance**	財務実績
180 ☑ **EBIT**	イービット, 利息及び税金控除前利益(Earnings Before Interest and Taxes)
181 ☑ **total investment**	投資総額, 総投資
182 ☑ **by contrast**	対照的に

22　投資利益率および自己資本利益率

❶ 投資利益率（投資に対する効果）および自己資本利益率（自己資本に対する効果）はどちらも重要な財務実績の尺度である。ただし，投資家にとって最も重要なのは，この2つの違いを理解することである。

❷ 投資利益率は，イービット（利息及び税金控除前利益）を投資総額で割ることで計算できる。これは投資から得られた利益を示しており，パーセンテージで表されている。これには，投資家が，自分たちの投資1ドルにつきどれくらい儲けることになるかを予測するのに役立つ。年率12 〜 15パーセントという投資利益率の数字は，非常によいと考えられる。

❸ 対照的に，自己資本利益率は純利益を株主資本で割ることで計算できる。これは企業の収益力を査定するのに効果的である。投資利益率と異なり，自己資本利益率はどれくらいの債務を負っているかを考慮に入れる。それにより，企業の収益性について一層明瞭なイメージを得ることができる。年率15 〜 20パーセントという自己資本利益率の数字は，おおむね良好だと考えられる。

❹ 賢明な投資家たちは，投資利益率も自己資本利益率も同じように役に立つということを理解するだろう。あわせて利用すれば，どちらも投資を決定したり，モニタリングしたりするのに，欠くことのできない手段である。

183 ☐	**shareholders' equity**	株主資本 **解説** 総資産から負債総額を差し引いた額。「自己資本」（net worth）あるいは「純資産」（book value）とも言う。
184 ☐	**earnings strength**	収益力
☐	**factor in 〜**	〜を考慮に入れる，〜を計算に入れる
☐	**shrewd** [ʃrúːd]	*adj.* 鋭い，洞察力のある；抜け目のない
☐	**indispensable** [ìndispénsəbl]	*adj.* 欠くことのできない，不可欠な，必須の
	⇔ **dispensable**	*adj.* なくても困らない，必要でない

📝 語句・表現

☐ *l.11* how much debt is owed「どれくらいの債務を負っているか」owe 〜 to ...（…に〜を借りている）の to ... 以下が省略された形。

23-1 Corporate Governance

1 ❶ Corporate governance is the **structure** of rules, practices, and processes used to direct and manage a company. The company's board of directors has the primary responsibility to set the company's strategic goals, values, and accountability frameworks. This involves balancing the
5 interests of the company's various stakeholders, such as shareholders, company executives, customers, suppliers, employees, financiers, the government, and the community. The objective is to ensure that all stakeholders' interests are **safeguarded**.

❷ Once the strategic aims are set, the board provides needed guidance
10 to company managers to put this framework of rules and practices into action. Internal audits and other internal control mechanisms are tools of corporate governance that ensure no dangerous risks are overlooked.

---

185 ☐ **corporate governance**	企業統治, コーポレートガバナンス **解説** 健全な企業経営のために, 不正や違法行為などを防ぐ方向性や仕組みを示すもの。
☐ **structure** [strʌ́ktʃər]	n. 仕組み, 構造, 組織；建造物
186 ☐ **accountability** [əkàuntəbíləti]	n. 説明責任, アカウンタビリティ
派 account for ～	～の理由を説明する；(事実が) ～の原因となる
187 ☐ **stakeholder** [stéikhòuldər]	n. 利害関係者, ステークホルダー
188 ☐ **financier** [fàinənsíər, fì-]	n. (大規模な) 投資家, 資本家；金融業者
☐ **safeguard** [séifgà:rd]	vt. を守る, を保護する n. 安全装置, 予防手段；予防条項 (規約)；緊急輸入制限措置, セーフガード

23-1 企業統治（コーポレートガバナンス）

❶ 企業統治とは，企業を指揮管理するために利用される，規則や慣習，また手続きの**仕組み**である。企業の取締役会は，その企業の戦略目標，価値，そして説明責任の枠組みを設定するという，主要な責任を負っている。それは，企業のさまざまな利害関係者たちの利益の調整を図ることを必要とする。利害関係者とは，株主，企業の重役，顧客，供給業者，従業員，投資家，政府，そして地域社会などである。その目的は，すべての利害関係者の利益が確実に**守**られることである。

❷ 戦略的目標がひとたび設定されると，取締役会は必要な指示を企業の管理職らに出して，規則や慣例から成るこの枠組みを実行に移す。内部監査やその他の内部統制の機構は，企業統治の手段であり，それらが重大な危険が見落とされないよう守ってくれるのである。

189 ☐	**audit** [ɔ́ːdət]	*n.* 監査，会計監査
190 ☐	**internal control**	内部統制；内部制御

✎ 語句・表現

☐ *l.2* board of directors「取締役会，役員会，理事会」
☐ *l.10* put 〜 into action「〜を行動に移す，〜を実行に移す」

23-2 Corporate Governance

1 ❸ By adhering to certain core principles, good governance requires that the company be **inclusive**, consensus-oriented, accountable, and transparent. In addition to being effective, the company must also be efficient by making the best use of resources. Good governance also
5 requires ethical decision-making that is fair to all.

❹ Strong corporate governance builds sustainable businesses and will create long-term value. Companies that are well governed will attract investors whose support helps finance further growth. (Original, 185 words)

191 ☐ **adhere to ~**	~ (ルール, 習慣など) に従う, ~を守る
☐ **inclusive** [inklúːsiv]	*adj.* (組織などが) 開放的な, 多様な人々が参加でき平等に扱われる ; 包括的な, すべてを含んだ
⇔ **exclusive**	*adj.* 排他的な
192 ☐ **consensus-oriented** [kənsénsəsɔ́ːriəntid]	*adj.* 合意志向の, 大多数の意見を重視した
193 ☐ **make the best use of ~**	~をできるだけ有効に使用する, ~を最大限に活用する
194 ☐ **decision-making** [disíʒənmèikiŋ]	*n.* 政策決定, 意思決定
195 ☐ **long-term value**	長期的な価値

23-2　企業統治（コーポレートガバナンス）

❸ ある種の核となる原則を忠実に守ることによって，優れた統治は，企業に対して**開放的**であること，合意志向であること，説明責任が持てること，そして透明性があることを求める。企業は効果的であると共に，資源を最大限に活用して，効率性も高くなければならない。優良な統治にはまた，すべての関係者にとって公正な，倫理的な政策決定も必要である。

❹ 強靱な企業統治は，持続可能な事業を構築するだけでなく，長期的な価値を作り出すことになる。しっかりと統治されている企業は，さらなる成長を財政面で支えてくれる投資家たちを引き寄せることになる。

✍ 語句・表現

□ *l.8*　finance「〜に資金を供給する，〜に出資する」

24　Corporate Identity

1　Corporate identity is much more than an organization's mission statement or its branding. It is a corporation's sense of self — similar to our own individual sense of identity. Successful and well-established companies have **distinctive** identities borne out of long- and widely-held

5　beliefs and values. A corporation's identity is formed by its history, its philosophy, its ownership, its people, the personality of its leaders, its ethical and cultural values and its strategies. Identity itself is very difficult to change. It is not something cosmetic, but is the core of an organization's existence. Therefore, changes in identity don't happen overnight, but are

10　more evolutionary. Even when a company suffers major trauma, such as a hostile takeover or a break-up, elements of the old corporate identity are likely to remain for some time.

(Original, 131 words)

196 ☑	**corporate identity**	コーポレート・アイデンティティ，企業の自己同一性 **解説** 企業としての独自性。企業の個性を明確にして企業イメージの統一を図り，社の内外に認識させること。
197 ☑	**mission statement**	ミッション・ステートメント **解説** 自社の根本原則をより具体化し，実際の行動に資する指針・方針として明文化したもの。
198 ☑	**branding** [brǽndiŋ]	*n.* ブランディング **解説** 企業・商品の認知度を高め，好感を持ってもらうための取り組みのこと。自社の歴史や商品の品質についてテレビCMやウェブサイト等で発信していくことなど。
199 ☑	**sense of self**	自己意識，自意識；自我
☑	**distinctive** [distíŋktiv]	*adj.* 独自の，特色のある
200 ☑	**ownership** [óunərʃip]	*n.* 当事者意識，主体性 (the fact of taking responsibility for something)；所有権

24　コーポレート・アイデンティティ

コーポレート・アイデンティティとは, ある組織のミッション・ステートメント, あるいはブランディングの枠をはるかに超えたものである。それは一企業の自己意識であり, 私たち個々人が持つ自分らしさの感覚と類似している。成功を遂げて確固たる基盤を持つ企業には独自の理念があるが, それは長年にわたって全社的に根付いている信念や価値観から生まれたものなのである。企業のアイデンティティが形作られるのは, その歴史, その哲学, その主体性, そこに属する人々, その指導者たちの人柄, その倫理的かつ文化的な価値, そしてその戦略によってである。アイデンティティ自体は, そう簡単には変わらない。それは表面的なものではなく, ひとつの組織の存在の核となるものだからだ。したがって, アイデンティティにおける変化は一夜にして起こるものではなく, むしろ徐々に進む。企業が大きな苦境, 例えば敵対的買収あるいは分裂などだが, それに陥った場合でも, これまでのコーポレート・アイデンティティの要素は, しばらくの間は存続し続ける可能性がある。

201	ethical [éθikl]	*adj.* 倫理的な
202	evolutionary [èvəlúːʃənəri]	*adj.* 徐々に進む, 漸進的な；進化論の
派	evolution	*n.* （漸次的な）進化, 発展
203	break-up [bréikʌ̀p]	*n.* 分裂, 解散；決裂
≒	split	*n.* 分裂

語句・表現

- □ *l.3*　well-established「確立した, ゆるぎない」
- □ *l.4*　borne out of ～「～から生まれた」borne は bear（～を生む）の過去分詞。
- □ *l.9*　overnight「一夜のうちに出現した, にわかに」

25 Corporate Social Responsibility

1　Today, it has become almost **compulsory** for corporations to demonstrate
Corporate Social Responsibility (CSR) through philanthropy and
other programs.　The purpose is to improve the quality of life, not only for
their own workers, but also for communities and even society as a whole.
5　CSR is related to the archaic concept of noblesse oblige.　The exact
translation of this expression is "nobility obligates."　It means that people
who have wealth and power are morally obligated to help people who are
poorer and weaker.　CSR is self-regulated, not dictated by government laws,
but definitely affected by public sentiment.　The public is likely to severely
10　criticize a corporation that does not give something back to society.　At the
same time, CSR can be an **inducement** for socially conscious consumers
to buy products from enlightened companies.　　　　(Original, 133 words)

☑	**compulsory** [kəmpʌ́lsəri]	*adj.* 義務的な, 必須の (≒ obligatory)；強制的な (≒ mandatory)
	派 **compulsion**	*n.* 〈不可算名詞〉強制, 無理強い；〈可算名詞〉強い欲望, 衝動
	派 **compulsive**	*adj.* 強制的な
204 ☑	**corporate social responsibility (CSR)**	企業の社会的責任 (CSR)
205 ☑	**philanthropy** [filǽnθrəpi]	*n.* 社会奉仕事業, 慈善活動
	派 **philanthropic** 派 **philanthropist**	*adj.* 慈善の, 博愛の；慈善事業を行う *n.* 慈善家, 博愛主義者
206 ☑	**archaic** [ɑrkéiik]	*adj.* 古典的な, 古風な
207 ☑	**morally** [mɔ́(:)rəli]	*adv.* 道徳的に
	派 **moral** 派 **morality**	*adj.* 道徳の *n.* 道徳

25　企業の社会的責任

今日，企業にとってほぼ**義務的な**ものになっていることは，慈善活動やその他のプログラムを通じて企業の社会的責任（CSR）をはっきりと示すことである。その目的は生活の質の向上であり，それは自分たちの企業の従業員のためだけでなく，地域やさらには社会全体のためでもある。CSRは古典的な概念であるノブレス・オブリージュと結び付いている。この表現を厳密に翻訳すると，「高貴なるものは義務を負う」となる。つまり，富と権力を持つ者たちは，道義的に，貧しく弱い者たちを助ける義務があるということだ。CSRは**自律的な**ものであって，政府の法律によって規定されたものではなく，それでいて間違いなく国民感情の影響を受けている。市民は，何かを社会へと還元しない企業を，手厳しく批判する傾向があるからだ。その一方で，CSRが**誘因**となって，社会的意識の高い消費者が良識ある企業の製品を購入することもあり得る。

208	**self-regulated** [sèlfrégjəleitid]	adj. 自律的な，自主規制の；自己調整の
209	**public sentiment**	国民感情，民心，世論
	参 religious sentiment	宗教心
	inducement [ind(j)úːsmənt]	n. 動機，誘因
	派 induce	vt. を誘発する；に…させるようにする
210	**socially conscious**	社会的意識の高い
211	**enlightened** [inláitnd, en-]	adj. 良識ある，見識ある；啓発された
	派 enlighten	vt. を啓発する

語句・表現

- l.4　society as a whole「社会全体」
- l.5　noblesse oblige「ノブレス・オブリージュ，高い身分に伴う義務」
- l.7　be obligated to ...「…する義務を負っている」

26 Crisis Communication

1　❶ Crisis communication is a company's strategic approach to disseminating information effectively during a major disruptive event. It requires having systems in place and necessary protocols available so that key staff members can quickly coordinate with each other. Timely information sharing is crucial
5　to help the organization ultimately **rectify** the situation and ensure business continuity.

❷ Any organization could face potential crises. An untimely catastrophic event — severe weather, fire, crime, serious injury due to defective products, or an inflammatory PR incident — can happen. An organization
10　needs to be prepared with proactive "crisis communication" planning.

❸ Before a crisis even occurs, potential threats must be identified. Various scenarios need to be brainstormed to come up with appropriate contingency plans. Key personnel and areas of responsibility should be determined. When a crisis does strike, a swift and well-coordinated response
15　is important. Public safety should be the number one priority. If there are victims, a statement of concern and sympathy is needed. And when available, a corrective action plan needs to be announced.　　　(Original, 167 words)

212 ☑ **disseminate** [disémənèit]	*vt.* (情報など) を広める, を発信する；(種子) を散布する
☑ **rectify** [réktəfài]	*vt.* を修正する, を是正する
213 ☑ **catastrophic** [kæ̀təstráfik]	*adj.* 悲惨な, 悲劇的な；破壊的な
派 **catastrophe**	*n.* (多数の犠牲を伴う) 大惨事, 大災害；(地殻の) 大変動
214 ☑ **defective product**	欠陥品, 不良品
215 ☑ **inflammatory** [inflǽmətɔ̀ːri]	*adj.* (発言や記事などが) 怒りをかき立てる；扇動的な

26　クライシス・コミュニケーション

❶ クライシス・コミュニケーションとは，企業の戦略的取り組みのひとつで，大きな破壊的事態の発生中に，効果的に情報を広めることを目的としている。それには，主要な社員たちが素早くお互いに連携できるよう，組織体系を整えておくことや必要な規約をすぐに利用できるように用意しておくことが求められる。時宜を得た情報の共有化は極めて重要であり，組織が最終的にその状況を是正したり，また事業継続性を確保したりするのに役に立つ。

❷ どのような組織も潜在的な危機に直面することはあり得る。間が悪い悲惨な事態，例えば，悪天候，火災，犯罪，欠陥品に起因する大怪我，あるいは人々の怒りをかき立てるような広報上の出来事などが，起こりかねない。組織は，先を見越した「クライシス・コミュニケーション」の計画を立てることで備えておく必要がある。

❸ 危機が起こる前にも，潜在的な脅威は特定されていなければならない。さまざまなケースについて，適切な緊急時対応策を提案するために，自由にアイデアを出し合っておく必要がある。主要人員と担当地域が決定されているべきである。実際に危機が襲ってくる場合，迅速でかつ十分に調整が図られた対応が大事なのだ。公共の安全が最優先事項でなければならない。犠牲者がいる場合，気遣いと思いやりの言葉を述べる必要がある。さらに，可能であれば，是正措置計画を発表すべきである。

216 ☑	**proactive** [prouǽktiv]	*adj.* 先を見越した，先回りした；積極的な，前向きな
	⇔ **reactive**	*adj.* （先手を打たず）問題が起きてから対応する，後手後手の
217 ☑	**brainstorm** [bréinstɔ̀ːrm]	*vt.* についてブレインストーミングを行う，について思いつくまま意見を出し合う
218 ☑	**contingency plan**	緊急時対応策，危機管理計画；コンティンジェンシープラン
219 ☑	**corrective action**	是正〔修正〕措置；修正動作

27 Antitrust Laws

1 ❶ U.S. **antitrust laws** are statutes that protect consumers from predatory business practices. They ensure that fair competition exists in an open-market economy. As a result, consumers get lower prices and higher-quality goods or services.

5 ❷ Business practices prohibited under these laws include:
Price fixing — when a product's price is artificially manipulated to benefit specific companies.
Predatory pricing — when a company lowers its prices far below its competitors to force them out of business.

10 **Bid rigging** — when two or more firms **collude** to choose who will win a business contract.
Corporate **mergers and takeovers** — when companies combine to gain or hold on to monopoly power.

❸ At the core of the antitrust system in the U.S. are three laws: the Sherman
15 Anti-Trust Act (1890), the Federal Trade Commission Act (1914) and the Clayton Antitrust Act (1914). With some revisions, these three **federal laws** are still in effect today. Since their **inception**, these laws have protected the consumer and competitors against **market manipulation** stemming from corporate greed. (Original, 166 words)

220 ☐	**antitrust law**	《米》独占禁止法, 反トラスト法
		解説 市場独占を非合法化することにより, 市場における自由競争を促進することを意図した法律。日本の独占禁止法は Anti-Monopoly Act と訳される。
221 ☐	**price fixing**	価格固定, 価格協定, 価格操作
	参 fixed price	固定価格（≒ firm price）
222 ☐	**predatory pricing**	略奪的価格設定
	参 predatory	*adj.* 略奪を目的とする, 略奪的；捕食性の
223 ☐	**bid rigging**	談合
	参 rig	*vt.* (入札・取引・価格・市場・選挙など) を不正操作する
224 ☐	**collude** [kəlúːd]	*vi.* 共謀する

27 独占禁止法

❶ 米国の独占禁止法は，略奪的な商慣習から消費者を保護する法律である。独占禁止法は，開放的な市場経済において，公正な競争が存在することを保証するものである。その結果，消費者はより低価格でより高品質な商品やサービスを手に入れられる。

❷ これらの法律で禁止されている商慣習には次のようなものがある。

価格固定：特定の企業に利益をもたらすために製品の価格が人為的に操作される場合。

略奪的価格設定：競合他社をビジネスから撤退させるために，企業が競合他社をはるかに下回る価格に引き下げる場合。

入札談合：2つ以上の会社が共謀して，どこが契約を勝ち取るかを選んだ場合。

企業の合併と買収：企業が独占力を獲得，または維持するために合併する場合。

❸ 米国の独占禁止法の中核は，シャーマン反トラスト法 (1890年)，連邦取引委員会法 (1914年)，クレイトン独占禁止法 (1914年) の3つの法律である。何回か改正され，これら3つの連邦法は現在も有効である。これらの法律は施行以来，企業欲に起因する市場操作から，消費者と競合企業を保護してきた。

225 ☑	**merger and takeover**	合併と買収
	派 **merge**	*vt.* を合併させる；を融合させる　*vi.* 合併する
	参 **take over ~**	～（会社など）を買収する，～を乗っ取る
226 ☑	**federal law**	連邦法
227 ☑	**inception** [insépʃən]	*n.* 発足，始め，開始，施行
228 ☑	**market manipulation**	市場操作
	派 **manipulate**	*vt.* を操る，を操縦する

✏ 語句・表現

□ *l.18*　stem from ~「～から生じる，～から起こる，～が原因である」

28-1 Black Monday

1 ❶ Black Monday occurred on October 19, 1987 — a **chaotic** day in Wall Street trading rooms. Sell orders flooded in from investors worried about inflation, rising interest rates, huge budget and trade deficits, and **devaluation** of the dollar. By day's end, the Dow Jones Industrial

5 Average had **plunged** 508 points, or 22.6%. The world stock exchanges also experienced **sharp falls**. The following day in Tokyo, for example, the Nikkei Stock Average dropped 14.9%.

❷ Economists cite various geopolitical events and **glitches** in the relatively new computerized program trading system as possible factors that

10 accelerated the **selloff**.

☑	**chaotic** [keiátik]	*adj.* 混沌とした，無秩序な，雑然とした
	派 **chaos**	*n.* 混沌，大混乱；カオス
229 ☑	**devaluation** [di:væljuéiʃən]	*n.* 〈経済〉平価〔通貨〕切り下げ 解説 固定為替相場制のもと，通貨の対外価値を引き下げることで，輸出を有利にして国際収支改善を図ること；デバリュエーション。
230 ☑	**Dow Jones Industrial Average**	ダウ・ジョーンズ工業平均株価 解説 アメリカの通信社ダウ・ジョーンズ社が，優良工業株30種の株価を平均して算出する株価指数。日本では「ダウ平均（株価）」として知られている。
☑	**plunge** [plándʒ]	*vi.* (株価・売上などが)急落する；〈into を伴って〉(高い所から)突っ込むように落下する
231 ☑	**sharp fall**	(株価などの)暴落，急落

28-1 ブラックマンデー（暗黒の月曜日）

❶ ブラックマンデーは1987年10月19日に起こった。ウォール街のトレーディングルームでは、混沌とした1日となった。インフレーション、金利の高騰、膨大な財政と貿易赤字、さらにドルの切り下げを懸念した投資家たちからの売り注文が殺到した。その日の終わりまでに、ダウ・ジョーンズ工業平均株価は、508ポイント、すなわち22.6パーセント急落した。世界の証券取引所もまた暴落を味わった。例えば、翌日の東京では日経平均株価が14.9パーセント下落したのである。

❷ 経済専門家たちは、さまざまな地政学的事象や、比較的新しい電子化されたプログラム売買システムにおける誤作動が、この急落を加速させたと考えられる要因だとしている。

232 ☑	**Nikkei Stock Average**	日経平均株価
		解説 日本経済新聞社が東証プライムに上場する企業の中から業種等のバランスを考慮して選んだ、日本を代表する225社の平均株価のこと。
233 ☑	**glitch** [glítʃ]	n. 誤作動、(機械・計画などの) 欠陥、故障；電力の突然の異常
234 ☑	**program trading**	プログラム売買
		解説 事前に設定されたコンピュータプログラムに基づく株の売買で、機械的に売買を行う方法のこと。
235 ☑	**selloff** [sélɔ(:)f]	n. (株・債権などの) 急落、セルオフ
		解説 処分のための大量の安売りによって生じる株価の大幅な急落のこと。

✎ 語句・表現

☐ *l.2* sell order「売り注文」
☐ *l.3* trade deficit「貿易赤字」*cf.* trade surplus（貿易黒字）

28-2 Black Monday

1　(**❷**の続き) However, there is no doubt that mass panic caused the **crash** to escalate.　A period of market **volatility** ensued throughout the world.

　❸ It took more than a year for New York, London, and Frankfurt to reach pre-crash levels, while in Tokyo it took only five months.　This was due to
5　the effectiveness of Japanese **price limits** and **trading halts** in **mitigating panic selling**.　In 1988, U.S. **stock exchanges** implemented similar **protective measures** to reduce market **irregularities** in the future.

(Original, 171 words)

---

236 ☑	**crash** [krǽʃ]	*n.* 暴落, 値崩れ；破綻, 崩壊；(飛行機の) 墜落
☑	**volatility** [vɑ̀lətíləti]	*n.* (株などの) 乱高下；不安定さ, 変動性
237 ☑	**price limit**	値幅制限 **解説** 株価の異常な暴騰・暴落を防ぐために, 株価が１日に変動できる上下の幅を制限するもの。
238 ☑	**trading halt**	取引停止, 取引の一時停止
☑	**mitigate** [mítəgèit]	*vt.* を緩和する, を軽減する；を和らげる
	派 mitigation	*n.* 緩和；鎮静
239 ☑	**panic selling**	狼狽売り；恐慌売り **解説** 株価が急落した時に, パニック状態になって持ち株を慌てて売ること。
240 ☑	**stock exchange**	証券取引所, 株式取引所；株式取引

28-2　ブラックマンデー（暗黒の月曜日）

（❷の続き）しかしながら，集団パニックがこの暴落をエスカレートさせたことは間違いない。その後も，相場の**乱高下**が一定期間，世界中で続いたのである。

❸ ニューヨーク，ロンドン，そしてフランクフルトは，崩壊前の水準に達するのに1年余りかかったが，一方東京ではわずか5カ月だった。これは日本の値幅制限および取引停止が狼狽売り**を緩和する**のに有効だったからである。1988年，アメリカ合衆国の証券取引所は，将来の市場の変則的な事態を減らすため，同様の防御策を講じた。

---

241 ☑	**protective measures**	安全対策，保護対策
242 ☑	**irregularity** [irègjəlǽrəti]	*n.* 不規則，変則；不規則なもの；不正〔不法〕行為

語句・表現

□ *l.2*　ensue「続く，結果として起こる」

29-1　CSV (Creating Shared Value)

1　❶ Creating shared value (CSV) in business means pursuing financial success in a way that also **yields** **societal** benefits. The concept was **outlined** in detail by Michael E. Porter and Mark R. Kramer in a 2011 *Harvard Business Review* article. Their idea of shared value creation
5　maintains that corporate success and improved social conditions are inherently linked.

❷ The **rationale**? A company does not operate in isolation. Each exists within an **ecosystem** where societal conditions can possibly **undermine** marketing success and even restrict the profitability of suppliers and
10　**distributors**. Therefore, it is in a company's long-term best interest to use its resources and innovation to create new solutions for some of society's most **pressing** issues. In doing so, CSV brings about a more **prosperous** environment in which to operate, making business more **sustainable** and **resilient**.

243 ☑ **Creating Shared Value (CSV)**	共有価値の創造
参 **shared**	*adj.* 共有の，共用の；共同の，共通の
☑ **yield** [jíːld]	*vt.* (利益, 利子など)を**生み出す**，もたらす；(農産物)を**生産する**
244 ☑ **societal** [səsáiətl]	*adj.* 社会的な，社会全体の
参 **social**	*adj.* 社会的な　※ societal は社会全体，social はより対人的な表現に使われる。
☑ **outline** [áutlàin]	*vt.* をまとめる，の概要を説明する；の輪郭を描く
245 ☑ **rationale** [rを̀ʃənæl]	*n.* 論理的根拠，理論的解釈
246 ☑ **ecosystem** [íːkousìstəm, é-]	*n.* 生態系；エコシステム 解説 ビジネスにおけるエコシステムとは，企業や消費者，地方自治体などが他者と経済的，戦略的に共存共栄の関係を築く収益構造のこと。

29-1　CSV（共有価値の創造）

❶ 事業において共有価値の創造（CSV）とは，同時に社会的な利益も**生み出す**方法により財務上の成功を追求するということである。この概念は，マイケル・E・ポーターとマーク・R・クラマーによって，2011年の『ハーバード・ビジネス・レビュー』の記事に，詳細が**まとめ**られた。共有価値の創造という彼らの考えは，企業の成功と改善された社会状況は本質的に関連している，ということを主張するものだ。

❷ その根拠とは何だろうか。企業は孤立して操業しているわけではない。それぞれの企業はひとつのエコシステムの中に存在しており，そこでは社会全体の状況はもしかすると，販売促進活動の成功**を揺るがし**，また供給業者や**販売業者たち**の収益性を制限することさえあるかもしれない。したがって，社会の最も**差し迫った**いくつかの問題に対する新たな解決策を生み出すために，企業が資源や新機軸を利用することは，長期的に見れば企業にとって最大の利益となる。そうすることで，CSVはさらに**豊かな**操業環境をもたらし，事業を一層**持続可能**でしかも**回復力に富む**ものにしてくれるのである。

☐ **undermine** [ʌ̀ndərmáin, ⌐⌐]	*vt.* を密かに傷つける，を徐々に害する；を侵食する	
≒ **deteriorate**	*vt.* を悪くする，の質を低下させる	
☐ **distributor** [distríbjətər]	*n.* 販売業者，代理店，卸業者	
☐ **pressing** [présiŋ]	*adj.* 差し迫った，緊急の	
☐ **prosperous** [prɑ́:spərəs]	*adj.* 豊かな，繁栄している；（ビジネスなどが）好調な	
☐ **sustainable** [səstéinəbl]	*adj.* 持続可能な，地球にやさしい；維持できる	
派 **sustain**	*vt.* を維持する，を持続させる；を支える	
☐ **resilient** [rizíljənt]	*adj.* 回復力に富む，（困難な状況からの）立ち直りが早い；弾力性のある	

語句・表現

☐ *l.10* it is in one's best interest to ... 「…することが～にとって最優先である」

29-2 CSV (Creating Shared Value)

1   ❸ Shared value represents a change from traditional business thinking. The focus is no longer *solely* on corporate profit. Also, it is more than just philanthropy, which is often viewed as a peripheral expense to improve a firm's reputation. In contrast, when a company makes CSV an integral part
5   of its corporate strategy, it opens up many ways to serve new needs, create differentiation, and expand markets.

❹ An increasing number of companies have begun to embark on important efforts to create shared value. For example, MasterCard has successfully brought mobile banking technology to developing countries that previously
10   lacked access to financial services.   (Original, 234 words)

247 ☐	**peripheral** [pərífərəl]	*adj.* 周辺的な，周囲の
248 ☐	**integral part**	欠くことのできない部分，一体となっている部分，不可分な要素
249 ☐	**open up ～**	～を開発する，～（土地など）を開く
250 ☐	**differentiation** [dìfərènʃiéiʃən]	*n.* 差別化
251 ☐	**embark on ～**	～（事業など）に着手する，～に乗り出す
252 ☐	**financial services**	金融サービス，金融業務

29-2　CSV（共有価値の創造）

❸ 共有価値は，従来のビジネス思考からの変化を表している。その重点は，もはや企業の収益に「だけ」置かれてはいない。同様に，それは単なる慈善事業でもない。慈善事業は，会社の評判を向上させるための，ひとつの周辺的な費用とみなされることが多い。それに対して，企業がCSVをその企業戦略の欠くことのできない構成要素とする場合，企業は新たな必要性に対応し，差別化を図り，さらに市場を拡大するために，多くの方法を開発するのである。

❹ ますます多くの企業が，共有価値を生み出すための重要な努力に着手し始めたところだ。例えば，マスターカードは，以前は金融サービスを利用できなかった開発途上国に対して，モバイルバンキング技術をうまく導入している。

語句・表現

□ *l.10*　lack access to ～「～を利用できない，～を入手できない」

30 Data Mining

1 ❶ Data mining is a process used by companies to extract useful information from a large set of raw data. By analyzing large **batches** of information, it is possible to predict meaningful trends, patterns, and **anomalies**. Corporations use data mining in various ways, such as for credit risk
5 management, **fraud detection**, **spam filtering**, **targeted advertising**, increasing **sales revenue**, and improving customer relationships.

❷ One company that has **mastered** the use of data mining is Amazon, the on-line **retail giant**. Amazon has a huge amount of information that it has compiled on its customers. This **database** includes names, addresses,
10 payments, and **search histories**, all filed away in its data bank. Their **information technology team** accesses the data and applies software to sort it. The resulting predictive models are used, obviously, for advertising and sales. But Amazon also uses this information to improve **customer support**. With just the click of a mouse, an Amazon customer service
15 representative has all your pertinent information, readily available to assist you better whenever you call. (Original, 167 words)

253 ☑	**batch** [bǽtʃ]	n. ひとまとまり；バッチ（コンピュータで一度に処理されるデータなどの単位）；一回分；一群
254 ☑	**anomaly** [ənɑ́:məli]	n. 例外
255 ☑	**fraud detection**	不正利用検知, 不正検知
	参 fraud	n. 詐欺, 詐欺師；不正（行為）
256 ☑	**spam filtering**	スパムフィルタリング 解説 スパムは広告目的などで勝手に送られてくる迷惑メールのこと。フィルタリングは所定の条件に基づいて情報を選別あるいは除外すること。
257 ☑	**targeted advertising**	ターゲティング広告, 的〔対象〕を絞った広告
258 ☑	**sales revenue**	売上収益
259 ☑	**master** [mǽstər]	vt. を習得する, を極める, をマスターする n. 親方, 雇い主；名人；原本

30　データマイニング

❶ データマイニングとは，企業が広範囲の生データから，有益な情報を抽出するために利用する方法である。大量のひとまとまりの情報を分析することによって，重要な意味を持つ流行，傾向，そして例外を予測することが可能である。企業はデータマイニングをさまざまなやり方で利用する。例えば，信用リスク管理，不正利用検知，スパムフィルタリング，ターゲティング広告，売上収益の増加，また顧客との関係の向上などのためである。

❷ データマイニングの使い方をすでに極めている企業の1つは，オンライン小売業界の巨人，アマゾンである。アマゾンは，その顧客たちについて蓄積してきた大量の情報を保管している。このデータベースには，氏名，住所，支払い情報，そして検索履歴が含まれており，すべてはデータバンクにファイルされている。アマゾンの情報技術チームはデータにアクセスし，ソフトウエアを使ってそれを分類する。結果として得られる予測モデルが，言うまでもなく広告や販売のために利用されるのである。ただし，アマゾンはこの情報を，顧客支援を改善するためにも利用している。マウスをただクリックするだけで，アマゾンの顧客サービス担当者は，あなたに関係のあるすべての情報を用意して，あなたがいつ電話してもすぐにしっかりと手助けできるようにしているのだ。

260 □	**retail giant**	巨大小売店, 大手小売業者
□	**database** [déitəbèis]	*n.* データベース
261 □	**search history**	検索履歴
262 □	**information technology team**	情報技術チーム
263 □	**customer support**	顧客支援, 顧客サポート, カスタマーサポート

✎ 語句・表現

□ *l.4*　credit risk management「信用リスク管理」
□ *l.12*　sort「〜を分類する，〜を仕分ける；〜を選別する」
□ *l.12*　predictive model「予測モデル」
□ *l.15*　pertinent「関係のある，関連のある；適切な」

31 Causes and Effects of the "Lehman Shock"

1 ❶ The Japanese expression "Lehman Shock" refers to the 2008 collapse of Lehman Brothers Investment Bank in the U.S, along with the following **financial meltdown** and **global recession**. Greed and negligent oversight of the U.S. **banking sector** were driving forces behind the crisis.

5 ❷ Before the collapse, retail banks were enjoying **record profits**, largely by pushing unaffordable **home mortgages** on **sub-prime borrowers**. This created a dangerous **housing bubble**. At the same time, investment banks were engaging in speculative trading of mortgage-backed **credit derivatives**. When the housing bubble burst, home values plummeted and

10 millions of people **defaulted on** their loans. This left financial institutions holding massive amounts of **bad debt**, bringing them and the world economy to the brink of disaster.

❸ Japanese banks had not invested much in the mortgage derivatives, so they were not severely impacted in the initial crisis. However, the country's

15 economy was battered by the **spillover effect**, as American and European demand for its manufactured goods fell sharply.   (Original, 159 words)

264 ☑	**financial meltdown**	金融危機
	参 **meltdown**	*n.* (制度・企業などの) 崩壊, (市場などの) 暴落
265 ☑	**global recession**	世界的景気後退, 世界的不況
266 ☑	**banking sector**	銀行部門, 金融部門
267 ☑	**record profit**	記録的利益
☑	**(home) mortgage**	住宅ローン, 住宅担保貸付
268 ☑	**sub-prime borrower**	サブプライム債務者, 信用度の低い借り手
269 ☑	**housing bubble**	住宅バブル
		解説 住宅価格が実際の価値よりも上昇する現象。

31 「リーマンショック」の原因と影響

❶ 日本語の表現である「リーマンショック」とは，2008年のアメリカ合衆国における リーマンブラザーズ投資銀行の経営破綻と，それに引き続いて起こった金融危機および世界的景気後退を意味する。米国の銀行部門の欲望，そして怠慢による見過ごしが，この危機を深刻化させる原因だった。

❷ この破綻の前には，個人向け銀行が記録的な収益に沸いていたが，それは大部分が，手が届かない住宅ローンを，信用度の低い借り手（サブプライム債務者）に押しつけることで得たものだった。この事態が作り出したのが，危険極まりない住宅バブルである。時を同じくして，投資銀行は投機的取引に精を出していたが，対象は住宅ローンを基にしたクレジットデリバティブだった。住宅バブルがはじけると，住宅の資産価値は急落し，何百万人もの人々がローンの債務不履行に陥った。これによって，金融機関は膨大な額の不良債権を抱えることとなり，金融機関と世界経済は大惨事の瀬戸際へと追い込まれたのである。

❸ 日本の銀行は，それほど多くの投資を住宅ローン派生商品に対して行っていなかったので，当初の危機においては深刻な影響は免れた。それにもかかわらず，国の経済が大きな打撃を受けたのは，その波及効果のためだった。米国や欧州の日本製品に対する需要が急落したからである。

---

270 ☐	**credit derivative**	信用派生商品，信用デリバティブ，クレジットデリバティブ
		解説 国や企業などの破綻リスクを取り引きする金融派生商品。

271 ☐	**default on ～**	～（債務など）の履行を怠る，～が不履行である

272 ☐	**bad debt**	不良債権，回収不能金，貸倒金
	≒ non-performing loan (NPL)　焦げ付き融資	

273 ☐	**spillover effect**	波及効果

📝 語句・表現

☐ *l.12* brink「（絶壁などの急斜面の）縁，がけっぷち，瀬戸際」
☐ *l.15* be battered by ～「～によって大きな打撃を受ける〔打ちひしがれる〕」

32-1 Halo Effect

1 ❶ A glowing circle of light or "halo" is often portrayed over a saint's head in Christian art, indicating that person's goodness. In 1920, behavioral psychologist Edward Thorndike used the analogy of a halo to describe how cognitive bias can affect perceptions. He named this **phenomenon**
5 the "halo effect," which showed that a single perceived positive **trait** of a person leads to an overall favorable impression of that person's personality or characteristics. Of course, the opposite is also true. A **reverse** halo effect (sometimes called the "devil horns effect") casts a person in an unfavorable light based on one perceived bad quality.
10 ❷ Over the years, the halo effect has been applied to many more categories than just people. In marketing, companies seek to shine a positive halo on products and brands.

274 ☑	**behavioral** [bihéivjərəl]	*adj.* (人・動物の) 行動に関する
	派 **behavior**	*n.* 行動，習性
275 ☑	**analogy** [ənǽlədʒi]	*n.* 例え，比喩；類推；類似性
276 ☑	**cognitive bias**	認知バイアス，認知の偏り
☑	**phenomenon** [finá:mənà:n]	*n.* **現象，出来事**　※複数形は phenomena。
277 ☑	**halo effect**	ハロー効果
	参 **halo**	*n.* ハロー，(聖人の頭の上に描かれる) 後光，光輪；(理想化された人物・事柄を取り巻く) 神々しさ，尊厳；(月や太陽の光が大気中の氷の結晶に屈折して形成される) かさ，丸い光の輪　*vt.* を後光で取り巻く，を光で囲む

32-1　ハロー効果

❶ 輝く光の輪，すなわち「ハロー」は，キリスト教美術ではきまって聖人の頭の上に描かれており，その人物の美徳を示している。1920年，行動心理学者のエドワード・ソーンダイクは，ハローを例えに用いて，認知バイアスがどのように知覚作用に影響を与える可能性があるか説明した。彼はこの現象を「ハロー効果」と名付けた。この効果は，ある人のただひとつの認知された肯定的な特質が，結果的にその人の性格や，あるいは特徴について，総体的に好ましい印象をもたらすことを示した。当然ながら，その逆もまた真なりである。逆のハロー効果（「悪魔の角効果」と呼ばれることもある）は，ひとつの認知された悪い性質をもとに，人のイメージを好ましくないものにしてしまう。

❷ 何年にもわたって，このハロー効果は，人間だけでなく，さらに多くの分野に適用されてきた。販売促進活動では，企業は製品やブランドに肯定的なハローを輝かせようとする。

☑ **trait** [tréit]	*n.* 特質，特徴
☑ **reverse** [rivə́:rs]	*adj.* 逆の，反対の

語句・表現

□ *l.2*　goodness「美徳，徳；親切さ；長所，よいこと」
□ *l.11*　shine「〜を輝かせる，〜を光らせる；輝く，光る」

32-2 Halo Effect

1　(**❷続き**) For example, a consumer may favor one product over another because of prior positive experience with that brand.　The halo effect is correlated with brand loyalty and repeat customers.　Companies seek to elicit the halo effect because it establishes themselves as leaders within their
5　industries.

❸ A near-perfect example of the halo effect is seen in the marketing genius of Apple products.　Due to the popularity of the iPod, Apple became known as a technologically innovative **manufacturer** of high-quality items.　Its next new product, the iPhone, was immediately **embraced** by the public.　Sales
10　**surged**, and the iPhone passed on its halo to the Mac and to the iPad.　This glow or "halo" still shines brightly over Apple's products today.

(Original, 250 words)

278 ☑	**favor ~ over ...**	…より～を好む，…より～を優遇する
279 ☑	**correlated** [kɔ́ːrəlèitid, kàr-]	*adj.* 相関関係がある，相互に関連している
	派 **correlation**	*n.* 相互関係，相関性
	参 **correlate with ~**	～と相関関係を持つ
280 ☑	**brand loyalty**	(特定の) ブランド信仰，ブランド志向，銘柄信仰
	参 **loyalty**	*n.* 忠誠，忠実，忠義
281 ☑	**elicit** [ilísət]	*vt.* (情報など) を引き出す；(結論など) を導き出す；(事実，感情など) を誘い出す，を生じさせる
☑	**manufacturer** [mæ̀njəfǽktʃərər]	*n.* 製造業者，メーカー
☑	**embrace** [embréis]	*vt.* (主義・思想・事態など) を受け入れる

32-2   ハロー効果

(❷続き) 例を挙げると，ある顧客が別のものよりある製品を好むことがあるのは，以前そのブランドで好意的な経験をしているからである。このハロー効果は，ブランド信仰や常連客と相関関係がある。企業がハロー効果を引き出そうとする理由は，それが企業をその業界内の牽引者として確立してくれるからなのだ。

❸ ハロー効果のほぼ完璧な例は，アップル社製品のマーケティングの手腕に見られる。アイポッド (iPod) の人気のおかげで，アップルは，技術的に革新的な高品質製品の製造業者として知られるようになった。アップルの次の新製品，アイフォン (iPhone) は，またたく間に世間に受け入れられた。販売は急増したうえ，アイフォンはそのハローをマック (Mac) やアイパッド (iPad) へと伝播した。この輝き，すなわち「ハロー」は，今日のアップル製品の上に，依然として鮮やかに輝いている。

☐ **surge** [sə́ːrdʒ]	*vi.* 急増する，(価格などが) 急騰する，急上昇する；波のように打ち寄せる；(感情などが) 沸きあがる *n.* 急増，急騰
282 ☐ **glow** [glóu]	*n.* 輝き，蛍光，柔らかな光

✎ 語句・表現

☐ *l.3*   repeat customer「常連客，リピーター客」
☐ *l.10* pass on 〜 to ...「〜を…(次〔次世代〕)へ回す〔伝える〕」

33 SDGs

1　❶ In 2015, the United Nations 2030 Agenda for Sustainable Development was unanimously adopted by its 193 member countries. The agenda **laid out a** wide **range of** sustainable development goals (SDGs) to be met within 15 years. Approximately half of the goals address environmental concerns and
5　half address social and economic issues. These include eradicating poverty, promoting health and **well-being**, and providing safe **working conditions** with equitable pay, among others.

❷ From the beginning, **private sector** cooperation has been seen as essential for successful SDGs. Various resources have been developed to
10　promote business involvement. The SDG Compass, for example, helps companies to understand the goals and to create **business models** that are **in alignment with** them.

❸ Business involvement is not only admirable, but good **business practice** as well. SDGs will ensure the continued availability of natural resources
15　and a stable **workforce**. Participating companies will also enhance their reputations by creating more positive **public images**.　(Original, 152 words)

283 ☑	**lay out ~**	～を提示する；～を計画する；～（光景など）を展開する
284 ☑	**a range of ~**	（ある）範囲の～
285 ☑	**well-being** [wélbíːiŋ]	*n.* 福祉（welfare），幸福，健康で安心なこと
286 ☑	**working conditions**	労働条件
287 ☑	**private sector**	民間部門
	⇔ **public sector**	公共部門
288 ☑	**business model**	ビジネスモデル

33 持続可能な開発目標

❶ 2015年,国連の持続可能な開発のための2030アジェンダが,満場一致で193の加盟国によって採択された。このアジェンダが提示したのは,広い範囲の持続可能な開発目標 (SDGs) で,15年以内の達成を目指すものである。およそ半分の目標は環境への懸念を取り上げ,また半分は社会問題や経済問題を取り上げている。こうした目標には,貧困の撲滅,健康と福祉の促進,そして安全な労働条件を公正な報酬と共に提供することなどが盛り込まれている。

❷ 当初から,民間部門の協力は,SDGsを達成させるために必要不可欠であると考えられてきた。さまざまな資源が企業の参加を促すために開発されてきている。例えば,SDGsの企業行動指針があるので,企業はその目標を理解し,またそれと合致するビジネスモデルを創り出すことができる。

❸ 企業の参画は称賛に値するだけでなく,優れたビジネス手法でもある。SDGsによって,天然資源の継続的な確保や安定的な労働力が確固たるものになるだろう。参画する企業は,一層良好な対外的イメージを創り出し,自社の評判を高められる。

289 ☑	**in alignment with ~**	~と合致して;~と一直線になって
290 ☑	**business practice**	ビジネス手法,事業遂行のあり方,商慣行,商習慣
291 ☑	**workforce** [wə́ːrkfɔ̀ːrs]	n. 労働力;全従業員;労働人口
292 ☑	**public image**	世間体,世間的〔対外的〕イメージ

✍ 語句・表現

☐ *l.2* unanimously「満場一致で」
☐ *l.10* SDG Compass「SDGコンパス,SDGsの企業行動指針」

34-1 Stealth Marketing

1 ❶ Stealth marketing is a way of promoting a product or service in such a way that consumers are not aware that advertisers are trying to persuade them to buy it.

❷ Product placement is considered a classical example of stealth
5 marketing. It is a way of advertisement in which a company arranges their products to appear in movies or TV shows. When viewers see famous actors using them without knowing they were arranged, many of the viewers tend to buy one. An even more **controversial** form of stealth marketing involves people posing as customers or users of a certain product. It may be TV
10 personalities or paid online influencers praising their supposed purchases.

❸ Some companies use stealth marketing techniques because most consumers have a skepticism about commercial advertising. They recognize that advertisements focus on positive features of products and ignore negative aspects. This creates a degree of distrust that can reduce
15 advertising effectiveness.

---

293 ☑	**stealth marketing**	ステルスマーケティング
		解説 消費者に宣伝行為・販売促進活動であることを悟られないような形で行われる宣伝・販促活動。
294 ☑	**product placement**	プロダクトプレイスメント
		解説 映画やテレビ，ドラマなどの娯楽作品の中に，広告主の商品やサービスなどを登場させ，その存在を消費者に自然に認知させる広告手法。
295 ☑	**classical** [klǽsikl]	*adj.* 典型的な；古典の，古典主義の；クラシックの
	派 **classic**	*n.* 古典，名作
☑	**controversial** [kὰntrəvə́:rʃl]	*adj.* 物議を醸す
296 ☑	**pose as ～**	～になりすます；～のように振る舞う

34-1　ステルスマーケティング

❶ ステルスマーケティングとは，製品やサービスを販売促進する1つの方法で，それは消費者たちが，広告主に購入を促されていることに気付かないようなやり方である。

❷ プロダクトプレイスメントはステルスマーケティングの典型的な一例と見なされており，映画やテレビ番組で，ある会社の商品が目に留まるように仕向けた広告の方法を指す。視聴者の多くは，意図的に行われているとは知らずに，有名な俳優がその商品を使っているのを目にすると，購入しがちである。さらに一層**物議を醸す**形式のステルスマーケティングは，ある商品の顧客や利用者になりすますことである。テレビタレントやお金を受け取ったネット上のインフルエンサーがあたかも自分で購入したかのように商品を称賛するといったケースである。

❸ ステルスマーケティングの手法を利用する企業があるのは，大部分の消費者たちが商業広告を疑いの目で見ているためである。消費者たちにはわかってしまうのだ，広告が製品のプラスの特徴に重点を置いていて，マイナス面には目を向けないことを。このことは，幾分かの不信感を生み，広告効果を弱めかねない。

297 ☐	**influencer** [ínfluənsər]	*n.* インフルエンサー **解説**「影響力がある人」の意。SNSなどを通じて情報発信し，それによって多くのフォロワーに影響を与えている人のこと。
298 ☐	**commercial advertising**	商業広告
299 ☐	**advertising effectiveness**	広告効果

✎ 語句・表現

☐ *l.1*　in such a way that ...「…のようなやり方で」

本文 043　単語 w043

34-2 Stealth Marketing

1　(**❸**の続き) Consequently, advertisers are always looking for less **obvious** ways to reach consumers and create interest in products. Stealth marketing is one of them.

　❹　However, these stealth marketing strategies are now being criticized as
5　unethical. The U.S. Federal Trade Commission has issued guidelines regarding **misleading** product endorsements. It is also dangerous for advertisers as these strategies can backfire if consumers become aware of the deception, or if they **are disappointed with** a product after buying it.

(Original, 227 words)

☑	**obvious** [ábviəs]	*adj.* あからさまな, 明白な
	≒ **definite**	*adj.* 確実な, 明白な
300 ☑	**Federal Trade Commission**	連邦取引委員会 **解説** アメリカ合衆国における公正な取引を監督・監視する連邦政府の機関。
☑	**misleading** [mìslíːdiŋ]	*adj.* 判断を誤らせるような, 誤解を招きかねない
	派 **misleadingly**	*adv.* 誤解を招きかねないほど
301 ☑	**product endorsement**	製品推奨, 商品推奨 **解説** 著名人が人気や知名度を生かして, 商品を推奨すること。
302 ☑	**backfire** [bǽkfàiər]	*vi.* 裏目に出る；期待とは逆の効果が出る

34-2　ステルスマーケティング

(❸の続き) その結果, 広告主たちは, 消費者に届き, さらに製品に興味を持って もらうための, より**あからさま**でない方法を始終探しているというわけだ。ステ ルスマーケティングはそうした方法のひとつなのである。

❹　ところが, このようなステルスマーケティングの戦略は, 現在, 非倫理的であ るとして批判を受けつつある。米連邦取引委員会は, **判断を誤らせるような**製品 推奨に関するガイドラインを発行している。ステルスマーケティングが広告主に とっても危険であるのは, これらの戦略が裏目に出る可能性があるからで, それ は消費者が広告に**騙**されたことに気付いたり, あるいは製品を購入後にそれに**落 胆**したりする場合である。

303
☐ **deception**　　　　*n.* 騙されること；詐欺
[disépʃən]

🔊 **deceive**　　　　*vt.* を騙す

☐ **be disappointed**　～に失望している, ～にがっかりしている
with ～

✎ 語句・表現

☐ *l.1*　consequently「その結果, したがって」文修飾の副詞。(≒ therefore)
☐ *l.5*　unethical「非倫理的な」(⇔ ethical)

35-1 Michael E. Porter

1　❶ Born in Ann Arbor, Michigan on May 23, 1947, Harvard University professor Michael E. Porter is known worldwide for his work in economics, business strategy, and social causes. Porter has had a long **affiliation** with Japan's Hitotsubashi University, and co-authored the 2000 book, *Can Japan*
5　*Compete?* with Hitotsubashi professor Hirotaka Takeuchi. In later years, he has worked with various nonprofit organizations to address social concerns, including healthcare reform and poverty.

❷ In his written works, Porter clarifies his views on both domestic and international competition. He developed the "five forces analysis"
10　system for evaluating business competition and the "diamond framework" for **assessing** national competitive advantage. The diamond model presents four broad categories, illustrated in the diagram below:

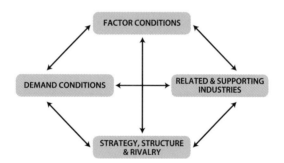

304 social cause	社会的大義
affiliation [əfíliéiʃən]	*n.* 提携関係, 友好関係；提携, 加入
305 nonprofit organization	非営利組織, 民間公益組織, NPO
306 social concerns	社会的問題, 社会的関心
307 international competition	国際競争, 世界的規模での競争

35-1　マイケル・E・ポーター

Part I
3
人物 ◆ People

❶ ミシガン州のアンアーバーにて，1947年5月23日に生まれた，ハーバード大学教授マイケル・E・ポーターは，経済学，事業戦略，そして社会的大義における取り組みで，世界的に知られている。ポーターは日本の一橋大学と長く**提携関係**を築いてきており，また同大学の竹内弘高教授と共に，2000年の書籍『日本の競争戦略』を共同で執筆した。後年には，さまざまな非営利組織と関わって，医療改革や貧困などの社会的問題に対処してきた。

❷ 自著の中で，ポーターは国内競争および国際競争の両方について，自身の考えを明らかにしている。彼は企業の競争**を評価する**ために「ファイブフォース分析」を，そして国の競争優位性を査定するために「ダイヤモンドフレームワーク」を考案した。このダイヤモンドモデルは，以下の略図に例示されているように，4つの幅広い領域を表している。

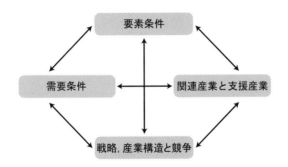

---

³⁰⁸
☐ **five forces analysis**　ファイブフォース分析
　　解説 業界の収益性を決める5つの競争要因から，業界の構造分析をおこなう手法のこと。p.44 参照。

☐ **assess**
　[əsés]　*vt.* を**査定する**，を**評価する**

35-2 Michael E. Porter

1 ❸ "Factor conditions" include not only a country's natural resources but also its infrastructure and the quality of its labor force. "Related and supporting industries" refer to the **availability** of domestic industries that supply, distribute, or otherwise support a country's main industries. "Strategy,

5 structure, and rivalry" show how domestic competition within an industry can strengthen its international competitivity. Finally, "demand conditions" point to the idea that a strong domestic market helps to create high-end products that can succeed internationally.

❹ Porter contends that traditional competitive strategies are essentially

10 **flawed**. He argues that factors considered negative by many businesses can actually be positive. For example, he sees rivalry as beneficial because it **spurs** companies to upgrade their products and processes. Disadvantages become advantages when companies find creative solutions. He points to Japan as an example, where high labor costs and a shortage of space have

15 led to manufacturing advances. These include increased automation, along with products that are *kei-haku-tan-sho*—lighter, thinner, shorter, and smaller.

(Original, 277 words)

309 ☑	**labor force**	労働力, 労働力人口
☑	**availability** [əvèiləbíləti]	*n.* 利用可能性, 入手・購入の可能性；(宿泊などの) 予約状況；(人の) 都合
	派 **available**	*adj.* (すぐに) 利用できる, 入手できる；(人が) 応対できる
310 ☑	**rivalry** [ráivlri]	*n.* 競争, 対立状態；対抗意識
311 ☑	**high-end** [háiénd]	*adj.* (同種の商品の中で) 最高級の；高性能の, ハイエンドの；高所得者向けの
☑	**flaw** [flɔ́:]	*vt.* に傷をつける, をダメにする,〈受動態で〉不備がある　*n.* 傷, ひび；不具合, 欠陥；欠点
☑	**spur** [spɔ́ːr]	*vt.* を刺激する, を激励する；(馬) を急き立てる　*n.* (馬の) 拍車；激励, 刺激

Part I
3
人物 ◆ People

35-2　マイケル・E・ポーター

❸「要素条件」には，国の天然資源だけでなく，その産業経済基盤や労働力の質も含まれる。「関連産業と支援産業」とは，一国の主要産業に供給し，流通させ，またそうでなければ支援する，国内産業の**利用可能性**を指している。「戦略，産業構造と競争」は，ひとつの産業内の国内競争が，いかにその国際的な競争力を強化し得るかを示している。最後の「需要条件」は，強い国内市場は，国際的に成功する可能性がある高性能の品の開発を促進する，という考えを提示している。

❹ ポーターが強く主張しているのは，従来の競争戦略には本質的に**不備がある**ということだ。彼は，多くの事業によって否定的に考えられる要素は，実際には肯定的になり得ると論じている。例えば，ポーターは競争を有益であると考える。なぜなら，競争が企業**を刺激**して，その製品や製法を向上させるからだ。不利な状況は，企業が創造的な解決策を見出す場合に，有利へと転ずるのである。彼がひとつの例として日本を挙げている。日本では高い人件費と場所の不足が，製造業の進歩につながってきている，と。そうした進歩には，軽-薄-短-小（より軽く，より薄く，より短く，そしてより小さく）な製品と併せて，自動化の進展がある。

312 ☐	**upgrade** [ʌ̀pgréid]	*vt.* を向上させる，(品質, 性能, 価値など) を高める，をアップグレードする
	⇔ **downgrade**	*vt.* を格下げする；を侮る，見下す，(人の地位) を落とす
313 ☐	**creative solution**	創造的な解決策
314 ☐	**labor cost**	人件費，労働コスト
315 ☐	**automation** [ɔ̀ːtəméiʃən]	*n.* 自動化，オートメーション

✍ 語句・表現

☐ *l.1*　natural resources「天然資源」
☐ *l.2*　infrastructure「産業経済基盤；インフラ（ストラクチャー）」

36-1 Peter F. Drucker

1   ❶ Born in Vienna, Austria, in 1909, Peter F. Drucker **emigrated** to the
United States in 1937 and became an American citizen in 1943. He is widely
considered to be the inventor of modern business management. As an
author, entrepreneur, and management consultant, Drucker pioneered
5 many business practices that are **prevalent** today. These include
decentralization, **outsourcing**, and management by objectives, among
others. Drucker also foretold the rise of the information society and the
need for a more skilled and educated workforce. Additionally, he was one of
the first to predict Japan's transformation into an economic powerhouse.

☑	**emigrate** [émigrèit]	*vi.* (他国へ) 移住する
	派 **emigration** ⇔ **immigrate**	*n.* (外国への) 移住，出稼ぎ *vi.* (外国から) 移住する
316 ☑	**pioneer** [pàiəníər]	*vt.* を先駆けて開発する；を開拓する *n.* 先駆者，パイオニア
	派 **pioneering**	*adj.* 先駆的な pioneering work (先駆的業績)
☑	**prevalent** [prévələnt]	*adj.* 広く普及している；流行している，蔓延している
	派 **prevail** 派 **prevailing**	*vi.* 勝つ，圧倒する；普及している *adj.* 一般の，流行の；優勢な
317 ☑	**decentralization** [di:sèntrəlaizéiʃən]	*n.* 分権化，分散化；集中の排除；地方分権
☑	**outsourcing** [àutsɔ́:rsiŋ]	*n.* アウトソーシング，外部委託

36-1　ピーター・F・ドラッカー

❶ オーストリアのウィーンで1909年に生まれたピーター・F.ドラッカーは，アメリカ合衆国へ1937年に**移住し**，1943年にアメリカ国民となった。彼は現代ビジネス・マネジメントの考案者であると広く認められている。著述家，起業家，そして経営コンサルタントとして，ドラッカーは今日**広く普及している**多くの経営手法を先駆けて開発した。これらには，分権化，**アウトソーシング**，そして目標による管理などがある。ドラッカーはまた，情報社会の台頭や，技術力や教育水準の高い労働力の必要性を予言した。さらに，彼は日本の経済大国への変容を初めて予言した人のひとりであった。

318 ☐	**management by objectives**	目標による管理 (MBO) **解説** ドラッカーが提唱した，従業員が自律的に目標を設定する人事評価制度。
319 ☐	**foretell** [fɔːrtél]	vt. を予言する，を予告する
320 ☐	**information society**	情報社会
321 ☐	**powerhouse** [páuərhàus]	n. 大国，強豪チーム，大手企業；強力な人；発電所

✎ 語句・表現

☐ *l.4*　entrepreneur「起業家」
☐ *l.8*　workforce「労働力」

36-2　Peter F. Drucker

1　❷ Drucker was an avid admirer of Japan and its culture, and he visited the country many times. He even wrote a book on Japanese painting. But it was his groundbreaking 1954 work, *The Practice of Management*, that most impacted the country. The book's 1956 Japanese edition became hugely
5　influential after it was recommended by Taizo Ishizaka, chairman of the Japan Business Federation.

　❸ Drucker's book sought to clarify the purpose of businesses and lay out a systematic approach to management. As he saw it, businesses exist to serve the needs of customers, with an emphasis on innovation, marketing, and
10　customer satisfaction. A key function of managers is to motivate employees through shared objectives. This elevates the role of ordinary workers by involving them in goal-setting and decision-making.　　(Original, 221 words)

322 ☐	**avid** [ǽvid]	*adj.* 熱心な，貪欲な
323 ☐	**groundbreaking** [gráundbrèikiŋ]	*adj.* 革新的な，画期的な，草分けの；起工式〔鍬入れ式〕の
☐	**impact** *vt.* [impǽkt] *n.* [ímpækt]	*vt.* に影響を与える；に激突する *n.* 影響，効果；衝撃
☐	**influential** [influénʃl]	*adj.* 影響力のある
	派 **influence**	*vt.* に影響を及ぼす，(人・行動など)を左右する *n.* 影響
☐	**recommend** [rèkəménd]	*vt.* を推奨する；を推薦する
	派 **recommendation** *n.* 推薦，推挙，推薦状 派 **recommendable** *adj.* 推薦できる	

36-2　ピーター・F・ドラッカー

❷ ドラッカーは日本やその文化の**熱心な**称賛者であったので，幾度も来日を果たした。日本画に関する書籍も執筆した。しかし，日本に最も**影響を与えた**のは，彼の1954年の**革新的な**著書である『現代の経営』であった。この書籍の1956年の邦訳は，日本経済団体連合会会長の石坂泰三氏に**推奨される**と，極めて大きな**影響力を持つ**ようになった

❸ ドラッカーの書籍では，企業の目的を明らかにし，また経営への体系的な取り組みを提示しようとした。彼の見地に立てば，企業は，革新，販売促進活動，そして消費者の満足に重点を置きながら，消費者の必要性に応えるために存在しているということだ。経営者の主要な機能とは，目的を共有することで，被雇用者にやる気を起こさせることである。一般的な労働者を**目標設定**や意志決定に関わらせることによって，彼らの役割を**高める**ことになる。

324 □	**seek to ...**	…しようと努める
参	**seek**	*vt.* を求める；を捜す
325 □	**elevate** [élɚvèit]	*vt.* を高める；を持ち上げる
326 □	**goal-setting** [góulsètiŋ]	*n.* 目標設定

語句・表現

- □ *l.1*　admirer of ～「～の称賛者，～のファン」
- □ *l.5*　chairman of ～「～の会長」
- □ *l.7*　lay out ～「～を提示する，～を展開する」
- □ *l.11*　ordinary worker「一般〔普通〕の労働者」
- □ *l.12*　decision-making「意思決定，政策決定」

37-1 Philip Kotler

1 ❶ Born in Chicago, U.S.A. in 1931, Philip Kotler is a **legendary** figure in marketing. He taught for nearly 60 years at the Kellogg Graduate School of Management, Northwestern University. A **prolific** author, Kotler has written 80 books. His **landmark** 1967 book, *Marketing Management*, systematized

5 facts and ideas on marketing. The book was the first to include theory, scientific research, and actual practice.

❷ Kotler introduced several now well-established marketing concepts. These include the 4Ps marketing mix (product, price, place, and promotion) and the STP framework (segmentation, targeting, and positioning). Kotler

10 believes marketing should be the centerpiece of every company activity, from **research and development** to production and product delivery.

☐	**legendary** [lédʒəndèri]	*adj.* 伝説的な, 伝説上の；(伝説になるほど) 有名な
	派 **legend**	*n.* 伝説, 言い伝え；伝説的人物
☐	**prolific** [prəlífik]	*adj.* (作家などが) 多作な；多産の, 多くの実を結ぶ
	派 **prolifically**	*adv.* 多産で；豊富に
☐	**landmark** [lǽndmɑ̀ːrk]	*n.* 〈形容詞的に〉**画期的な**；(歴史上の転機となる) 画期的な出来事；目印；境界線
	参 **milestone**	*n.* (何かの節目, より大きな目標達成の途中の) 中間目標；(歴史上・計画上の) 画期的な出来事
327 ☐	**systematize** [sístəmətàiz]	*vt.* を体系化する, を組織化する, を順序立てる
328 ☐	**scientific research**	科学的研究
329 ☐	**actual practice**	実践, 実務

37-1 フィリップ・コトラー

❶ アメリカ合衆国のシカゴで1931年に生まれたフィリップ・コトラーは，マーケティングにおいて**伝説的な**人物である。彼はおよそ60年間にわたって，ノースウェスタン大学のケロッグ経営大学院で教鞭を執った。**多作な**著述家で，コトラーは80冊の書籍を執筆している。彼の**画期的な**1967年の書籍，『マーケティング・マネジメント』では，マーケティングに関する事実と考えを体系化した。これは，理論，科学的研究，そして実践が盛り込まれた初めての書籍だった。

❷ コトラーは，今や確立されているマーケティングの概念をいくつか紹介した。これらには4つのPのマーケティングミックス（プロダクト＝製品，プライス＝価格，プレイス＝流通，プロモーション＝広告宣伝），そしてSTPの枠組み（セグメンテーション＝市場細分化，ターゲティング＝市場の標的設定，ポジショニング＝立ち位置の明確化）がある。コトラーは，マーケティングはあらゆる企業活動の**最重要項目**でなければならないと確信しており，それは**研究開発**から製品の製造および製品の出荷にまで及ぶ。

330 ☑	**centerpiece** [séntərpìːs]	n. 最重要項目；（テーブルなどの）中央の飾り
☑	**research and development**	研究開発，R&D
331 ☑	**product delivery**	製品の出荷〔配送〕

語句・表現

□ *l.7* well-established「（理論，技術，習慣，地位などが）確立された」

37-2 Philip Kotler

1 (**2**続き) He sees the highest level of marketing as working for the **betterment** of people's lives and the world. This idea has led companies to embrace **so-called** "**cause marketing**" to promote corporate social responsibility.

5 **3** One of Kotler's major contributions is the establishment of "**social marketing**" as a field. He has shown that nonprofit organizations can successfully apply marketing principles to increase **public awareness** and enhance their financial **viability**. Kotler is the **co-founder** of the World Marketing Summit. Since 2011, its mission has been "Creating a better world

10 through marketing and thereby **alleviating** poverty. " (Original, 200 words)

---

332 ☑	**betterment** [bétərmənt]	n. 向上, 改善, 改良
333 ☑	**so-called** [sóukɔ́:ld]	adj. いわゆる, 世間で言うところの
334 ☑	**cause marketing**	コーズ・マーケティング **解説** 自社の商品やサービスの購入を通して, 環境保全などの社会貢献活動につながることを顧客に訴求するマーケティング手法。
335 ☑	**social marketing**	ソーシャル・マーケティング **解説** 社会全体の利益向上を追求することを目標としたマーケティング手法。
336 ☑	**public awareness**	社会の認識, 国民意識, 一般の人々の認識
337 ☑	**viability** [vàiəbíləti]	n. (計画などの) 実行〔成功〕可能性;生存〔生育, 成長〕能力
派	**viable**	adj. (計画などが) 実行可能な;(国, 経済が) 成長〔発展〕し得る;存続できる;生存できる

37-2　フィリップ・コトラー

(❷続き) 彼は，最高水準のマーケティングは，人々の生活や世界の向上のために役に立つと考えている。この考え方によって，企業はその社会的責任を促すための，いわゆる「コーズ・マーケティング」を採用するようになってきている。

❸ コトラーの主な貢献のひとつに，「ソーシャル・マーケティング」という分野の確立がある。彼は，非営利組織はうまく市場原理を用いて社会の認識を高め，さらに組織の財務的実行可能性を高めることができると示してきた。コトラーはワールド・マーケティング・サミットの共同創設者である。2011年以降，その使命はずっと「マーケティングを通してより良い世界を創造し，それによって貧困を軽減すること」である。

338
co-founder　*n.* 共同創設者
[koufáundər]

---

alleviate　*vt.* (苦労・痛みなど)を軽減する，和らげる
[əlí:vièit]

派 **alleviation**　*n.* 軽減，緩和

📝 **語句・表現**

☐ *l.6*　nonprofit organization「非営利組織〔団体〕」
☐ *l.7*　marketing principles「市場原理」

38　William E. Deming

1　❶ Since 1951, the Deming Prize has been awarded annually by the Union of Japanese Scientists and Engineers. The prize is named for **famed statistician** and management consultant, William Edwards Deming. It is **bestowed on** individuals and businesses who have made outstanding
5　contributions to the field of **Total Quality Control**.
　❷ Best known for his work in Japan after WWII, Deming **is** widely **credited for** his part in Japan's economic transformation. He **championed** revolutionary methods that were used to create a **blueprint** for modern management and quality control.
10　❸ Deming recommended using **statistical process control** to monitor and control manufacturing processes and output. He also promoted a four-step management system known as Plan-Do-Check-Act (**PDCA**). Applied in repeated cycles, PDCA enables companies to continuously improve processes and **product quality**.
15　❹ Deming's achievements in Japan received belated recognition in the United States. In the early 1980s, the Ford Motor Company was facing huge losses. With an eye on Japan's success, they called on Deming to help **revamp** their operations. By 1986, Ford had become the most profitable American automaker.　(Original, 173 words)

339 ☑	**famed** [féimd]	*adj.* 著名な，名高い
	≒ **famous**	*adj.* 有名な，名高い，高名な
340 ☑	**statistician** [stӕtistíʃən]	*n.* 統計学者
	派 **statistics**	*n.*〈複数扱い〉統計；〈不可算名詞〉統計学
341 ☑	**bestow ～ on ...**	～（称号・名誉など）を…に与える〔授ける〕
342 ☑	**Total Quality Control**	全社的品質管理，TQC 解説 QC（品質管理）を工場などの製造部門だけでなく，設計・購買・営業・マーケティングなどの部門にも適用し，体系化したもの。
343 ☑	**be credited for ～**	～で広く評価されている，～に対して功績がある

38 ウィリアム・E・デミング

❶ 1951年以来毎年,デミング賞が日本科学技術連盟によって授与されてきた。この賞は,著名な統計学者であり,経営コンサルタントでもあるウィリアム・エドワーズ・デミングに由来する。これは,全社的品質管理の分野に対して,傑出した貢献を行ってきた個人や企業に与えられる。

❷ デミングは第2次世界大戦後の日本での仕事で最もよく知られており,日本の経済改革における役割で広く評価されている。彼は革命的な方法**を支持し**,それらは近代経営や品質管理のための詳細な計画を作り出すのに用いられた。

❸ デミングが推奨したのは,統計的工程管理を用いて,製造工程や生産量を観察して制御することである。彼はまた,4段階の管理システムも推進し,それは計画-実施-評価(検討)-改善(対処)(PDCA)として知られている。PDCAは,周期的に繰り返し適用されることによって,企業が継続的に工程や製品品質を改善できるようになることを可能にする。

❹ デミングの日本における功績は,遅ればせながら,アメリカ合衆国で正当な評価を受けた。1980年代の初頭,フォード自動車会社は莫大な損失に直面していた。日本の成功に着目し,彼らはデミングを招聘し,フォードの事業経営を刷新する手助けを頼んだ。1986年までに,フォードはアメリカで最も収益の多い自動車製造会社になっていた。

☐	**champion** [tʃǽmpiən]	*vt.* (主義など)を**擁護する,を支持する** *n.* **(主義などの)擁護〔代弁〕者**;優勝者,優れた人
344 ☐	**blueprint** [blúːprìnt]	*n.* 詳細な計画,青写真
345 ☐	**statistical** **process control**	統計的工程管理,統計的プロセス制御,SPC
346 ☐	**PDCA**	PDCA **解説** Plan(計画),Do(実施),Check(評価),Act(改善) のサイクルを繰り返し行うことで,業務の改善を促す手法。
347 ☐	**product quality**	製品品質
348 ☐	**revamp** [rivǽmp]	*vt.* を刷新する,を改善する;を修理する;を改造する

Part Ⅱ　テーマ別英文

1 経済全般 ◆ Economics

1-1 African Americans point to racial biases in economics

1 ❶ BALTIMORE (AP) — The field of economics is facing an **upheaval**, with African American scholars decrying **bias** in the profession and presenting evidence that leading journals have failed to publish sufficient research that documents racial **inequalities**.

5 ❷ This **tumult** reflects racial dynamics at a delicate moment **set against the backdrop of** protests over the police killing of George Floyd that have **thrust** varying forms of bias **into** public consciousness. Though videos have illustrated police brutality against African Americans and others, the extent of **racially driven** economic problems is often less recognized.

10 ❸ President Donald Trump has cited the 5.8% unemployment rate for African Americans before the pandemic struck as evidence of improving racial equality. Yet that figure was nearly twice as high as the unemployment rate for whites. And it overlooks data on housing, wealth and **student debt** that point to vast racial inequalities. Leading research has shown that **racial**
15 **discrimination** has not only slowed **economic gains** for black Americans but also depressed prosperity for America as a whole.

349 ☑	**upheaval** [ʌphíːvl]	*n.* 大混乱；激変, 大騒ぎ
☑	**bias** [báiəs]	*n.* 偏見, 先入観
350 ☑	**inequality** [ìnikwáləti]	*n.* 不平等
	⇔ **equality**	*n.* 平等, 対等；同等
351 ☑	**tumult** [t(j)úːmʌlt]	*n.* 騒動；(心や感情の) 激動
352 ☑	**be set against the backdrop of ~**	~を背景としている
	參 **backdrop**	*n.* 背景

1-1　アフリカ系アメリカ人が経済学における人種的偏見を指摘

❶ ボルティモア（AP）── 経済学の分野は大混乱に直面している。それは，アフリカ系アメリカ人の学者たちがその専門職における偏見を公然と非難し，主要な専門誌が人種的不平等を実証する研究を十分に掲載していない証拠を提示しているからである。

❷ この騒動は，警察がジョージ・フロイドを死亡させたことをめぐる抗議活動を背景としたデリケートな時期における，人種的なダイナミックスを反映している。その抗議活動はさまざまな形態の偏見を人々の心に焼き付けた。ビデオはアフリカ系アメリカ人たちに対する警察の残虐性を明らかにしたが，人種差別によって引き起こされる経済問題の程度はしばしば過小評価される。

❸ ドナルド・トランプ大統領は，（コロナの）世界的大流行が襲う前のアフリカ系アメリカ人の失業率5.8％を，人種的平等が向上していることの証拠として引き合いに出している。しかし，その数字は白人の失業率のほぼ2倍の高さであった。そしてその数字は，人種間の大きな格差を指し示す住宅，財産，学生ローン債務に関するデータを見落としている。先導的な研究は，人種差別はアフリカ系アメリカ人の経済的な収益を鈍らせただけでなく，アメリカ全体の繁栄を落ち込ませてきたことを示している。

353 □	**thrust ～ into ...**	～を…に焼き付ける；～を…に無理やりねじ込む
	参 thrust	vt. を強く押す，を突き出す
354 □	**racially driven**	人種差別によって引き起こされる
		解説 「人種問題によって駆り立てられた負の感情が理由となる」の意味。
355 □	**student debt**	学生ローン債務
356 □	**racial discrimination**	人種差別
357 □	**economic gains**	経済的な収益

📝 語句・表現

- □ *l.2*　decry「～を非難する，～をけなす」（≒ denounce）
- □ *l.4*　document「～を（証拠資料で）実証〔立証〕する」
- □ *l.16*　depress「（力・活動など）を弱める，鈍らせる；（市場）を不景気にする」

本文 ♪ 052　単語 ♪ w052

1-2 African Americans point to racial biases in economics

1　❹ "We're not tapping into the wealth of talent that we have," said Lisa Cook, an economist at Michigan State University who hosted a webinar this week that illustrated how segregation and racially motivated violence had, among other things, held back patent filings by African Americans.

5　Because racism has **diminished** the role of black Americans in innovation, her research shows that the United States is effectively losing 4.4% of gross domestic product annually.

　❺ Cook asserted that all Americans should be concerned about the problem because without sufficient innovation, "our living standards are under

10　threat."

　❻ Widespread racial disparities are evident in the economics profession itself. A survey last year by the American Economic Association found that a **startling** 47% of African-Americans reported being discriminated against or treated unfairly because of their race, compared with just 4% of whites. Only

15　0.6% of doctoral degrees in economics and 2% of bachelor's degrees in economics went to African American women in 2017.

358 ☑	**tap into ～**	～をうまく活用する；～に入り込む
359 ☑	**segregation** [sègrəgéiʃən]	n. 人種隔離〔差別〕；隔離，分離
360 ☑	**hold back ～**	～を阻む，～を引き留める；～（情報や事実）を秘密にしておく
361 ☑	**patent filing**	特許申請
☑	**diminish** [dimíniʃ]	vt. を減らす，を縮小させる，(名誉・評判など)をおとしめる，を減殺する
	派 **diminished**	adj. 減少した，縮小により損なわれた
362 ☑	**gross domestic product**	国内総生産（GDP） 解説 国内で一定期間に生産された商品やサービスの付加価値の合計額。
363 ☑	**living standard**	生活水準

1-2　アフリカ系アメリカ人が経済学における人種的偏見を指摘

❹「我々は，我々が保持している豊かな人材をうまく活用していない」とミシガン州立大学の経済学者，リサ・クックは述べた。同氏は今週ウェブセミナーを主催し，そこで，いかに人種隔離と人種差別に起因した暴力が，とりわけ，アフリカ系アメリカ人による特許申請を阻んできたかを解説した。人種差別主義がイノベーションにおけるアフリカ系アメリカ人の役割を縮小させたため，アメリカ合衆国は毎年国内総生産の4.4%を事実上失っている，と彼女の研究は説明している。

❺ クックは，アメリカ人は皆この問題に関心を持つべきだと強く主張した。なぜなら，十分なイノベーションがなければ，「私たちの生活水準は危機にさらされる」からである。

❻ 広範囲にわたる人種格差は，経済学の専門職自体の中でも明白である。アメリカ経済学会が昨年行った調査によると，白人のわずか4%に比べ，**驚くべきは**47%のアフリカ系アメリカ人が，自分たちの人種のために差別された，または不公平な扱いを受けたと報告している。2017年には経済学の博士号のわずか0.6%，そして経済学の学士号の2%しかアフリカ系アメリカ人の女性に授与されていない。

---

364 ☑	**racial disparity**	人種格差
☑	**startling** [stáːrtliŋ]	*adj.* **驚くべき，びっくりさせる**
派	**startle**	*vt.* をびっくりさせる
365 ☑	**doctoral degree**	博士号
366 ☑	**bachelor's degree**	学士号

✐ 語句・表現

- □ *l.2*　webinar「ウェブセミナー，オンラインセミナー」ウェブ（Web）とセミナー（Seminar）を組み合わせた造語。
- □ *l.5*　innovation「イノベーション（技術革新）；革新，改革；新機軸，新しい工夫」
- □ *l.6*　effectively「（文修飾で）事実上，実際上」「効果的に，有効に」

1-3 African Americans point to racial biases in economics

1　❼ Some leading **gatekeepers** of policy and economic research have appeared to **downplay** or even deny the problems **bred** by the legacies of slavery, segregation and **mass incarceration**.

　❽ "I don't believe there's systemic racism in the U.S.," Larry Kudlow,
5　director of the White House National Economic Council, told reporters Wednesday.

　❾ Harald Uhlig, a professor at the University of Chicago and the top editor of the Journal of Political Economy, tweeted recently that activists who are seeking to **defund** police departments because of the violence committed
10　against African-Americans were "**flat-earthers**."

　❿ In 2017, Uhlig wrote a blog post suggesting that football players could dress in "Ku Klux Klan" **garb** to expose the **hypocrisy** of free speech advocates who support the right of football players to take a knee during the **national anthem** to protest racism. Many economists are now calling on
15　Uhlig to resign as the journal's editor.

367	**gatekeeper** [géitkì:pər]	*n.* 門番；ゲートキーパー (解説) ある集団と外部をつなぎ，メッセージの流れをコントロールする役割を担う人のこと。
	downplay [dáunplèi]	*vt.* を軽視する，を控えめに言う
368	**breed** [bríːd]	*vt.* (好ましくない状況など)を引き起こす，の原因になる；を生み出す　※ bred は breed の過去分詞。　*n.* 品種，種類
369	**mass incarceration**	大量投獄
370	**defund** [difʌ́nd]	*vt.* ～への資金 (援助)〔出資〕を打ち切る
371	**flat-earther** [flǽtə̀ːrθər]	*n.* 地球平面論者 (解説) すでに誤りであることが証明されている理論や学説に固執する人。

1-3　アフリカ系アメリカ人が経済学における人種的偏見を指摘

❼ 政策と経済の研究を先導するゲートキーパーの中には，奴隷制，人種分離，そして大量投獄といった過去の遺産によって引き起こされた問題を軽視したり，否定さえしたりする人もいるようである。

❽ 「アメリカ合衆国に組織的な人種差別主義があるとは思わない」とホワイトハウス国家経済会議のラリー・クドロー委員長は水曜日，記者団に語った。

❾ シカゴ大学の教授で政治経済ジャーナルのトップ編集者であるハラルト・ウーリヒは，アフリカ系アメリカ人に対して行われた暴力のために，警察署への資金を打ち切ることを求めている活動家は，「地球平面論者」だと最近ツイートした。

❿ 2017年にウーリヒは，次のような提案をするブログを投稿した。その内容とは，フットボールの選手たちは「クー・クラックス・クラン（白人至上主義集団KKK）」の衣装を着て，言論の自由の擁護者たちの偽善を暴露してはどうか，というものだった。言論の自由の擁護者たちは，フットボール選手たちが，人種差別に抗議するために国歌が演奏されている間，片膝をつく権利を支持（擁護）しているのだ。今，多くの経済学者がウーリヒに雑誌の編集者を辞めるように求めている。

---

372 ☑	**garb** [gáːrb]	n. （特定の身分や役職を象徴する）服装；身なり

373 ☑	**hypocrisy** [hipákrəsi]	n. 偽善，偽善的行為

374 ☑	**national anthem** 国歌	

📝 語句・表現

- □ *l.8*　tweet that ...「…とツイートする，（ツイッターで）…とつぶやく」tweetは元は「（小鳥などが）さえずる」の意味。
- □ *l.12*　free speech advocates「言論の自由の擁護者」
- □ *l.13*　football players to take a knee ～ anthem to protest racism：アメリカプロフットボールリーグ（NFL）の選手が人種差別に抗議するため，国歌斉唱時に起立を拒否して地面に膝をつく行為を指す。

1-4 African Americans point to racial biases in economics

1　⑪ Research about race has largely been **excluded** from the top five economic journals. Of the 7,567 **research papers** published in those journals between 1990 and 2018, just 29 dealt with race and ethnicity, according to an analysis by Dania Francis and Anna Gifty Opoku-Agyeman
5　published Thursday by Newsweek.

⑫ "This is a moment for **self-reflection** within the economics profession, and we have a real possibility to make lasting, **impactful** change," said Francis, a professor at the University of Massachusetts Boston. "However, change is always difficult, often met with resistance and can be especially
10　**divisive** when it involves addressing racial disparity."

⑬ The lack of academic research published in top journals contrasts with evidence that racial inequality is a pervasive economic problem. Federal Reserve figures show that the net worth of a **median** African American **household** is equal to just 10 cents for every dollar of wealth for white
15　households.

☑	**exclude** [iksklúːd, eks-]	*vt.* を締め出す，を除外する
	派 **exclusive**	*adj.* 排他的な；独占的な
375 ☑	**research paper**	論文
376 ☑	**self-reflection** [sélfriflékʃən]	*n.* 内省，自省
377 ☑	**impactful** [impǽktfl]	*adj.* 非常に効果的な，力強い，影響力の強い
	派 **impact**	*n.* 衝撃；影響，効果
378 ☑	**divisive** [diváisiv]	*adj.* 不和を生じさせる，あつれきを生じる，争いの元になる；区分をなす，区別する
379 ☑	**median** [míːdiən]	*adj.* 中央値の，中央の
	≒ **medial**	*adj.* 中間の，平均の

1-4　アフリカ系アメリカ人が経済学における人種的偏見を指摘

⑪ 人種についての研究は，上位5位の経済専門誌から大部分が**締め出**されている。1990年から2018年の間にそれらの専門誌に掲載された7,567本の研究論文のうち，人種と民族性を扱ったものはわずか29本であったと，ニューズウィークが木曜日に掲載したダニア・フランシスとアンナ・ギフティ・オポク=アギーマンの分析にある。

⑫ 「今こそ経済学研究者グループ内での内省の時である。我々には，持続的で，非常に効果的な変化をもたらす現実に起こり得る可能性がある」と州立マサチューセッツ大学ボストン校のフランシス教授は述べた。「しかし，変化は常に困難であり，抵抗を受けることも多く，人種格差を取り上げる場合は特にあつれきを生じる可能性がある。」

⑬ 学術研究が主要な専門誌に十分に掲載されていないことは，人種的不平等が広範囲にわたる経済的問題であるという証拠と対照的である。連邦準備制度理事会の数字によると，中央値のアフリカ系アメリカ人**世帯**の純資産は，白人世帯の財産の1ドルに対してわずか10セントに相当する。

☑ **household**　　*n.*〈集合的に〉**家族，世帯**
　　[háushòuld, háusòuld]

✎ 語句・表現

☐ *l.6*　moment「機会，好機」
☐ *l.6*　economics profession「経済学研究者グループ，専門的な経済学者たちの団体」
　　（the body of professional economists）

700

800

900
1000

1100　1200 words done!!
125

1-5 African Americans point to racial biases in economics

1　⑭ Academic economists have been **grappling with** a range of challenges to their profession, including a rising consideration of social issues that complicate some fundamental economic models taught to college students. ⑮ Harvard University's Raj Chetty, who pioneered the use of tax data to
5　assess economic mobility, is teaching a class driven by data rather than by what might be called abstract principles.　Chetty's research with colleagues has found troubling racial disparities, such as job booms in Atlanta and Charlotte, North Carolina, that largely excluded African Americans who grew up in those areas.
10　⑯ Michigan State University's Cook has said that one **remedy** would be to provide more career paths to African American economists at universities, think tanks and the editorial boards of top research journals.　The lack of career paths makes it harder to persuade African Americans to study economics.
15　⑰ "They're not hiring black people in departments," Cook said.　"Where are they supposed to go?"　(*THE ASSOCIATED PRESS*, June 12, 2020, 769 words)

☐	**grapple with ~**	（解決するため）～に取り組む，～に立ち向かう
380 ☐	**social issue**	社会問題
381 ☐	**economic model**	経済モデル
382 ☐	**economic mobility**	経済的流動性 **解説** 個人や家族が一生のうち，もしくは次の世代で経済状態を向上〔または下降〕させる能力。
☐	**remedy** [rémədi]	*n.* 改善策，解決策；治療薬，療法
	派 remedial	*adj.* 救済的な；治療上の
383 ☐	**career path**	キャリアパス；昇進への道；（仕事の）進路
384 ☐	**editorial board**	編集委員会

1-5　アフリカ系アメリカ人が経済学における人種的偏見を指摘

⑭ 教育機関の経済学者は，自分たちの本業に対するさまざまな課題に取り組んできた。それらには，大学生が学ぶ基本的ないくつかの経済モデルを複雑化するような社会問題への高まる関心も含まれる。

⑮ ハーバード大学のラージ・チェッティは，経済的流動性を評価するために税金のデータを使用した先駆者であるが，いわゆる抽象的な原則と呼ばれるようなものではなく，データを駆使して講義をしている。チェッティと同僚の研究は厄介な人種格差を発見した。例えば，アトランタやノースカロライナ州シャーロットの雇用ブームは，それらの地域で育ったアフリカ系アメリカ人の大部分を除外していたのである。

⑯ ミシガン州立大学のクックによると，1つの改善策は，アフリカ系アメリカ人の経済学者たちに，より多くのキャリアパスを大学やシンクタンク，そして主要研究誌の編集委員会において提供することである。キャリアパスが十分でなければ，アフリカ系アメリカ人に経済学を学ぶよう説得することはより難しくなる。

⑰ 「学部では黒人を雇っていません」とクックは言った。「彼らはどこに行くべきだというのですか。」

✎ 語句・表現

- □ *l.6*　what might be called abstract principles「抽象的な原則と呼ばれるようなもの」
- □ *l.12*　think tank「シンクタンク，頭脳集団」さまざまな領域の専門家を集めた研究機関。

2-1 The complex relationship between inflation and equity returns

1 ❶ In places where it has been long absent, it is hard to remember what a **curse** inflation is. In other places, it is hard to forget. Take Zimbabwe. In 2008 it suffered an inflation rate in the **squillions**. Prices doubled every few weeks, then every few days. Banknotes were so much confetti. Some people
5 turned to equities as a **store of value**. A share purchased on Monday might be sold on Friday. Harare's stock exchange was almost like a cash machine.
❷ **In principle**, equities are a good hedge against inflation. Business revenues should track consumer prices; and shares are claims on that revenue. In some cases, they may be the only available hedge. Iran, for
10 instance, has had one of the better performing stockmarkets, because locals have sought protection from inflation. **Sanctions** make it dangerous to keep money **offshore**.

☑	**curse** [kə́ːrs]	*n.* 災い〔不幸〕のもと；暴言, ののしり *vt.* をのろう, をうらむ *vi.* 暴言を吐く
385 ☑	**squillion** [skwíljən]	*n.* 何百万；〈俗語〉巨大な数〔金額〕
	派 **squillionaire**	*n.* 〈俗語〉 大金持ち
386 ☑	**store of value**	価値保蔵 (手段・機能), 価値貯蔵, 価値の保存
☑	**in principle**	原則として
☑	**sanction** [sǽŋkʃən]	*n.* 制裁措置
☑	**offshore** [ɔ̀(ː)ʃɔ́ːr]	*adv.* 海外で；沖合で *adj.* 海外での；沖合の 解説 ビジネスの文脈では,「オフショア」は自分の国から離れた地域を表し,「海外」という意味になる。「オフショアリング」は「海外へ移すこと」を表し, コスト削減を目的とする。対義語は「オンショア」。金融取引における「オフショア」は非居住者への租税環境の優遇国や地域のこと。

2-1 インフレーションと株式の収益の間にある複雑な関係

❶ インフレが長い間起こらなかった場所では，インフレがいかに**不幸の元凶**であるかを思い出すのは難しい。一方で忘れることが難しい場所もある。ジンバブエを例に挙げよう。2008年，ジンバブエは何百万にもなるインフレ率に苦しんだ。物価は数週間ごとに倍になり，それから数日ごとに倍になった。紙幣は大量の紙吹雪となった。価値の保蔵のために株式を始めた人もいた。月曜に購入した株は金曜には売られることもあった。ハラレの証券取引所はほとんど現金自動預け払い機のようだった。

❷ **原則として**，株式はインフレに対して優れた防衛手段である。事業収入は消費者物価の動きを追うものである。そして，株式はその収入に対する権利である。場合によっては，株式は唯一の利用可能な防衛策であるかもしれない。例えば，イランには好調な株式市場の1つがあるが，それは住人がインフレからの防衛を求めているからである。**制裁措置**のため，お金を**海外**に置いておくことは危険なのである。

✎ 語句・表現

□ *l.4* confetti「色紙片，紙吹雪」

2-2 The complex relationship between inflation and equity returns

1 ❸ Rich-country investors have a different sort of headache. Though the **immediate outlook** is for inflation to stay low, it could **plausibly** pick up later on. If it does, **edge cases** like Zimbabwe or Iran are a bad guide. The link between inflation and **equity returns** is not **straightforward**. Stocks
5 are a **decent inflation hedge** in the long run. But over shorter horizons, there is an **inverse relationship**. Rising inflation is associated with falling stock prices, and vice versa.

❹ Start with the evidence that stocks beat inflation **over the long haul**. In the most recent Credit Suisse global investment returns yearbook, a long-
10 running survey, Elroy Dimson, Paul Marsh and Mike Staunton show that global equities have returned an average 5.2% a year above inflation since 1900. You may **quibble** that the survey covers the sorts of stable places that have had a long run of stock prices in the first place, such as Britain and America. Even so, the finding fits with **intuition**. When you buy the equity
15 market, you buy a cross-section of a country's real assets.

387 ☑	**immediate outlook**	当面の見通し, 目先観 (1 カ月以内の短期の相場見通しのこと)
388 ☑	**plausibly** [plɔ́:zəbli]	*adv.* まことしやかに, もっともらしく
389 ☑	**edge case**	極端なケース
390 ☑	**equity return**	株式の収益, 株式配当
391 ☑	**straightforward** [strèitfɔ́:rwərd]	*adj.* 単純な；率直な；正直な
☑	**decent** [díːsnt]	*adj.* 適正な, まともな；礼儀作法のある；きちんとした
392 ☑	**inflation hedge**	インフレヘッジ **解説** インフレーション (物価の上昇) によって通貨の価値が相対的に減少するリスクを回避すること。

2-2　インフレーションと株式の収益の間にある複雑な関係

❸ 豊かな国の投資家は，別のことで頭が痛い。当面の見通しではインフレ率は低いままであるが，後にはそれなりに上昇するかもしれない。その場合，ジンバブエやイランのような極端なケースは判断基準にはならない。インフレと株式の収益の間の相互関係は単純ではない。株式は長期的には適切なインフレヘッジである。しかし，短期間では反比例の関係がある。インフレ率の上昇により株価は下落する，また逆もしかり。

❹　長期的に見れば，株式はインフレを打ち負かすという証拠から始めるとしよう。最新のクレディ・スイスのグローバル投資利益年鑑の，長期にわたる調査の中で，エルロイ・ディムソン，ポール・マーシュ，マイク・スタントンは，世界の株式が1900年以来，インフレを年平均5.2%上回る収益を上げていることを示している。あなたは，この調査はイギリスやアメリカなど，そもそも株価が長期的に安定した場所を対象としていると難癖をつけるかもしれない。たとえそうであっても，この調査結果は直感と一致する。株式を市場で購入するということは，国の実在資産の一断面を購入することなのである。

393 ☑	**inverse relationship**	反比例の関係，逆相関
394 ☑	**over the long haul**	長期的に見れば；長きにわたって
395 ☑	**quibble** [kwíbl]	*vi.* 難癖をつける；屁理屈を言う，言い逃れる *vt.* (要点など)をはぐらかす
☑	**intuition** [ìnt(j)uíʃən]	*n.* **直感，勘**
派	**intuitive**	*adj.* 直感の，直感力をもつ

✎ **語句・表現**

☐ *l.3*　guide「指針，基準」a good guide（よい指針），a rough guide（大まかな指針）のように使われる。

☐ *l.7*　vice versa「逆もまた同様」

2-3 The complex relationship between inflation and equity returns

1 **❺** Yet stock investors still need to **be mindful of** inflation. Markets tend to put a lower value on **a stream of** cash flows when inflation rises; and a higher price on cash flows when it falls. There are competing theories for the inverse relationship; many date from the late 1970s and early 1980s. A
5 paper written by Franco Modigliani and Richard Cohn in 1979 put it down to "**money illusion**": rising inflation leads to falling stock prices because investors discount **future earnings** by reference to higher **nominal bond yields**. The correct discount factor is a real yield (ie, excluding compensation for experienced inflation). Other theories said that inflation is merely a
10 reflection of deeper forces that hurt stock prices: an **overheating economy**; rising **uncertainty**; **political instability**.

❻ In the decades since then, inflation has steadily declined. Stocks have re-rated. Investors have been willing to pay an ever-higher price for a given stream of future earnings.

396 ☐ **be mindful of ~**	~を念頭に置いている，~を心に留める	
派 **mindfulness**	*n.* マインドフルネス，マインドフルな状態	
397 ☐ **a stream of ~**	一連の~，絶え間なく続く~，~の連続	
参 **stream**	*n.* 小川，流れ；ストリーミング	
398 ☐ **money illusion**	貨幣錯覚（マネーイリュージョン） **解説** 名目金額の動向を実質金額の動向とみなして行動してしまうこと。	
399 ☐ **future earnings**	将来の収益	
400 ☐ **nominal bond yield**	名目債券利回り	
401 ☐ **overheating economy**	過熱経済 **解説** 実質成長率が潜在成長率を上回る状態で，要素需要が供給総量を上回る現象。	

2-3　インフレーションと株式の収益の間にある複雑な関係

❺ しかし，株式投資家は依然としてインフレに注意する必要がある。市場は，インフレ率が上昇すると一連のキャッシュフローをより低く評価する傾向がある。そして，インフレ率が下降するとより高い値をキャッシュフローにつける傾向がある。この反比例の関係については対立する理論がある。その多くは1970年代後半から1980年代初頭にかけてのものである。フランコ・モディリアーニとリチャード・コーンが1979年に書いた論文は，それを「貨幣錯覚（マネーイリュージョン）」のせいだとした。つまり，投資家がより高い名目債券利回りを参照して将来の収益を割り引いて考えるので，インフレ率の上昇は株価を下落させるというのである。正しい割引率は実質利回り（すなわち，インフレ率相当分を除外したもの）である。それ以外の理論は，インフレは株価を傷つける深い力，つまり過熱経済，不確実性の高まり，政治的不安定といったものの反映に過ぎないと主張した。

❻ それ以来数十年間，インフレ率はずっと低下してきた。株式は再評価された。投資家は，一定の将来の収益の流れのために，これまで以上に高い価格を支払っても構わないと思っている。

402	**uncertainty** [ʌnsə́ːɾtnti]	*n.* （将来へ現状に対する）不安，不確実性，不透明感
	派 **uncertain**	*adj.* （事が）不安定な，不確かな；（人が）確信がない
403	**political instability**	政治の不安定性，政治的不安定

 語句・表現

□ *l.3*　competing「（主張・利益・理論などが）相反する，衝突する，矛盾する」

2-4 The complex relationship between inflation and equity returns

1 (**⑥**の続き) You might put this down to the Modigliani-Cohn effect in reverse, since nominal bond yields have also fallen. But so too have long-term real bond yields. The real rate of interest needed to keep inflation stable is lower.

5 **⑦** Now for the headache. For the most part, financial markets reflect the view that inflation will remain low. Nominal bond yields are negative in much of Europe and barely positive in America. In stockmarkets, there has for a while been a sharp divide. Companies that do well in **disinflationary** environments (technology, branded goods) are expensive; businesses that
10 might do well in inflationary ones (commodities, real-estate and banking) have generally **lagged behind**. The immediate prospect is indeed for an excess of supply. The **unemployment rate** in America is close to 15%. Inflation is already falling.

⑧ Further out, though, the outlook for inflation is **murkier**. There is no
15 shortage of **pundits** who say it is primed to pick up. They **have a case**.

---

404 ☑	**disinflationary** [dìsənfléiʃənèri]	*adj.* ディスインフレの, インフレ緩和〔収拾〕に役立つ
		解説 物価は上昇しているものの, その度合いが大きくはない状態であり, 物価上昇率が継続的に下落している状態。
☑	**lag behind** (～)	(～に) 後れを取る, 遅れる, (競争相手との) 距離が開く
	参 **lag**	*vi.* 遅れる；停滞する；ラグがある　*vt.* より遅れる
405 ☑	**unemployment rate**	失業率
406 ☑	**further out**	もっと先には
407 ☑	**murky** [mɔ́:rki]	*adj.* 暗い, 陰気な；(霧や暗雲が) 立ち込めた
408 ☑	**pundit** [pʌ́ndit]	*n.* 評論家, 学識者

2-4　インフレーションと株式の収益の間にある複雑な関係

(❻の続き) あなたは，これをモディリアーニ・コーン効果の逆だと考えるかもしれない。なぜなら名目債券利回りもまた下がっているからである。しかし，長期的な実質債券利回りもまた下がっている。インフレ率を安定させるために必要な実質利子率はさらに低い。

❼ さて，次は頭痛の種の話を取り上げる。大方のところ，インフレ率は低いままだろうという見方を金融市場は反映している。名目債券利回りはヨーロッパの大部分でマイナスであり，アメリカではかろうじてプラスである。株式市場で，はっきりとした分断ができてしばらく経つ。ディスインフレの環境の中で業績のよい企業 (テクノロジー，ブランド品) の株は高値である。しかし，インフレ環境なら業績がよいかもしれない企業 (日用品，不動産，そして銀行業) の株は，一般的に後れを取っている。当面の見通しは，確かに供給過多である。アメリカの失業率は15%近くである。インフレ率はすでに下がってきている。

❽ しかし，もっと先の，インフレに関する見通しはより暗い。上向く寸前だと言う専門家には不自由しない。彼らには論拠がある。

409
☑ **have a case**　　　論拠がある，言い分がある；告訴する

✍ 語句・表現

□ *l.2*　so too have long-term real bond yields：so + 助動詞 + 主語 (S) で「S もまたそうである」の意味。

2-5 The complex relationship between inflation and equity returns

1 ❾ Globalisation, a key reason for the secular decline in inflation, is reversing. Big companies are likely to emerge from the crisis with more pricing power. The rise of populism in rich countries is hard to square with endlessly low inflation. Fiscal stimulus is in favour. The more government
5 debt piles up, the greater the temptation to try to inflate it away.
　❿ For all such speculation, it is far from clear whether, how fast and by how much inflation might rise. A modest pickup might even be good for stock prices — especially in Europe, where bourses are tilted towards the cyclical stocks most hurt by unduly low inflation. But it is foolish to believe that
10 inflation will leave your stock portfolio unharmed — and too easy to forget the damage it can do.　　　　　　　　　(*The Economist*, May 28, 2020, 780 words)

410 □	**secular** [sékjələr]	*adj.* (名声・変化・争いなどが) 長期にわたる，永続的な；世俗的な
411 □	**populism** [pápjəlìzm]	*n.* ポピュリズム，人民主義 **解説** 国民に迎合し，既存のエリート体制や知識人を批判して人気をあおる政治姿勢。
412 □	**fiscal stimulus**	財政刺激策，景気刺激策；財政出動
413 □	**government debt** 国債	
414 □	**cyclical stock**	景気循環株，市況産業株 **解説** 景気動向によって業績が大きく変動する銘柄。
415 □	**unduly** [ʌndúːli]	*adv.* 過度に，必要以上に；不当に
	⇔ **duly**	*adv.* 適切に，正式に；予定通りに
416 □	**stock portfolio**	株式ポートフォリオ **解説** 株式投資における投資銘柄の組み合わせ。

2-5　インフレーションと株式の収益の間にある複雑な関係

❾ グローバリゼーションは，インフレ率の長期にわたる低下の主な理由である
が，それが反転している。大企業は，より強い価格決定力を使って，危機から抜け
出す可能性が高い。豊かな国におけるポピュリズムの台頭は，いつまでも低いイ
ンフレ率と調和しにくい。財政刺激策が支持されている。国債が累積すればする
ほど，それをインフレで帳消しにしようとする誘惑がますます大きくなるのであ
る。

❿ このような憶測にも関わらず，インフレの上昇が起こるかどうか，また，どれ
だけ速く，どのくらいの率で起こるかもしれないかについては，まったくわから
ない。控えめな上昇は，株価にとってよいことでさえあるかもしれない。特にヨ
ーロッパでは，証券取引所が，過度に低いインフレ率によって最も損害を受ける
景気循環株を重視しているので，そうかもしれない。しかし，自分が保有してい
る株式ポートフォリオはインフレから無傷のままだろうと信じるのは愚かなこと
であり，インフレが与え得るダメージを忘れるのはいとも簡単だ。

語句・表現

- □ *l.3*　The rise of populism ～ inflation.「豊かな国でポピュリズムが台頭すると，い
つまでも低いインフレ率はなかなか続かない」ということ。
- □ *l.6*　for all ～「～にもかかわらず」
- □ *l.8*　bourse「（ヨーロッパの都市の）証券取引所」

3-1 Is government intervention the best remedy for economic disruptions?

1 ❶ An economy is **by definition** a **complex system**, and its overall health is affected by **an array of** interrelated factors that are constantly **in flux**. No two economies are alike, as each has evolved from its own country's culture, history, laws, needs, and geographical features. Nonetheless, the
5 **equilibrium** of every economy is influenced by circumstances related to **supply and demand**, inflation, interest rates, **unemployment**, and foreign exchange rates, among others. Obviously, it is desirable to maintain optimal conditions in these areas to **perpetuate** growth and avoid **economic downturns**. But to what extent should governments intervene to support
10 or rescue their economies? In a completely **free market economy**, the answer would be not at all. Conversely, in a strict **command economy**, in which all aspects of the economy are under government control, the opposite would be true. Since most countries today have mixed economies (not fully free or completely controlled), the answer lies somewhere between these two
15 extremes.

417 ☑ **by definition**	当然のことながら；その名が示す通り；定義上は
418 ☑ **complex system**	複雑なシステム
☑ **an array of ~**	一連の~, たくさんの~
參 **array**	n. 配列, 配置；大群, ずらりと並んだもの；(軍隊の) 隊列, 整列
419 ☑ **in flux**	流動的で
參 **flux**	n.（液体, 気体, エネルギーなどの）流れ, 変動
☑ **equilibrium** [iːkwəlíbriəm]	n. 均衡状態, 均衡, 釣り合い
420 ☑ **supply and demand**	需要と供給 ※ demand and supply という表現もあるが, supply and demand の方がよく使われる。日本語とは逆である。

3-1　政府の介入は，経済の混乱への最善の救済策か

❶ 経済は当然のことながら，複雑なシステムであり，その全体的な健全性は常に流動的な**一連の**相互に関連する要因の影響を受ける。2つとして同じような経済は存在しない。というのも，それぞれが自国の文化，歴史，法律，ニーズ，および地理的特徴から発展してきたためだ。それでもなお，いずれの経済の**均衡状態**も，とりわけ需要と供給や，インフレーション（物価の高騰），利率，失業率，外国為替レートのような状況に影響を受ける。言うまでもなく，成長**を永続させ**，景気後退を回避するためには，これらの分野で最適な条件を維持することが望ましい。しかし，政府は自国の経済を支援または救済するためにどの程度介入すべきなのだろうか。完全な自由市場経済での答えは，まったくするべきではない，となるだろう。逆に，経済のすべての側面が政府の管理下にある厳格な計画経済では，その反対になるだろう。今日ではほとんどの国は混合経済（完全に自由というわけでもなく，完全に管理されているわけでもない）なので，答えはこれらの両極端の間のどこかにある。

421 ☐	**unemployment** [ʌ̀nimplɔ́imənt]	*n.* 失業率，失業者数；失業
☐	**perpetuate** [pərpétʃuèit]	*vt.* を永続させる，を長続きさせる；(名声など) を不朽にする
422 ☐	**economic downturn**	景気後退
423 ☐	**free market economy**	自由市場経済
424 ☐	**command economy**	計画経済，指令経済

語句・表現

☐ *l.2*　interrelated「相互に関連する，相互に関係のある」

3-2 Is government intervention the best remedy for economic disruptions?

1　❷ Historically, free market proponents believed natural market forces would restore balance to troubled economies. They contended that boom and bust cycles were inherent features of capitalism, and governments should simply wait for economies to bounce back on their
5　own. The Great Depression of the 1930s cast serious doubt on such assertions. Free market economists were unable to explain the causes of the prolonged depression or provide effective solutions to alleviate its unparalleled severity. At that time, British economist John Maynard Keynes spearheaded a school of thought that completely upended
10　previous assumptions. Keynesian theory holds that aggregate demand (total demand for consumer goods) is the driving force of an economy. When demand falls, unemployment correspondingly increases, initiating a vicious cycle in which demand sinks even lower as unemployment continues to rise. Eventually, this can lead to total economic collapse.

425 ☑	**boom and bust cycle**	景気循環, 好況と不況のサイクル
☑	**capitalism** [kǽpətəlìzm]	*n.* 資本主義
426 ☑	**bounce back**	(困難な状況から) 立ち直る, すぐに回復する；跳ね返る
427 ☑	**cast doubt on ～**	～に疑問を投げかける
428 ☑	**prolonged** [prəlɔ́ːŋd]	*adj.* 長引く, 長期に及ぶ
429 ☑	**unparalleled** [ʌnpǽrəleld]	*adj.* 未曽有の, 前代未聞の；比類なき, 前例がない
430 ☑	**spearhead** [spíərhèd]	*vt.* の陣頭指揮をとる, (活動・攻撃) の先頭に立つ *n.* 槍の穂先, 先鋒；原動力, 推進力

3-2　政府の介入は，経済の混乱への最善の救済策か

❷ 歴史的に，自由市場の支持者は，自然な市場の力が問題を抱えた経済にバランスを取り戻させると確信していた。彼らの主張は，好況と不況のサイクルは**資本主義**に本来備わっている特徴であり，政府は経済が自力で立ち直るのをただ待つだけにすべきだというものであった。1930年代の大恐慌は，このような主張に深刻な疑問を投げかけた。自由市場主義の経済学者たちは，長引く不況の原因を説明することも，その未曽有の深刻さを緩和するための効果的な解決策を提供することもできなかった。当時，英国の経済学者ジョン・メイナード・ケインズが，これまでの前提を完全に覆す学派の先頭に立った。ケインズ理論では，以下のように考えている。総需要（消費財の総需要）が経済の原動力である。需要が減少すると，それに応じて失業率が上昇し，失業率が上昇し続けるにつれて需要がさらに低下するという悪循環が始まる。最終的に，これは完全な経済崩壊につながる可能性がある。

431	**school of thought**	（思想の）学派，考えを同じくする人々；流派
432	**upend** [ʌpénd]	*vt.* をひっくり返す，を逆さにする
433	**Keynesian theory**	ケインズ理論
434	**aggregate demand**	総需要
	參 **aggregate**	*adj.* 総計の，集合的な
435	**correspondingly** [kɔːrəspáːndiŋli]	*adv.* それに応じて，それ相応に
436	**vicious cycle**	悪循環

✎ 語句・表現

□ *l.2*　restore 〜 to ...「…に〜を取り戻す」

3-3 Is government intervention the best remedy for economic disruptions?

1　(❷続き) For Keynes, government intervention through monetary policy and fiscal stimulus packages is the fastest and easiest way to get an economy back on track. Accordingly, if central banks lower interest rates, investment will increase. At the same time, increased government
5　spending on public infrastructure reduces unemployment, while tax relief or direct cash payments puts more money in the hands of consumers.

　❸ Keynes' ideas were widely adopted and remained popular into the 1970s, when an extended period of stagflation (high inflation and unemployment with weak economic growth) gripped the British and American economies.
10　This, along with criticism from another prominent economist, Milton Friedman, undermined Keynes' underlying principles. Friedman argued that U.S. Federal Reserve Bank actions were the main causes of the Great Depression and increased its length and severity.

437	**government intervention**	政府の介入
	派 **intervene**	*vi.* 〈between を伴って〉(〜の間に) 入る, 介在する；介入する, 干渉する, 邪魔する；(紛争などを) 仲裁する
438	**monetary policy**	金融政策, 通貨政策
439	**get 〜 back on track**	〜を再び軌道に乗せる, 〜を正しい方向 〔軌道〕 に戻す, 〜を回復させる
440	**central bank**	中央銀行
441	**government spending**	政府支出, 財政支出
442	**tax relief**	所得税の減免, 減税, 免税, 税控除
443	**stagflation** [stægfléiʃən]	*n.* スタグフレーション 解説 景気停滞下のインフレ。stagnation (停滞) とinflation (インフレーション) の合成語。

3-3　政府の介入は，経済の混乱への最善の救済策か

（❷続き）ケインズにとって，金融政策と財政刺激策による政府介入は，経済を再び軌道に乗せるための最も速くて簡単な方法だ。したがって，もし中央銀行が金利を引き下げると，投資が増加する。同時に，公共インフラへの政府支出の増加は失業率を下げ，一方で減税または現金の直接給付でさらに多くのお金が消費者の手元に届けられる。

❸ ケインズの思想は広く採用され，1970年代まで人気があったが，その頃スタグフレーション（経済成長停滞時下の物価の高騰と高失業率）が長期化し，英国とアメリカの経済を襲った。これに加えて，もう一人の著名な経済学者であるミルトン・フリードマンからの批判によって，ケインズ理論の基礎をなす原則は徐々に衰えた。フリードマンは，米国連邦準備銀行の行動が大恐慌の主な原因であり，その長さと深刻さを増大させたと主張した。

444 ☑	**grip** [gríp]	*vt.* (恐怖・悪天候などが) を襲う；をしっかりつかむ *n.* つかむこと；支配
	參 have〔keep〕a grip on ～　～を支配する，～を抑制する	
445 ☑	**underlying** [ʌ́ndərlàiiŋ]	*adj.* 根本的な，基礎をなす；潜在的な
446 ☑	**Federal Reserve Bank (FRB)** 連邦準備銀行	
	參 Federal Reserve System	連邦準備制度（アメリカ合衆国の中央銀行制度。連邦準備制度理事会（Federal Reserve Board）がアメリカ各地にある連邦準備銀行を統括する。）

📝 語句・表現

□ *l.3*　accordingly「(接続副詞的に) それゆえ，したがって，よって」

3-4 Is government intervention the best remedy for economic disruptions?

1　(**❸**続き) The Fed had raised interest rates shortly before the 1929 Wall Street Crash, and stood idly by as the money supply shrank over the following years. Friedman proposed that a gradually expanding easy money policy and minimal government intervention were the keys to economic
5　health. He opposed deficit spending for stimulus packages, considering them temporary fixes that were likely to have an adverse effect on the long-term economic outlook. In his "permanent income hypothesis," he argued that instead of short-term cash infusions, consumers' life-long earning prospects had more influence on their spending habits. Friedman's
10　ideas appealed to conservative politicians at the time, and he served as an advisor to both Ronald Regan and Margaret Thatcher.
　　❹ It is tempting to presume that liberal governments would favor a Keynesian approach and conservative governments would prefer Friedman's ideas.

447	**money supply**	通貨供給量, 貨幣供給, マネーサプライ
448	**easy money policy**	金融緩和政策
449	**deficit spending**	赤字支出, (赤字公債発行による) 赤字財政支出
	参 **deficit**	*n.* 赤字 (額), 不足額, 損失
450	**adverse effect**	悪影響, 逆効果 ; (薬の) 副作用
451	**economic outlook**	経済見通し, 景気観測
452	**permanent income hypothesis**	恒常所得仮説
453	**cash infusion**	現金注入, 資金注入

3-4　政府の介入は，経済の混乱への最善の救済策か

（❸続き）連邦準備制度理事会は，1929年のウォール街大暴落の直前に金利を引き上げ，その後の数年間に通貨供給量が減少するのを，ぼんやりと傍観していた。フリードマンは，金融緩和政策を徐々に拡大し最小限の政府介入を行うことが経済的健全性の鍵であると提案した。彼は，景気刺激策のための赤字支出に反対した。景気刺激策は一時的な解決策であり，長期的な経済見通しに悪影響を与える可能性が高いと考えていた。フリードマンの「恒常所得仮説」の中で，彼は，短期的な現金注入の代わりに，消費者の生涯にわたる収入の見通しが彼らの消費習慣に対してより大きな影響を及ぼすと主張した。フリードマンの思想は当時の保守的な政治家の興味を引き，ロナルド・レーガンとマーガレット・サッチャーの両方の顧問を務めた。

❹ リベラルな政府はケインズ派のアプローチを好み，保守的な政府はフリードマンの考えを好むだろうと推測したくなる。

454
☐ **It is tempting to** （つい）…したくなる
...

- - - - - - - - - - - - -

🔊 **tempt**　　　　　*vt.* の気を引く，を引き付ける

✎ 語句・表現

☐ *l.4*　minimal「最小限の」
☐ *l.10*　appeal to ～「～の興味をそそる，～にアピールする」

3-5 Is government intervention the best remedy for economic disruptions?

1　(❹続き) While there is some logic to this conclusion, the reality is somewhat more of a balancing act. Too much intervention can create a **dependency** on government assistance and allow industries to avoid necessary **belt-tightening measures**. Governments that attempt to **micromanage** the economy may end up **stifling** innovation and competition, a view held by competition expert, Michael Porter, who saw both domestic and international competition as positive forces. When overprotective governments erect **import barriers** by imposing tariffs, it can lead to escalating **trade wars**, and ultimately harm their own citizens. Porter did, however, advocate the use of temporary government intervention during periods of severe **economic disruption**. These could be the result of natural disasters, pandemics, **warfare**, or other unforeseen crises, including the imminent collapse of major industries or economic sectors. Many economists today would agree that such events make Keynesian-type intervention essential, but generally as a **last resort** and not as a long-term solution.

(Original, 711 words)

455 ☑	**dependency** [dipéndənsi]	n. 依存；属国 (≒ dependence)
456 ☑	**belt-tightening measure**	引き締め策，(企業などの) 体質改善策
	参 **belt-tightening**	n. 引き締め策，耐久生活，緊縮政策
457 ☑	**micromanage** [màikroumǽnidʒ]	vt. (細部まで) を管理する
458 ☑	**stifle** [staifl]	vt. を抑制する；(人) の息を止める；を抑える
459 ☑	**import barrier**	輸入障壁
460 ☑	**trade war**	貿易戦争

3-5 政府の介入は，経済の混乱への最善の救済策か

（❹続き）この結論はある程度つじつまが合うが，現実的にはどうバランスをとるのかが難しいであろう。介入が多すぎると，政府の支援への依存を高めることになり，産業界は必要な引き締め策をしなくなってしまう。経済を細かく管理しようとする政府は，イノベーションと競争を抑制してしまう可能性がある。これは，競争戦略の専門家であるマイケル・ポーターの見解である。彼は国内競争と国際競争の両方を前向きな力と考えた。過保護な政府が関税を課すことによって輸入障壁を設けると，それは貿易戦争の激化につながり，最終的には自国民に害を及ぼしかねない。しかし，ポーターは，深刻な経済の混乱期には一時的な政府介入の行使を提唱した。経済の混乱期は，自然災害，パンデミック，戦争，その他の予期せぬ危機，例えば主要産業や経済部門の差し迫った崩壊といったものの結果として起こり得る。今日の多くのエコノミストは，そのような事象がケインズ型介入を不可欠とすることに同意するだろうが，一般的には最後の手段としてであり，長期的な解決策としてではない。

461 ☑	**economic disruption**	経済的混乱
	❸ **disruption**	*n.* （外的要因による）崩壊，混乱
462 ☑	**warfare** [wɔ́ːrfèər]	*n.* 戦争，交戦状態，武力衝突；争い，敵対
463 ☑	**last resort**	最後の手段；伝家の宝刀

4-1　GDP growth revised higher, jobless claims up

1　❶ Washington — The U.S. economy grew a bit faster than first thought in the first **quarter** as demand for foreign goods fell and commercial building picked up, adding to evidence that the United States may stave off recession.

5　❷ The Commerce Department said on Thursday that gross domestic product grew at a 0.9 percent annual rate in the first quarter. While sluggish, that marked an upward revision from the anemic 0.6 percent rate estimated a month ago and an acceleration from the fourth quarter's 0.6 percent gain.

10　❸ The revision reflected a narrower trade deficit as more domestic spending went to U.S.-made goods, which helped **offset** a reduction in business inventories. Nonresidential building activity was stronger than first reported as well.

☑	**quarter** [kwɔ́ːrtər, kɔ́ːr-]	*n.* 四半期 **解説** 四半期は，会計年度を４つに分けた３カ月間を指す。日本では４月から，アメリカでは10月から始まり，そこから３カ月ごとに，第１四半期，第２四半期，第３四半期，第４四半期となる。
464 ☑	**stave off ～**	～を免れる；～に歯止めをかける
465 ☑	**Commerce Department**	商務省（≒ the Department of Commerce）
466 ☑	**sluggish** [slʌ́giʃ]	*adj.* 低迷した，活気のない；のろい
派	**sluggishly**	*adv.* 不振で；だらだらと
467 ☑	**upward revision**	上方修正 **解説** 企業の業績が，当初の予測を上回りそうな状況の時に行われる修正。
	⇔ **downward revision**	下方修正

4-1　GDP 成長を上方修正，失業保険申請件数は増加

❶ ワシントン——外国製品の需要が減り商業ビルの需要が活発化したことを受け，第1四半期でアメリカ経済は，当初考えられていたよりもいくぶん速い成長をしたため，アメリカが景気後退を免れるだろうという証拠が増えることとなった。

❷ 商務省は木曜日に，第1四半期の国内総生産（GDP）が，年率0.9％の成長であることを告げた。低迷しているものの，1カ月前に予測された沈滞した0.6％という率を上方修正することとなり，第4四半期の0.6％成長から加速していることが示された。

❸ この修正は，貿易赤字が縮小したことを反映したものだ。アメリカ製品の国内消費が増え，企業における棚卸資産の減少を相殺するのに寄与した。非住宅建設活動も，最初の報告より好調であった。

468 ☐	**anemic** [əníːmik]	*adj.* (経済などが) 沈滞した；無気力な；貧血 (症) の
	派 **anemia**	*n.* 貧血 (症)；無気力，脱力感
469 ☐	**trade deficit**	貿易赤字
	⇔ **trade surplus**	貿易黒字
470 ☐	**domestic spending**	国内消費，国内支出
☐	**offset** *vt.*[ɔ̀(ː)fsét] *n.*[⌐⌐]	*vt.* を相殺する，を埋め合わせる，を補正する，を補う *n.* 相殺，埋め合わせ，差引勘定
471 ☐	**inventory** [ínvəntɔ̀ːri]	*n.* 在庫；棚卸し；〈金融〉棚卸資産 *vt.* の目録を作成する
	≒ **backlog**	*n.* 在庫

📝 語句・表現

☐ *l.1*　than first thought は than it was first thought を省略した形。

4-2 GDP growth revised higher, jobless claims up

1　❹ The data, which was in line with economists' expectations, could help persuade the Federal Reserve to shift its focus to inflation from **flagging** growth. The U.S. central bank has lowered its **key interest rate** by 3.25 percentage points since mid-September to combat the economy's housing-led
5　slowdown.

❺ "The underlying **domestic demand** in the economy showed slight improvement. It's probably consistent with the Fed being **on hold** in June and several months after that," said Nick Bennenbroek, currency strategist with Wells Fargo in New York.

10　❻ The dollar was higher after the data, while Treasury debt prices fell and stocks rose. The **blue chip** Dow Jones industrial average (.DJI) closed up 52 points, or 0.4 percent, as investors took heart in the data and a drop in oil prices.

472 ☑	**flagging** [flǽɡiŋ]	*adj.* (経済が)低迷している, 沈滞気味の；(勢いなどが)衰え気味の
	派 **flag**	*vi.* (活気・興味などが) 衰える；しおれる
473 ☑	**key interest rate**	政策金利 解説 中央銀行が一般の銀行に貸し付ける際の金利。
474 ☑	**domestic demand**	内需, 国内需要
475 ☑	**on hold**	保留の状態である, 保留になっている；延期して
476 ☑	**blue chip**	優良株, ブルーチップ；〈名詞の前で〉(株式や企業が)優良である, 一流である 解説 収益性, 成長性にすぐれているだけではなく財務的基盤も超一流企業の優良株のこと。

4-2　GDP 成長を上方修正，失業保険申請件数は増加

❹ 経済の専門家たちの予想と一致していたこのデータは，連邦準備制度理事会を説得して，低迷している成長からインフレーションに焦点を移させるのに役立つかもしれない。アメリカ中央銀行は 9 月中旬以降，住宅主導の経済減速と戦うために，公定歩合を 3.25％引き下げている。

❺ 「経済における潜在的な内需は，わずかながら改善を示しました。そのことは，6 月とそれ以降の数カ月にわたり連邦準備制度理事会が保留の状態であることとおそらく合致しているでしょう」と，ニューヨークにあるウエルズ・ファーゴの通貨ストラテジスト，ニック・ベネンブローク氏は語った。

❻ データ発表後，ドルが上がった一方で，財務省債務の額は下がり，株価は上昇した。投資家がこのデータと石油価格の下落に気を取り直したため，優良株で構成されるダウ・ジョーンズ工業平均株価 (.DJI) は 52 ポイント高，すなわち 0.4％高で終了した。

✎ 語句・表現

- □ *l.1*　in line with ～「～と一致して」
- □ *l.2*　the Federal Reserve = the Federal Reserve Board, FRB「連邦準備制度理事会」
　　　　l.7 の Fed も同意。
- □ *l.4*　housing-led「住宅主導の」-led で「～に導かれた」の意味。
- □ *l.7*　consistent with ～「～と一致する」
- □ *l.10*　Treasury debt「財務省債務，国債」
- □ *l.11*　Dow Jones industrial average = the Dow Jones Industrial Average「ダウ・ジョーンズ工業平均株価」
- □ *l.12*　take heart in ～「～に安心する」

4-3 GDP growth revised higher, jobless claims up

1　Jobless Claims Rise, Retail Mixed

❼ A separate report suggested the **labor market** remains **soft**, but is not **deteriorating** sharply.

❽ The **Labor Department** said the number of first-time claims for jobless benefits **edged up** last week, while the **tally** of workers still drawing benefits after an initial week of aid hit its highest mark in more than four years in the prior week.

❾ The GDP revisions follow a flurry of other recent economic data that has been better than expected and has raised hopes the economy could **skirt** recession.

❿ On Thursday, Costco Wholesale Corp (COST.O) the biggest U.S. **warehouse club** operator, reported a 32 percent jump in quarterly profit as shoppers flocked to its stores for discounts on food and gasoline. But Sears Holdings Corp (SHLD.O) reported an unexpected loss.

477	**labor market**	労働市場
	soft [sɔ́(:)ft]	*adj.* (経済や市場が) 軟調の, 下降気味の, 弱含みの
	deteriorate [ditíəriərèit]	*vi.* (品質・価値などが) 悪化〔低下〕する
478	**Labor Department**	(アメリカの) 労働省 (≒ the Department of Labor)
479	**jobless benefits**	失業手当 (≒ out-of-work benefits)
480	**edge up**	じわじわと上昇する, 少しずつ進行する
	tally [tǽli]	*n.* 記録；集計, 勘定, (現在の) 数　*vt.* を集計する
481	**skirt** [skə́:rt]	*vt.* を回避する　*n.* 周辺；郊外

4-3　GDP 成長を上方修正，失業保険申請件数は増加

失業保険申請件数は増加，小売りは好悪まちまち

❼ 別の報告によると，依然として労働市場は軟調のままだが，急な悪化はしていないようだ。

❽ 労働省の話では，先週，新規の失業手当の申請数が，じわじわと上昇した一方で，その前の週には，援助の最初の週を過ぎてもなお給付金を受給している労働者の数が，4年余りの中で最高の記録に達した，ということだ。

❾ GDP が修正されたのは，最近相次いで舞い込んだ他の経済データの結果である。それらのデータは予想よりもよいもので，経済が景気後退を回避するかもしれないという期待を高めるものであった。

❿ 木曜日には，アメリカ最大の会員制の大型ディスカウントショップ運営会社のコストコ・ホールセール (COST.O) が，食糧やガソリンの割引を求めて買い物客が同社店舗に殺到したために，四半期の収益が32%急増したことを報告した。しかし，シアーズ・ホールディングス (SHLD.O) は，予想外の損失を報告した。

---

482 **warehouse club** 会員制の大型ディスカウントショップ；ウェアハウスクラブ (≒ wholesale club)

参 **warehouse**　　　*n.* 倉庫；卸売店　*vt.* を倉庫に収納する

参 **warehouse store** 倉庫型店舗，ウェアハウスストア

解説 倉庫を店舗とするなどして，経費を抑えたディスカウントストア。

📝 語句・表現

□ *l.8*　flurry「突然の増加」a flurry of 〜 で「相次ぐ〜，たて続けの〜」の意味。
□ *l.13*　flock to 〜「〜に殺到する，〜に押し寄せる」

4-4 GDP growth revised higher, jobless claims up

1 ⓫ Economists expect the second quarter to be the most difficult period for U.S. growth as high food and gasoline prices and the ongoing housing correction saps **consumer spending** power. But tax **rebates** of up to $600 per adult that began reaching consumers at the end of April are expected to
5 provide a lift, as are new **tax breaks** for business investment.
⓬ "Data reported so far point to continued **expansionary** growth in the second quarter," said Sam Bullard, an economist at Wachovia in Charlotte, North Carolina.

Still Weak
10 ⓭ While **economic growth** was a touch stronger than first estimated, the report still reflected big pockets of weakness.
⓮ Consumer spending rose at a slim 1 percent annual rate, the smallest gain since the second quarter of 2001, and home building **plummeted** at a 25.5 percent pace, the biggest drop since 1981 and the ninth **consecutive**
15 quarterly decline.

483 □ **consumer spending**	個人消費，消費者支出
484 □ **rebate** [rí:beit]	*n.* （支払った額の一部の）払い戻し；割引
≒ 485 **refund**	*n.* 払い戻し；返金　a tax refund〔rebate〕（税金の還付）
486 □ **tax break**	税制優遇措置，減税措置 **解説** 企業の設備投資を促すために，政府が打ち出す特別減税措置。
487 □ **expansionary** [ikspǽnʃəneri, eks-]	*adj.* 拡大の；インフレの
派 **expansion**	*n.* 拡大，拡張
488 □ **economic growth**	経済成長

4-4 GDP 成長を上方修正，失業保険申請件数は増加

⓫ エコノミストたちの予想では，食糧やガソリンの価格高や，継続中の住宅市場の調整が個人消費の力を奪ってしまうために，第2四半期がアメリカの成長にとって最も困難な時期になると言う。しかし，設備投資に対する新しい減税措置と同様に，4月末に消費者に届き始めた成人1人あたり最大で600ドルの税金の払い戻しが，活気づけになる見込みだ。

⓬ ノースカロライナ州シャーロットにあるワコビア（銀行）のエコノミスト，サム・ブラード氏は，「これまでに報告されたデータは，第2四半期で拡大成長が続くことを示している」と述べた。

未だ弱く

⓭ 経済成長は，最初の予測よりも少し力強かったが，報告書はなおも，かなりの弱さを映し出していた。

⓮ 個人消費は，年率わずか1％の上昇で，2001年の第2四半期以来最も小幅な伸びとなり，住宅建築は25.5％のペースで**急落し**，1981年以来最大の落ち込みかつ9四半期連続の減退となった。

☑	**plummet** [plʌ́mət]	*vi.* 急に下がる
489 ☑	**consecutive** [kənsékjətiv]	*adj.* （一定の規則的な順序で間を空けずに）連続した
	派 **consecutively**	*adv.* 連続して
	≒ **successive**	*adj.* 連続的な

📝 **語句・表現**

- ☐ *l.3* sap ～ 「～を奪う，～を弱らせる」
- ☐ *l.5* as are の as は同列を表す。「～と同様に」という意味。
- ☐ *l.10* a touch stronger の a touch は「少し」の意味を表す。
- ☐ *l.10* than first estimated は than it was first estimated を省略した形。
- ☐ *l.11* big pockets of ～ 「かなりの～」

4-5　GDP growth revised higher, jobless claims up

1　⑮ However, investment in nonresidential structures rose 1.1 percent. A month ago the department had estimated that commercial building activity fell 6.2 percent.

⑯ In addition, while export growth was weaker than reported last month, 5　imports were as well — and more U.S. spending went to U.S.-made goods, **bolstering** growth.

⑰ Those factors more than offset a downward revision to the level of inventories. Economists said the leaner inventories was a healthy sign for future growth, as new sales will be supported more by new production rather 10　than by existing items on store and warehouse shelves.

⑱ In its first estimate of corporate profits for the quarter, the Commerce Department said after-tax corporate profits rose 3.8 percent after falling 3.3 percent in the fourth quarter. 　　　　　　(*Reuters*, May 29, 2008, 646 words)

☑	**bolster** [bóulstər]	*vt.* を支持する，を強化する
490 ☑	**downward revision**	下方修正 **解説** 企業の業績が，最初の予測を下回りそうな状況の時に行われる修正。
	⇔ **upward revision**　上方修正	
491 ☑	**corporate profit**	企業収益
492 ☑	**after-tax** [ǽftərtæks]	*adj.* 税引き後の
	≒ 493 ☑ **before-tax**　*adj.* 税引き前の	

4-5 GDP 成長を上方修正，失業保険申請件数は増加

⑮ しかし，非住宅建築物への投資は1.1％増加した。1カ月前に商務省は，商業建設活動は6.2％減少すると予測していた。

⑯ さらに，輸出の伸びは先月の報告よりも弱かったが，輸入の伸びも同様だったため，アメリカ製品に費やすアメリカの支出が増えて，成長**を後押しした。**

⑰ そうした要因が，棚卸資産の下方修正を十二分に補ってくれる。エコノミストの話では，在庫がより少なくなるということは，将来の成長にとり健全な兆候である。これは，店や倉庫の棚にすでにある商品ではなく，新たな生産によって今後の売り上げが維持されるからである。

⑱ 四半期の企業収益の最初の予測で商務省は，税引き後の企業収益は第4四半期に3.3％減少した後3.8％上昇すると告げた。

✍ 語句・表現

□ *l.8* inventory「棚卸資産」一般に在庫と表現されるもの。企業が販売する目的で一時的に保有している商品，原材料などの総称。流動資産に含まれる。

🔍 **Key Points of This Issue**　　完全失業率 (unemployment rate)

「失業」とは，働く意志と能力を持ち，仕事を探しているにもかかわらず，仕事に就けない状態である。日本では，総務省 (Ministry of Internal Affairs and Communications) が毎月統計を行う。完全失業率は，以下の計算式で出すことができる。

完全失業率 (%) ＝完全失業者÷労働力人口 (15歳以上の働く意志のある者) × 100

アメリカにおいては，2020年4月の値が14.7％となり，1930年代の世界恐慌以降，最悪の水準となったが，新型コロナ感染症の雇用情勢への影響は州によって大きく異なっていた。観光業への依存度が高いネバダ州やハワイ州において失業率が際だって高く，自動車産業が主要な産業であるミシガン州も自動車工場勤務の労働者の多くは在宅勤務ができないため，失業率が上昇した。一方で，農業や牧畜が主要産業である，コネチカット州，ミネソタ州，ネブラスカ州などは，コロナ危機によって雇用情勢は大きく悪化しなかった。

5-1 TikTok Files Suit Challenging U.S. Ban

1　Trump's executive order would effectively ban the video-sharing app if it doesn't find an American buyer for its U.S. operations

❶ Chinese-owned TikTok sued the U.S. government in federal court Monday, saying that it protects its users' data and challenging President
5　Trump's executive order that would effectively ban the video-sharing app if it doesn't find an American buyer for its U.S. operations.

❷ In the lawsuit, filed in federal court for the Central District of California, TikTok lawyers said that the company has "taken extraordinary measures to protect the privacy and security of TikTok's U.S. user data" and that it has
10　explained those efforts to the federal government during a recent **national security** review.

❸ "By banning TikTok with no notice or opportunity to be heard (whether before or after the fact), the executive order violates the due process protections of the Fifth Amendment," the complaint says.

494 ☑	**executive order**	大統領令
495 ☑	**sue** [s(j)úː]	*vt.* を提訴する
496 ☑	**file** [fáil]	*vt.* (訴えなど)を提訴する，を正式に提起する；(申請・申告など)を提出する
	参 **file a (law)suit**	訴訟を起こす
497 ☑	**extraordinary measures**	並外れた措置；臨時措置，非常手段
☑	**national security**	国家安全保障
498 ☑	**opportunity to be heard**	聴取される機会
	参 **hear**	*vt.* (事件など)を審理する，(意見・事情など)を聴取する

5-1　TikTok が米国の禁止令に反発し提訴

トランプ大統領令，米国事業の米国企業の買い手が見つからなければ動画共有アプリは事実上禁止

❶ 中国企業の TikTok は月曜日，連邦裁判所で米国政府を提訴した。提訴することはユーザーのデータを保護し，もし同社の米国での事業を買い取る米国企業が見つからなければ，動画共有アプリを事実上禁止するとしたトランプ大統領による大統領令に対抗するためとの考えだ。

❷ カリフォルニア中央地区連邦裁判所に提起された訴訟で，TikTok の弁護団によると，同社は「TikTok の米国のユーザーデータのプライバシーとセキュリティを保護するために並外れた措置を講じ」ており，先日の国家安全保障レビュー（総括）の際にこれらの取り組みを連邦政府に対して説明した，とのことである。

❸ 「（事前にせよ事後にせよ）通知や事情聴取の機会もなく，TikTok を禁止するということであり，大統領令は憲法修正第 5 条の適正手続きの保障に違反している」と申し立てている。

499 ☑	**due(-)process protection**	適正手続きの保障；正当な法的保護
	参 **due process**	（法の）適正手続き
500 ☑	**Fifth Amendment**	憲法修正第 5 条 解説 刑罰を受ける者が人権侵害を受けないように，デュー・プロセス・オブ・ロー（適正手続きの保障），大陪審の保障，財産権の保障，二重の処罰の禁止などを定めている。

📝 語句・表現

- □ *l.1*　Trump's ~ operations：記事の冒頭に置かれるリード文でピリオドは省略されている。
- □ *l.13*　whether before or after the fact「事前でも事後でも，事前にせよ事後にせよ」

5-2 TikTok Files Suit Challenging U.S. Ban

1　❹ U.S. officials say they are concerned that TikTok, owned by Beijing-based ByteDance Ltd., could **pass on** data it collects from Americans streaming videos to China's **authoritarian government**. TikTok has said it hasn't been asked to share data with the Chinese government and wouldn't do so if
5　asked.

❺ TikTok's **platform**, filled with **goofy** user-made dance and music videos, has been downloaded more than 180 million times in the U.S., according to **market research** firm Sensor Tower.

❻ Earlier this month, Mr. Trump issued an order calling on TikTok's
10　Chinese owner to **divest itself of** the video-sharing app's U.S. operations, setting a 90-day deadline for the transaction to be completed.

❼ Microsoft Corp., Oracle Corp. and Twitter Inc. have had talks about an acquisition, and several investment firms are also involved.

❽ Even though TikTok **is in talks to** sell its U.S. operations, the lawsuit
15　was filed in part to **buy** more **time** for a sale to be finalized or to resolve any **unforeseen** circumstances that might arise, according to a person familiar with the situation.

501 ☑	**pass on ~**	～（伝言など）を伝える；～（情報）を漏らす
502 ☑	**authoritarian government**	独裁政権, 権威主義国家
503 ☑	**platform** [plǽtfɔːrm]	*n.* プラットフォーム **解説** アプリケーションが動く土台となる, オペレーティング・システムやハードウェアなどの環境のこと。
504 ☑	**goofy** [gúːfi]	*adj.* 滑稽な, 間抜けな, おばかな
505 ☑	**market research**	市場調査, マーケット・リサーチ
506 ☑	**divest oneself of ~**	自己の～（資産など）を売却する
	参 divest ~ of ...	～の…（権利など）を剥奪する；～の…（服）を脱がせる

5-2　TikTok が米国の禁止令に反発し提訴

❹ 米国政府高官によると，北京を本拠地とするバイトダンス社が所有する TikTokが，動画をストリーミング配信するアメリカ人から収集したデータを，中国独裁政権に流出させる懸念があるとのことである。TikTokによると，中国政府からデータを渡すよう求められてはおらず，求められた場合も渡すことはないと述べている。

❺ TikTokのプラットフォームは，ユーザー自作の滑稽なダンスや音楽の動画でいっぱいなのだが，市場調査会社のセンサータワーによると，米国で1億8千万回以上ダウンロードされている。

❻ 今月初め，トランプ大統領はTikTokの中国の親会社に，動画共有アプリの米国事業を売却するように求める命令を出し，その売却取引の完了期限を90日とした。

❼ マイクロソフト社，オラクル社，ツイッター社が買収について協議しており，投資会社数社も関与している。

❽ TikTokが米国事業の売却交渉中であるにもかかわらず，提訴したのは，一部には売却が完了するまでの時間を稼ぐため，あるいは予期せぬ事態が発生した場合に解決をはかるためであると，事情をよく知る人は言う。

507	**be in talks to ...**	…をする交渉中である
508	**buy time**	時間を稼ぐ
509	**unforeseen** [ʌ̀nɔːrsíːn]	*adj.* (状況などが) 予期しなかった，思いもよらない
参	**unforeseen circumstances〔events〕**	予期せぬ事態〔出来事〕

語句・表現

□ *l.2*　Americans streaming videos「動画をストリーミング配信するアメリカ人」 stream は「(音声・映像など) をストリーミング配信する」の意味。

5-3 TikTok Files Suit Challenging U.S. Ban

1 ❾ Mr. Trump has also suggested that parties to the deal pay a fee to the U.S. government for facilitating the deal. In the lawsuit, TikTok lawyers said that the fee is unnecessary and signals that the **regulatory** move is a **politicized** one.

5 ❿ "The President's demands for payments have no relationship to any **conceivable** national security concern," the lawsuit says.

⓫ The White House declined comment and **referred** questions **to** the **Justice Department**, which also didn't comment.

⓬ In its suit, TikTok asks the court to **invalidate** the executive order.

10 ⓭ "When the ban **goes into effect**, it could wipe out **Plaintiffs**' entire TikTok business by preventing TikTok from attracting new users; by driving current users to **competing** platforms; and by destroying TikTok's ability to **partner with** other companies and attract and **retain** employees," the suit says.

15 ⓮ The precise **parameters** of the ban are still being determined by the Commerce Department.

510 □	**regulatory** [réɡjələtɔ̀ːri]	*adj.* 規制の，（正常になるように）規制する
	派 **regulation**	*n.* 規制，規定
	派 **regulate**	*vt.* を規制する，を取り締まる
511 □	**politicized** [pəlítəsàizd]	*adj.* 政治的な，政治問題化された；政治色の強い
512 □	**conceivable** [kənsíːvəbl]	*adj.* 想像し得る，考えられる
513 □	**refer ~ to ...**	~を…に差し向ける
	参 **refer to ~**	~に言及する；~を参照する
514 □	**Justice Department**	司法省
515 □	**invalidate** [invǽlədèit]	*vt.* を無効にする
	⇔ **validate**	*vt.* を法的に有効にする；を証明する

5-3　TikTok が米国の禁止令に反発し提訴

❾ トランプ大統領はまた，その売却取引の当事者に対して，その取引を手助けした見返りに米国政府に手数料を支払うことを求めている。TikTok の弁護団は訴訟で，この手数料は不要であり，規制の動きが政治的なものであることを示している，としている。

❿「大統領の支払い要求は，想像し得る国家安全保障上の懸念とは何の関係もない」という訴訟内容である。

⓫ ホワイトハウスはコメントを拒否し，司法省に質問を差し向けたが，司法省も回答をしなかった。

⓬ 訴訟では，TikTok は裁判所に対して，大統領令を無効にすることを求めている。

⓭「禁止令が施行されると，原告の TikTok ビジネス全体がつぶされてしまう。というのは，TikTok が新規ユーザー獲得を妨げられ，現在のユーザーが競合するプラットフォームに流れてしまい，TikTok が他の企業と提携する能力や，従業員を引き付けて**つなぎ留める**力を破壊されるからだ」と訴えている。

⓮ 禁止令の正確な範囲はまだ商務省によって確定作業中である。

516 ☑ **go into effect**	（法律などが）施行される，実施される	
517 ☑ **plaintiff** [pléintif]	n. 原告	
⇔ **defendant**	n. 被告	
518 ☑ **competing** [kəmpíːtiŋ]	adj.〈名詞の前で〉（会社などが）競争〔競合〕している；相容れない	
519 ☑ **partner with ~**	~（組織・会社など）と提携する	
☑ **retain** [ritéin]	vt. をつなぎ留める；を維持する	
520 ☑ **parameter** [pəræmətər]	n. 限度，枠，範囲	

語句・表現

☐ *l.2*　facilitate the deal「取引を促進する」

5-4 TikTok Files Suit Challenging U.S. Ban

1　（⓮続き）The suit says that TikTok plans to seek a **preliminary injunction** "once the Commerce Department issues its regulations and the full scope of the unlawful executive order's impact is understood."

⓯ The lawsuit also claims Mr. Trump has abused the federal law that gives
5　him extraordinary powers to act when national-security concerns arise in the **telecommunications sector**. Last year, he raised concerns about threats in that field and called for additional regulations.

⓰ TikTok lawyers said in the complaint that the company isn't a telecommunications provider and "does not provide the types of technology"
10　at issue in the regulations that followed.

⓱ In a blog post titled "Why we are suing the **Administration**," TikTok said Mr. Trump's Aug. 6 executive order, which **set in motion** a 45-day period for TikTok to find a buyer for its U.S. operations, was made "without any evidence to justify such an **extreme action**, and without any due process."
15　⓲ The company said it strongly disagreed with the administration's position that TikTok is a national-security threat and had voiced these objections previously.

⓳ "Now is the time for us to act. We do not **take** suing the government **lightly**; however we feel we have no choice but to take action to protect our
20　rights, and the rights of our community and employees."

521	**preliminary injunction**	暫定的差止命令, 予備的禁止命令, 仮の差し止め
	參 **preliminary**	*adj.* 予備的な, 仮の, 準備の
	參 **injunction**	*n.* 差し止め命令
522	**telecommunications sector**	電気通信分野
	administration [ədmìnəstréiʃən]	*n.* 政権, 政府；管理, 経営陣；執行
	派 **administrative**	*adj.* 管理の, 経営の, 行政の
	派 **administrator**	*n.* 管理者；理事
523	**set ～ in motion**	～（計画など）を実行に移す；～を発動する

5-4　TikTok が米国の禁止令に反発し提訴

(⑭続き) 訴えによると TikTok は, 暫定的差止命令を求める予定があり, それは「商務省が規制を発令し, 違法な大統領令による影響の全容が明らかになったらすぐ」に行うということだ。

⑮ 訴えでは, トランプ氏が連邦法を乱用しているとも主張している。連邦法では, 電気通信分野で国家安全保障上の懸念が生じた場合にトランプ氏に特別な権限が与えられている。昨年, トランプ氏は同分野で脅威に関する懸念を表明し, 追加の規制を求めた。

⑯ TikTok の弁護団は訴状で, 同社は電気通信プロバイダーではなく, その後の規制で問題となっているようなタイプの「技術を提供していない」と訴えた。

⑰ TikTok は, ブログで「なぜ私たちが**政権**を訴えているのか」というタイトルの投稿を行い, TikTok が米国事業の売却先を探す45日の期間を実行に移したトランプ氏の8月6日の大統領令は, 「そのような**強硬手段**を正当化する証拠もなく, 適正な法的手続きもなく」実行されたと述べている。

⑱ 同社は, 政府側の TikTok が国家安全保障上の脅威であるとする見解に強く反論し, こうした異議をこれまでも表明してきたと語った。

⑲「今こそ私たちが行動する時だ。私たちは政権を訴えるということを軽々しく考えてはいない。しかし, 私たちは私たちの権利, およびコミュニティの権利と従業員の権利を保護するために行動を起こす以外に選択肢がないと考えている。」

524
☑ **extreme action**　　強硬手段, 思い切った手段, 非常措置

525
☑ **take ～ lightly**　　～を軽々しく考える

✎ 語句・表現

□ *l.2*　the full scope of ～「～の全貌, ～の全範囲」

5-5　TikTok Files Suit Challenging U.S. Ban

1　⑳ Analysts say China's national-security law imposes broad obligations for citizens and corporations to assist in such investigations, a category that includes political and **ideological** threats in China. This means ByteDance, as a Chinese company, will have trouble **pushing back against** such data
5　requests.

　㉑ In a letter to staff on Aug. 4, Zhang Yiming, ByteDance's founder and chairman, **spoke out against** the U.S. government's actions. In the letter, Mr. Zhang didn't challenge the legal authority of the Committee on Foreign Investment in the U.S. to seek to **unwind** the Chinese **acquisition** of a
10　predecessor app, Musical.ly, that led to the expansion of TikTok in the U.S., but instead questioned the Trump administration's motives.

　㉒ "Many people have misunderstood the **crux** of the problem. The issue does not lie with Cfius forcing TikTok to sell its US operations because of the national security threat from the musical.ly acquisition (it's not fair, but still
15　within the legal process and as a corporation we have no choice but to follow the law)," he wrote. "But this isn't the other party's goal. In fact, the other party even doesn't wish to see this happen, because the true motive is an **all-out ban**."

(*The Wall Street Journal*, Aug. 24, 2020, 870 words)

☐	**ideological** [àidiəlάːdʒikl]	*adj.* イデオロギー上の，イデオロギー的な
	派 **ideology**	*n.* イデオロギー (a set of ideas which form the basis for a political or economic system) (≒ beliefs)
526 ☐	**push back against ～**	～に抵抗する
527 ☐	**speak out against ～**	～に抗議する，～をはっきりと非難する
528 ☐	**unwind** [ʌnwáind]	*vt.* (巻いたもの)をほどく，を解き放す

5-5　TikTok が米国の禁止令に反発し提訴

⑳ アナリストによると, 中国の国家安全保障法は, このような捜査に協力するよう, 市民や企業に対し, 広範囲に及ぶ義務を課している。このような捜査とは, 中国国内における政治的およびイデオロギー的な脅威を含む範疇のものである。このことは, 中国の企業であるバイトダンスが, そのようなデータ要求に抵抗するのは困難だということだ。

㉑ バイトダンスの創設者で会長のチャン・イーミンは, 8月4日のスタッフに宛てた書簡で, 米国政府の行動に抗議した。その書簡では, チャン氏は米国でのTikTok の拡大につながった, TikTok の前身のアプリである Musical.ly の中国側による買収を元に戻そうとする対米外国投資委員会 (CFIUS) の法的権限には異議を唱えなかった。その代わりにトランプ政権の真意を疑問視した。

㉒ 「多くの人が問題の核心を誤解している。問題は, Musical.ly 買収による国家安全保障上の脅威のため, CFIUS (対米外国投資委員会) が TikTok に米国事業売却を強制したことではない (この件は公正ではないが, 法的手続きの範囲内であり, 我々は一企業として法に従うしかない)」と書いている。「しかし, これはもう一方の当事者の目的ではない。事実, トランプ側はこうなることを望んでさえいないのだ。彼らの本当の目的は (TikTok アプリの) 全面禁止だからだ。」

---

529 ☑ **acquisition** [ækwizíʃən]	*n.* 買収

530 ☑ **crux** [krʌ́ks]	*n.* 核心

531 ☑ **all-out ban**	全面禁止

語句・表現

☐ *l.8*　the Committee on Foreign Investment in the U.S. (CFIUS)「対米外国投資委員会」米国の企業や事業への外国の直接投資の国家安全保障への影響を検討する。

☐ *l.13*　lie with ~「(責任・権力などが) ~にある」

6-1 Agile Management Strategies

1 ❶ California's Silicon Valley represents the pinnacle of American ingenuity and entrepreneurial **initiative**. Located in the southern San Francisco Bay Area, this hi-tech **hub** houses many of the world's largest tech corporations and thousands of startup companies. Employing about a quarter

5 million **predominantly** millennial IT workers, Silicon Valley attracts the best, brightest, and sometimes brashest talent, from **CEOs** down through the ranks. So pervasive is its reputation, the term "Silicon Valley" is frequently used to refer to the entire tech economic sector, irrespective of geographical location, and similarly named tech hubs have sprung up around

10 the world.

❷ Given its aura of newness, experimentation, and youthful enthusiasm, it is not surprising that Silicon Valley would give rise to novel management strategies. In 2001, a group of 17 rebel software experts convened for three days in Snowbird, Utah to brainstorm a new system for software production.

532 ☑	**pinnacle** [pínəkl]	*n.* 頂点, 絶頂, 頂上；(先のとがった) 峰
533 ☑	**ingenuity** [ìndʒən(j)úːəti]	*n.* 発明の才, 想像力；巧妙なアイデア；(創意ある) 発明品
	派 **ingenious**	*adj.* 頭の良い, 発明の才のある, 独創性のある；器用な, 巧妙な
☑	**initiative** [iníʃətiv, -ʃiə-]	*n.* イニシアチブ, 主導権；自発性；第一歩；発言権
☑	**hub** [hʌb]	*n.* 拠点, (活動などの) 中心, 中枢；(車輪・プロペラなどの中心部にある) ハブ
534 ☑	**startup company**	スタートアップ企業 解説 新しいビジネスモデルを開発し, 短期間のうちに圧倒的な成長率で事業を展開する企業。
☑	**predominantly** [pridάːmənəntli]	*adv.* 主に, 圧倒的に, 優勢に

6-1 アジャイル経営戦略

❶ カリフォルニアのシリコンバレーは，アメリカの発明の才と起業家の**イニシアチブ（主導権）**の頂点を象徴している。サンフランシスコ・ベイエリアの南部に位置するこのハイテクの**拠点**は，世界最大のテクノロジー企業の多くと数千のスタートアップ企業を収容している。約25万人の**主に**ミレニアル世代のIT ワーカーを雇用しているシリコンバレーは，最高で，最も聡明で，時には最も精力的な才能を，**最高経営責任者**以下いろいろな階級にわたって引き付けている。そのとても広く知れ渡った評判により，「シリコンバレー」という言葉は，しばしば技術経済部門全体を言及するのに使われ，地理的な位置に関係なく，世界中で次々と誕生するテクノロジーの拠点は同様に名付けられている。

❷ その新鮮さ，意欲的な試み，そして若い情熱の独特の雰囲気を考えると，シリコンバレーが目新しい経営戦略を生み出したとしても驚くに当たらない。2001 年に，17 人の反骨心豊かなソフトウエアの専門家のグループが，3 日間ユタ州のスノーバードに集まって，ソフトウエア生産のための新しいシステムのブレインストーミングを行った。

	CEO [síːíːóu]	**最高経営責任者, CEO**（≒ Chief Executive Officer）; **社長, 会長, 取締役** ※企業のトップに位置する人
535	**irrespective of ~**	~に関係なく，~を問わず
536	**experimentation** [ikspèrəməntéiʃən]	n. 意欲的な試み；（アイデアなどの有効性を調べるための）実験
537	**convene** [kənvíːn]	vi. 集まる，会合する，（会議などが）招集される vt. （会議など）を開催する

本文 ♪
077

単語 ♪
w077

6-2 Agile Management Strategies

1 ❸ The result was a document they called the *Manifesto for Agile Software Development.* It outlined core values and principles intended to serve as a roadmap for revolutionizing tech project management. The manifesto called for the abandonment of outdated top-down management strategies in
5 favor of more decentralized cross-functional team collaboration.

538 ☑	**manifesto** [mænəféstou]	*n.* 宣言，声明；マニフェスト
539 ☑	**agile** [ǽdʒl, ǽdʒail]	*adj.* 迅速な，俊敏な；頭の回転の速い，生き生きとした
派	**agility**	*n.* 敏しょう性，軽快さ；アジリティ（※犬に障害物を超えさせるスピードと正確さを競う競技。）
540 ☑	**core value**	コア・バリュー **解説** 企業が，最も重要であると考え，社員の考えや行動の指標として定める価値観。
541 ☑	**abandonment** [əbǽndənmənt]	*n.* 放棄，見捨て（られ）ること；自暴自棄；自由奔放
派	**abandon**	*vt.* を断念する，をあきらめる；を見捨てる，を置き去りにする；（習慣など）を捨て去る
542 ☑	**outdated** [àutdéitid]	*adj.* 時代遅れの，旧式の

6-2 アジャイル経営戦略

❸ その成果が，彼らが「アジャイルソフトウエア開発宣言」と呼ぶ文書だった。それは，科学技術プロジェクト管理に大変革をもたらすためのロードマップとして機能することを意図したコア・バリュー（基本的価値観）と原則の概要を述べていた。その宣言は，時代遅れのトップダウンの経営戦略の放棄をして，さらなる分散型機能横断的チームコラボレーションを選択することを求めた。

---

⁵⁴³　☑ **decentralized**　　*adj.* 分散型の，非集中的な
　　[diːséntrəlàizd]

---

⁵⁴⁴　☑ **cross-functional**　*adj.* 機能横断的な，組織の枠を超えた
　　[krɔ́(ː)sfʌ́ŋkʃənl]

- -

参 cross-functional　機能横断型チーム
　　team　　　　**解説** 全社的な経営課題を解決するために，さまざまな部門から選出されたメンバーによって構成されるチーム。

✐ 語句・表現

- □ *l.1*　Manifesto for Agile Software Development「アジャイルソフトウェア開発宣言」
　　17名の従来のやり方とは異なる手法を実践していたソフトウェア開発者により作成され，2001年に公開された。
- □ *l.4*　in favor of ～「～を支持して」

本文 ♪ 078
単語 ♪ w078

6-3 Agile Management Strategies

1 ❹ Along with the increased involvement of ordinary workers in decision making, the manifesto also advocated switching from **linear** to **iterative** and **incremental** development processes, their **cyclical** nature allowing for continuous improvement and more flexible response to change. In addition,
5 customers would be involved throughout the development process, making the whole approach more **buyer-centric**.

❺ While the 2001 manifesto certainly contributed to the **popularization** of Agile management strategies, it was **by no means** the first time many of its ideas had been **broached**, both within and outside the software industry.

545 ☑ **linear** [líniər]	*adj.* 直線的な；直線の，線の	
546 ☑ **iterative** [ítərèitiv]	*adj.* 反復的な，反復の	
☑ **incremental** [ìŋkrəméntl]	*adj.* 漸進的な，徐々に増加する；増加の	
547 ☑ **cyclical** [síklikl]	*adj.* 循環的な，周期性の　*n.* 循環株	
≒ **cyclic**	*adj.* 周期的な，循環の；環状の	
548 ☑ **buyer-centric** [báiərséntrik]	*adj.* 顧客〔買い手〕中心の，顧客重視志向の	
549 ☑ **popularization** [pàpjələraizéiʃən]	*n.* 普及，大衆化	
550 ☑ **by no means**	決して…ではない，決して…しない	

6-3 アジャイル経営戦略

❹ 普通の労働者が意思決定に参加することを増やすと共に，その宣言は直線的なものから反復的で漸進的な開発プロセスに切り替えることも提唱した。その循環的な性質が，継続的な改善と変化へのより柔軟な対応を可能にし，さらに，顧客が開発プロセスに参加することによって，アプローチ全体がより顧客中心のものになるだろうと宣言は述べた。

❺ その2001年の宣言は，アジャイル経営戦略の普及に確実に貢献したが，そのアイデアの多くが切り出されたのは，ソフトウエア産業の内外両方において決して初めてではなかった。

551 ☑	**broach** [bróutʃ]	*vt.* (話など) を切り出す，を持ち出す；(樽など) に穴をあける

✎ 語句・表現

□ *l.2* advocate「～を支持〔擁護〕する」

本文 ♪ 079　単語 ♪ w079

6-4 Agile Management Strategies

1　⑥ The implementation of iterative and incremental development processes, for instance, is **akin to** Walter Shewhart's cyclical Plan-Do-Study-Act (PDSA) process, effectively **utilized** by William Deming in Japan after World War II.　Deming shared these practices with Japanese manufacturers, including

5　the Toyota Motor Company, where he was hired in 1950 to train managers. This helped lead to the development of the Toyota Production System, also famous for incorporating lean management and manufacturing systems, other essential aspects of Agile management.　Additional key Agile elements include the use of Scrum and Kanban, neither of which is unique

10　to Agile strategies.　Scrum is a practice derived from Hirotaka Takeuchi and Ikujiro Nonaka's 1986 description of a "rugby approach," which **entails** an interdepartmental team working in concerted action to see goals through from beginning to end, rather than passing developments on from one department to another.　Likewise, Kanban, an Agile system for

15　organizing workflow was adapted from Toyota's lean manufacturing system.

☑	**akin to ~**	～と類似して，～と同種で；～と同族〔血族〕で
☑	**utilize** [júːtəlàiz]	*vt.* を利用する，を役立たせる，を活用する
552 ☑	**lean management**	リーン経営，リーンマネージメント **解説** トヨタのカンバン方式に代表される，プロセス管理の徹底によって全行程のムリ，ムダを省き，最小限の経営資源で最大限の価値を顧客に提供することを目指す経営。
☑	**entail** [entéil, -téijəl]	*vt.* を必然的に伴う，を必要とする
553 ☑	**interdepartmental** [ìntərdipɑːrtméntl]	*adj.* 部門間にまたがった；各部局間の

6-4　アジャイル経営戦略

❻ 例えば，反復的で漸進的な開発プロセスの実施は，ウォルター・シューハートの循環的「立案－実行－検証－実践」（PDSAサイクル）のプロセスと類似しており，それは第二次世界大戦後の日本において，ウィリアム・デミングによって有効に利用された。デミングはこれらの実践を日本のメーカーと共有したが，それらの中にはトヨタ自動車株式会社が含まれており，デミングは1950年に管理職を教育するためにトヨタに雇われた。これがトヨタ生産方式の発展をもたらすのに役立った。そのトヨタ生産方式はリーン経営と製造システムを結合させたものとして有名であり，アジャイル経営における他の本質的特徴と言える。さらなる重要なアジャイル要素は，スクラム方式やカンバン方式の使用を含むが，そのどちらの方式もアジャイル戦略に特有のものではない。スクラム方式は，竹内弘高氏と野中郁次郎氏の1986年の記述「ラグビーアプローチ」から生じた実践であり，それは開発結果をある部門から次の部門へ順に送るのではなく，最初から最後まで目標をやり抜くために，部門間にまたがったチームワークの協調した取り組みを必然的に伴うものである。同様に，カンバン方式，つまり組織化したワークフローのためのアジャイルシステムは，トヨタのリーン生産方式から作られた。

554 concerted action	協調した取り組み
参 concert	n. コンサート

語句・表現

- □ *l.4*　manufacturer「メーカー，大規模な製造業者」
- □ *l.6*　This helped lead to ～「これが～をもたらすのに役立った」help (to) do ... で「…するのに役立つ」の意味。
- □ *l.12*　see ～ through「～を最後までやり抜く」(to carry out ～ to the end)

6-5 Agile Management Strategies

1　❼ As for the **elevation** and increased participation of employees, this practice was long recommended by Peter Drucker, another instrumental figure in Japan's post-war economic recovery. Drucker had **coined** the term "**knowledge worker**" in the late 1950s. He believed that future practices

5　would focus on **knowledge management**, wherein talented employees with leadership **aptitudes** would be given opportunities for further education and advancement. These knowledgeable employees would **subsequently rise through the ranks** to assume greater responsibility, enabling them and their teams to operate with increased **independence**. The so-

10　called knowledge worker is critical in Agile management systems, where consumers, workers, and managers join forces to imagine and develop new products, then see them through production and delivery.

555 ☑	**elevation** [èləvéiʃən]	*n.* 登用，昇進
	派 **elevate**	*vt.* (人) を昇進させる
556 ☑	**coin** [kɔ́in]	*vt.* (新しい言葉)を作り出す；(貨幣)を鋳造する　*n.* コイン，硬貨；(標準として使われるようになった) 新造語
557 ☑	**knowledge worker**	ナレッジワーカー，知識労働者
558 ☑	**knowledge management**	ナレッジマネジメント　解説 社員が業務を行う中で得た知識 (ナレッジ) を，会社全体で共有し，生かす，という経営手法。
559 ☑	**aptitude** [ǽptət(j)ùːd]	*n.* 素質，才能；(学習などの) 覚えの良さ
☑	**subsequently** [sʌ́bsəkwəntli]	*adv.* その後，その次に，それ以降

6-5 アジャイル経営戦略

❼ 従業員の登用と従業員のさらなる参加に関して言えば、この実践は日本の戦後経済の再生のもう一人の助けとなる人物、ピーター・ドラッカーによって、ずいぶん昔に推奨されていた。ドラッカーは1950年代後半に、「ナレッジワーカー（知識労働者）」という用語を作り出した。将来の業務はナレッジマネジメント（知識管理）に焦点を合わせることになるだろう、そしてそこで指導者の素質を持った才能ある従業員たちは、さらなる教育と昇進の機会を与えられることになるだろうと彼は考えていた。聡明な従業員たちは**その後**、出世の階段を上り、さらに大きな責任を引き受けることになり、そうすることで彼らと彼らのチームはさらなる主体性を持って活動できるようになる。そのいわゆるナレッジワーカーはアジャイル経営管理システムに必須である。そのシステムでは、顧客、従業員、そして、管理職は力を合わせて、新しい製品をイメージし、開発し、それから生産と配送まで製品の面倒を見る。

---

560 ☑	**rise through the ranks**	出世の階段を上る、実力で出世する
561 ☑	**independence** [ìndipéndəns]	*n.* 主体性、自立；独立性、独立

✎ 語句・表現

- ☐ *l.2* instrumental「助けになる、役に立つ」
- ☐ *l.5* wherein talented employees ...「そこで才能ある従業員たちは…」: wherein は関係副詞で in which place の意味。

6-6 Agile Management Strategies

1 **❽** The development of Agile management **affirms** the widespread notion that progress is generally more evolutionary than revolutionary. While the digital era has unquestionably revolutionized society, management practices in the high-tech industry **stand on the shoulders of** influential
5 late 20th Century figures. Like remakes of classic Hollywood movies, though, established ideas and practices sometimes need to be repackaged to appeal to **contemporary** audiences. One aspect that Agile management addresses that was not stressed in earlier models is employee happiness. Agile strategies promote happiness through emphasizing face-to-face
10 communication and providing employees a sense of real achievement. It may not hurt that some Silicon Valley companies offer unusual **perks**, such as sleep pods, gyms, entertainment centers, and even laundry rooms. What is certain is that Agile strategies have been widely embraced, not only in the high-tech sector, but in other industries as well, including the
15 **service sector**, media production, food production, and **durable goods** manufacturing. (Original, 701 words)

562 □	**affirm** [əfə́ːrm]	*vt.* (〜が本当であること)を認める, を肯定する；を支持する；を断言する
	派 **affirmation**	*n.* 肯定；主張
	派 **affirmative**	*adj.* 肯定的な
563 □	**stand on the shoulders of 〜**	〜の偉業に基づいている
	参 **stand on the shoulders of giants**	巨人の肩の上に立つ ※巨人と小人では巨人の方が遠くを見渡せるが, 巨人の肩に乗れば小人の方が遠くを見られることから, 先人の研究や知識があって初めて新しい発見や研究成果を得られることを表す。
564 □	**contemporary** [kəntémpərèri]	*adj.* 現代の, 当代の；同時期に存在する；同年代の

6-6 アジャイル経営戦略

❽ アジャイル経営管理の発達は，進歩は通常は革新的と言うよりも進化的に起こるものだという広く知られている考えを支持している。デジタル時代が紛れもなく社会を革命的に変化させている一方，ハイテク産業の経営管理の実践は，20世紀後半の大物たちの偉業に基づいている。けれども古典的なハリウッド映画のリメイク作品のように，確立した考えと実践は，現代の聴衆の興味を引くために時に手直ししてリリースされることが必要である。アジャイル経営管理が取り組んでいる一つの要素で，初期のモデルでは強調されていなかった一面は，従業員の幸福である。アジャイル戦略は，対面のコミュニケーションを重視し，従業員に真の達成感を提供することにより幸福感を増進させる。スリープポッドやジム，娯楽施設，そして洗濯室までもの珍しい**特典**を提供するシリコンバレーの会社があるのも悪いことではないだろう。確かなことは，アジャイル戦略は，ハイテク部門の中だけでなく，サービス部門，メディア制作，食品生産，耐久財製造を含む他の産業にも同様に，広く取り入れられているということである。

☑	**perk** [pə́ːʳk]	*n.* (通常の給与に加えて受け取る) **特典，手当**；(特定の個人だけに与えられる) **特権，恩恵** ※ perquisite の短縮形。
565 ☑	**service sector**	サービス部門，サービス業界
566 ☑	**durable goods**	耐久財，耐久消費財

✎ 語句・表現

- ☐ *l.2*　more evolutionary than revolutionary「革新的と言うよりも進化的」： more ～ than ... (…というよりもむしろ～) の形。
- ☐ *l.10*　it may not hurt that ...「…は悪いことではない」It doesn't〔can't, won't〕hurt that ...「…ということは有利〔好都合〕である」の意味。

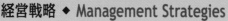
7-1　Going Green Is Good Business

1　❶ Environmentally aware travelers who visit Los Angeles won't feel guilty any more for staying at a luxury hotel. Since it opened in early May, the Hotel Palomar has been offering **environmentally-friendly** accommodations to guests, and they don't have to give up comfort and
5　quality. Once a Doubletree Hotel, the facility has had a complete **makeover**. The new hotel combines luxury with **innovative technology**. Guests can enjoy fine linens, flat screen TVs and free Wi-Fi Internet. The **renovations** also include bathroom fixtures that conserve water. The rooms have heat and motion sensors that turn off air conditioners when they are empty.
10　There are also designer recycling bins in every room and only biodegradable cleaning products are used.

567 ☑ **environmentally-friendly** [envàiərnméntəlifréndli]	*adj.* 環境に配慮した，環境に優しい	
≒ **eco-friendly**	*adj.* 環境〔生態系〕に優しい	
⇔ **environmentally-unfriendly**	*adj.* 環境を破壊する	
568 ☑ **makeover** [méikòuvər]	*n.* 改装，模様替え；（メイクやヘアースタイルによる）大変身，イメージチェンジ；改革	
≒ **remodelling**	*n.* 改装，モデルチェンジ	
569 ☑ **innovative technology**	革新的技術	
570 ☑ **renovation** [rènəvéiʃən]	*n.* （古い建物などの）改装；修理；改革	
派 **renovate**	*vt.* を改築〔修繕〕する；（元気）を回復させる	

7-1　環境意識を高く持つことはよいビジネスにつながる

❶ ロサンゼルスを訪れる環境意識の高い旅行者は，高級ホテルに滞在すること にもはや罪悪感を覚えないだろう。5月初めに開業して以来，ホテル・パロマー は宿泊客に，快適さと上質さを諦めさせることなく，環境に配慮した宿泊設備を 提供してきた。かつてはダブルツリーホテルという名であったこの建物は全面改 装を行った。新しいホテルでは，豪華さと革新的な技術が組み合わされ，宿泊客 は上質なリネン，薄型テレビ，そしてフリー Wi-Fi（無料の無線 LAN 接続）のイ ンターネットを満喫することができる。改装には水を節約する浴室設備も含まれ ている。客室には熱や動作に反応するセンサーが付いていて，人がいない時には 空調が切られる。また，すべての客室にはデザイナーによって設計されたリサイ クル用のゴミ箱もあり，そして生分解性の洗剤だけが用いられている。

📝 **語句・表現**

□ *title*　go green「高い環境意識を持つ」
□ *l.1*　environmentally aware「環境意識の高い，環境保護主義の」
□ *l.10*　biodegradable「生（物）分解性の」

🔍 **Key Points of This Issue**　エコビジネス，環境関連産業 (ecobusiness)

　日本の環境省の定義によれば，「産業活動を通じて，環境保全に資する製品やサービス を提供したり，社会経済活動を環境配慮型のものに変えていく上で役に立つ技術やシス テム等を提供したりするもの」とされる。また同省は，エコビジネスを以下の4つに分類 している。(1) 環境負荷を低減させる装置，(2) 環境への負荷の少ない製品，(3) 環境保全 に資するサービス，(4) 社会基盤の整備など。環境産業の国内市場規模は，2018年に全 体で105兆3,000億円，雇用規模は約261万人になった。

7-2 Going Green Is Good Business

1 ❷ These improvements are not just meaningless window dressing. The hotel's owners know very well that **gimmicks** are not enough for their customers. They know that **green consumers** want to see credible commitment to green **causes**. Of course, the owners hope that the **payoff**
5 will be good business and that customers will come **in droves**. But they are very sincere and they really want to promote conservation. Employees know a lot about the hotel's environmental policies, and they are happy to share information with guests. The hotel also provides financial support for The Trust for Public Land. This is a non-profit conservation group that
10 works to preserve land for **recreation**, community gardens, historical sites, rural lands, and other natural places.

571 ☑	**gimmick** [gímik]	n. 宣伝のための妙案〔新機軸〕,（注目を集めるための）からくり, 仕掛け, いんちき；ギミック vt. に巧妙な戦略を用いる
	派 **gimmicky**	adj. 宣伝だけのための, 人目を引くための；いかさまの
572 ☑	**green consumer**	グリーンコンシューマー, 緑の消費者 解説 環境に優しい製品を購入するなど, 環境に配慮した消費行動をする消費者。
☑	**cause** [kɔ́ːz]	n. 目的, 目標；理由；理念, 大義；原因
573 ☑	**payoff** [péiɔ̀(ː)f]	n. 見返り, 報い；給料の支払い；清算
	≒ **reward**	n. 報酬, 報い
574 ☑	**in droves**	大挙して, 大勢で
	参 **drove**	n. 家畜の群れ

7-2　環境意識を高く持つことはよいビジネスにつながる

❷ これらの改良は，単なる無意味なとりつくろいではない。このホテルのオーナーたちは，宣伝のための仕掛けは顧客にとって十分でないということをよくわきまえている。ホテルのオーナーたちは，ホテル側が環境保全という**目的**において本気であるかをグリーンコンシューマーが確かめたがっていることを知っているのである。もちろん，オーナーたちはその見返りに商売が繁盛し，宿泊客が**大挙**してやって来ることを期待している。しかし彼らはとても誠実で，本当に自然保護を推進したいと思っているのだ。従業員たちはホテルの環境方針をよく知っていて，喜んで宿泊客に情報を提供する。このホテルはまた，トラスト・フォー・パブリック・ランドに対して資金援助をしている。この団体は休養のための用地，地域の公園，名所旧蹟，農地，その他の自然地帯を保護するために力を尽くしている非営利自然保護団体である。

---

575 □ **recreation** [rèkriéiʃən]	n. 〈不可算名詞で〉休養；気晴らし，娯楽；〈可算名詞で〉(個々の) 娯楽
派 **recreational**	adj. 気晴らしの，娯楽の；休養の
派 **recreate**	vt. に休養させる　vi. 気晴らしをする
参 576 □ **recreation**	n. 再生，改造 [rìkriéiʃən]

語句・表現

- □ *l.1*　window dressing「外見を繕うこと，見せかけ，うわべを飾ること」
- □ *l.9*　The Trust for Public Land「トラスト・フォー・パブリック・ランド」1972年に設立されたアメリカの非営利団体。

7-3 Going Green Is Good Business

1 ❸ The Hotel Palomar is an excellent example of an **ecobusiness**. An ecobusiness is concerned with making a profit but also cares about **sustainable growth**. This kind of business works towards conserving and **replenishing** natural resources. One of the ways ecobusinesses do this is
5 through **green procurement**. They use products or services that reduce the **environmental impact**. For example, if they use wood products, they will also work to plant new trees to replace the ones that have been cut down. They are concerned about **environmental disruptions**, such as global warming. In addition, ecobusinesses try to provide employees with
10 safe and comfortable working conditions. They also want to make sure that employees are paid fair **wages and salaries**. In other words, ecobusinesses feel a responsibility to protect the environment and people.

---

577 ☑	**ecobusiness** [íːkoubíznəs]	n. 環境ビジネス, エコビジネス
578 ☑	**sustainable growth**	持続可能な成長
579 ☑	**replenish** [ripléniʃ]	vt. を補充する, を再び満たす
	派 **replenishment**	n. 補充
580 ☑	**green procurement**	グリーン調達 解説 企業が製品原材料を調達する際に, 環境への負荷が少ないものを購入すること。
	派 **procure**	vt. (入手困難なもの) を調達する
581 ☑	**environmental impact**	環境への影響

7-3　環境意識を高く持つことはよいビジネスにつながる

❸ ホテル・パロマーは，環境ビジネスの好例である。環境ビジネスは利益を上げることに関心を持ちながらも，持続可能な成長も大切にしている。この種の事業は，天然資源を保全することと補充することに向けた取り組みをしている。環境ビジネスにおいてそれを行う方法の1つがグリーン調達である。環境への影響を低減する製品やサービスを利用する。例えば，木の製品を使用する時は，伐採された木に取って代わる新しい木を植えることにも取り組むなどである。環境ビジネスは地球温暖化といった環境破壊を気にかけている。さらに，環境ビジネスは労働者に，安全かつ快適な職場環境を提供しようと努めている。また，環境ビジネスは従業員が公平な賃金や給料の支払いを確実に受けられるよう望んでいる。言い換えれば，環境ビジネスは，環境と人々を保護する責務を感じているのである。

582 ☑	**environmental disruption**	環境破壊
	派 **disrupt**	*vt.* (物事の秩序を)破壊する，を崩壊させる
583 ☑	**wages and salaries**	賃金や給料

📝 **語句・表現**

- □ *l.2*　be concerned with ～「～に関心を持つ」
- □ *l.2*　care about ～「～を大切にする，～を心配する」
- □ *l.3*　work towards ～「～に取り組む，～に向けて努力する」
- □ *l.7*　cut down ～「～を伐採する」
- □ *l.12*　feel a responsibility to ...「…することに対して(道徳的)責任を感じる」

7-4 Going Green Is Good Business

1 ❹ Some corporations and business people brush aside the idea of ecobusiness. They say this type of business goes against longstanding business practices. They think it is up to the government to protect the environment. They don't like the idea of spending the money it will take to

5 go green, and they question the cost effectiveness. But there are change agents within the businesses and corporations. These people understand that the green movement is more than just a passing trend. Not long ago, most business people characteristically ignored environmental concerns. However, the general public is demanding more and more that businesses

10 do their part to take care of the environment. Many people feel that their participation is long overdue.

584 ☑	brush aside ～	～（困難・反対・問題など）を（大したことがないと）無視する，～を軽くあしらう；～を払いのける
585 ☑	longstanding [lɔ́(ː)ŋstæ̀ndiŋ]	adj. 長年にわたる
586 ☑	cost effectiveness	費用対効果，費用効率 **解説** 投資した費用に対して得られる効果のこと。
587 ☑	change agent	変革推進者
588 ☑	characteristically [kæ̀rəktərístikəli]	adv. 特徴として；特徴的に
	派 characteristic **派** characterize	adj. 特有の n. 特徴 vt. の特性を表す

7-4 環境意識を高く持つことはよいビジネスにつながる

❹ 企業や実業家の中には，環境ビジネスという考えを軽くあしらうケースもある。彼らは，この種の事業は，長年のビジネス慣行に反していると言い，環境保全は政府の責任だと考えている。環境保全に金をかけるという考えを好まず，費用対効果を疑問視する。しかし事業主や法人の中には変革推進者がいて，こうした人々は環境保全運動は単なる一過性の流行にとどまらないということを理解している。つい最近まで，ほとんどの実業家はその特徴として環境問題を無視してきた。しかしながら，企業が環境保全の役割を果たすことへの一般の人々の要求が増えている。多くの人々が企業の環境保全の取り組みが長いこと先送りになっていると感じているのだ。

589 ☑ **overdue** [òuvərd(j)úː]	*adj.* 先送りの；遅れた；未払いの two weeks overdue（2週間遅れの）
≒ 590 ☑ **belated**	*adj.* 遅れた

✏ **語句・表現**

- ☐ *l.2* go against ~「～に反する，～に逆らう」
- ☐ *l.3* up to ~「～の責任で；～次第で」
- ☐ *l.6* business「企業；会社」主に中小企業や個人経営の会社を意味する。
- ☐ *l.6* corporation「法人企業」大規模な会社のニュアンス。
- ☐ *l.7* passing trend「一時的な流行」
- ☐ *l.10* do one's part「自らの役割を果たす」

7-5 Going Green Is Good Business

1　❺ Green business and products have grown beyond the **niche market**. More and more consumers are choosing products and services from green businesses. Going green was once a **strategic option**, but it is quickly becoming a business requirement. Companies must **map out**
5　new strategies that take the green movement seriously. They must rethink their marketing methods **in acknowledgment of** the influence that their environmental record will have on **customer perceptions** and buying patterns. In the end, customer demand and satisfaction will be the greatest help to the environment. What's good for the environment will also be good
10　for the company **bank account**. Not only will going green increase profits, but it will also help to guarantee that companies will have enough resources to supply their businesses.

(Original, 613 words)

---

591 ☑	**niche market**	すき間市場, ニッチ産業
		解説 潜在的な需要はあるものの規模が小さいなどの理由で企業が進出していない産業。
592 ☑	**strategic option**	戦略的選択
	参 strategic	*adj.* 戦略的な；戦略の
593 ☑	**map out ~**	～について綿密な計画を立てる
594 ☑	**in acknowledg-ment of ~**	～を承認して；～に対する返礼に
595 ☑	**customer perception**	消費者意識
596 ☑	**bank account**	銀行預金残高；銀行預金口座

7-5　環境意識を高く持つことはよいビジネスにつながる

❺ グリーンビジネスとグリーン製品はすき間市場の域を超えて成長してきている。ますます多くの消費者がグリーンビジネスの製品やサービスを選ぶようになっている。環境意識を高く持つことはかつては戦略的選択であった。しかしそれは急速にビジネスに必要なものとなっている。企業は，環境保全活動を真剣に受け止める新たな戦略を綿密に立てるべきであり，自社の環境に関する記録が消費者意識と購買パターンに与える影響を受け入れた上でマーケティング戦略を考え直さなければならない。結局は，顧客要求と顧客満足度が環境にとって最も役立つものになる。環境によいことは会社の銀行預金口座にとってもよいことになるだろう。環境意識を高く持つことは利益増大につながるだけでなく，企業にとって事業をまかなうのに十分な資金を有するための保証にもつながるであろう。

📝 **語句・表現**

- □ *l.8*　in the end「結局，最後に」
- □ *l.10*　Not only will going green increase profits, ... は Going green will not only increase profits, を言い換えた倒置文。

8-1　The story of the coronavirus impact on airlines in numbers

1　❶ After years of record traffic growth and unprecedented profitability, the airline industry is facing the sharpest and most **sustained** fall in demand as the coronavirus pandemic has **brought** international travel **to a virtual standstill**.

5　Airlines to post record loss this year
❷ IATA **projects** airlines will post their largest ever collective **net loss** this year, totalling $84.3 billion, and will remain in the red in 2021.
❸ The airline association had already indicated global **passenger traffic** this year would be roughly half 2019 levels as travel restrictions brought
10　international passenger services to a virtual standstill in the **second quarter**.
❹ The projected net loss of $84 billion for 2020 would **dwarf** the $30 billion loss during the financial crisis in 2008 and 2009 and brings an abrupt end to a 10-year profits run. IATA had in December projected industry profits could
15　reach almost $30 billion this year.
❺ While IATA expects a sharp improvement in **passenger demand** in 2021, albeit still below 2019 levels, it still expects a collective loss of €15.8 billion next year.

597	**sustained** [səstéind]	*adj.* 〈限定用法〉長引く，継続的な，持続的な
598	**bring ～ to a standstill**	～の活動を停止させる，～を立ち往生させる
	virtual [vɔ́ːrtʃuəl]	*adj.* 実質的な，事実上の
599	**project** *vt., vi.* [prədʒékt, prou-] *n.* [prɑ́dʒekt]	*vt.* 〈that …〉と予測する；を見積もる；を映写する *vi.* (物が) 突き出る *n.* 計画，事業；研究課題
600	**net loss**	純損失
	≒ **net deficit**	純損失

8-1　数字に見るコロナウイルスの航空会社への影響

❶　何年にもわたって記録的な航空利用の増加と前例のない収益を維持してきた航空業界は，最も急激で長引く需要の低下に直面している。これはコロナウイルスの世界的流行が国際的な移動を実質的に停止させているためである。

今年の航空会社は過去最高の赤字を計上
❷　IATA（The International Air Transport Association 国際航空運送協会）は航空会社が業界全体で今年，過去最大の総額843億ドルという純損失を計上し，2021年も赤字のままの見込みであると予測している。

❸　同協会は，今年（2020年）の世界の旅客輸送は2019年の約半数になるとすでに示していた。これは，第2四半期に，渡航制限により国際的な旅客サービスが実質的に停止したためだ。

❹　2020年に予測される840億ドルの純損失は，2008年と2009年の金融危機時の300億ドルの損失を小さく見せる。また，この損失により，10年間の黒字経営が突然の終了となる。IATAは12月に，今年の業界の利益はほぼ300億ドルに達すると予測していた。

❺　まだ2019年の水準を下回るものの，IATAは2021年に旅客需要の急激な改善を予測している。しかし，来年もまだ全体で158億ユーロの損失となると予想している。

601 ☑	**passenger traffic**	旅客輸送
602 ☑	**second quarter**	第2四半期
	派 fiscal quarter	会計四半期
603 ☑	**dwarf** [dwɔ́ːrf]	*vt.* を小さく見せる　*n.*（神話・おとぎ話などに登場する）小人　*adj.* 小さい，小型の
604 ☑	**passenger demand**	旅客需要，乗客需要

 語句・表現

□ *l.17*　albeit「…ではあるが」

Part II 3 会計・財務・株式 ◆ Accounting, Finance and Stocks

8-2　The story of the coronavirus impact on airlines in numbers

1　❻ "We haven't put out a forecast beyond 2021," says IATA chief economist Brian Pearce.　But, citing the example of what happened in the financial crisis, he says: "If you follow the trend, 2022 looks like it could be a year for a return to profit and certainly that would be in line with our longer-term
5　forecasts in growth in passenger markets."

No region escapes traffic grounding
❼ Travel and quarantine restrictions implemented by countries as part of national lockdowns have resulted in the virtual grounding of scheduled international passenger flights during the second quarter.
10　❽ As a result, IATA expects air travel demand, measured in RPKs, to this year be down almost half on 2019 levels.　Traffic among European carriers is forecast to be down 55%, while it will be around half the 2019 levels in all other regions except North America.　Traffic for carriers in the latter is expected to be 36% down on 2019, the lower rate of reduction reflecting
15　continued activity in the large US domestic market.

605	in line with ～	～と一致して
606	**ground** [gráund]	*vt.* (悪天候・整備不備などの理由で離陸を認めずに飛行機) を地上に待機させる；を運航禁止にする
	派 **grounding**	*n.* 飛行〔運転〕禁止；基礎知識
607	**quarantine** [kwɔ́:rəntì:n]	*n.* 検疫　*vt.* (病原体に感染の可能性のある人) を隔離する，を検疫する
608	**passenger flight**	旅客機，旅客便
	参 **transport aircraft**	輸送機
609	**air travel demand**	飛行機での旅行の需要，航空旅行需要
610	**domestic market**	国内市場

8-2　数字に見るコロナウイルスの航空会社への影響

❻「2021年より先の予測を公表していないのだが」と，IATAのチーフエコノミスト，ブライアン・ピアース氏は言う。金融危機で起こったことの例を挙げながら，「傾向に従えば，2022年は利益が回復する年となるだろう。これは，旅客市場における我々の長期的成長予測と一致しているのは確かだ。」

運航禁止を免れる地域はない

❼ 国家的なロックダウン（封鎖）の一部として各国で実施された移動・検疫の制限によって，第2四半期の期間中，国際線旅客機の定期便が実質的に運航禁止となった。

❽ その結果，IATAの予測では今年の航空旅行需要が，旅客キロで2019年のほぼ半分になっている。ヨーロッパの航空輸送量は2019年の55％減，北米を除くその他全地域では，約半減と予測されている。後者（北米）の航空輸送量は，2019年の36％減と予想されている。減少率が少ないのは，米国の大きな国内市場で経済活動が継続していることを反映している。

📝 **語句・表現**

- □ *l.10* RPK「旅客キロ」Revenue Passenger Kilometers の略。各有償旅客が搭乗し，飛行した距離の合計を指す。旅客数に輸送距離を乗じて算出する。
- □ *l.11* carrier「航空会社；運輸会社」

8-3 The story of the coronavirus impact on airlines in numbers

1 ⑨ That outlook is in line with **projections** from airports body ACI World. It forecasts that global passenger numbers will more than halve this year.
⑩ The crisis will, ACI estimates, result in a reduction of 2 billion passengers at airports during the second quarter alone, and 4.6 billion across 2020 as
5 a whole. That compares with the record high of 9.1 billion passengers **handled** at airports in 2019.

More than half of passenger **revenue** lost in 2020
⑪ In mid-April, IATA forecast that $314 billion in collective airline passenger revenues would be **wiped out** this year — a 55% fall on 2019's figures.
10 ⑫ IATA's prediction marked a deepening of the projected impact on the industry as the scale of restrictions to deal with the outbreak became clearer.
⑬ It was based on projections that traffic would be **all but** wiped out aside from big domestic markets, such as China and the USA, during the second quarter.
15 ⑭ Airline efforts to **restore** services have so far been tentative, with most pushing hopes for any significant resumption in air travel into July.

☑	**projection** [prədʒékʃən]	n. 予測
611 ☑	**halve** [hǽv]	vi. 半減する，半分になる vt. を半減させる；を2等分する
612 ☑	**record high**	(数量・金額などの) 記録的な高さ；過去最高，最高値
☑	**handle** [hǽndl]	vt. (人) を取り扱う；(仕事) をこなす，(問題) を扱う；(商品) を取り扱う
☑	**revenue** [révən(j)ùː]	n. (個人・国などの) 総所得額，総収入；(特に税金による) 歳入
☑	**wipe out ～**	〈通例受動態で〉 ～を一掃する，～を絶滅させる，～を消す
613 ☑	**outbreak** [áutbrèik]	n. (疫病などの) 大流行；(病気，戦争などの) 突然の発生，勃発

8-3　数字に見るコロナウイルスの航空会社への影響

❾ この見通しは，空港管理者の団体のACI（国際空港評議会（Airports Council International））ワールドによる**予測**と一致している。ACIは世界の旅客数は今年は（昨年の）**半数**を下回ると予測している。

❿ ACIの推定によると，この危機により，第2四半期だけでも空港利用者数は20億人減少し，2020年全体で46億人減少する。これは，2019年に**過去最高**を記録した91億人の空港**取り扱い**旅客数に対する数字である。

2020年，旅客総収入は50%以上の減少

⓫ IATAは4月中旬に，航空業界全体の旅客総収入の3,140億ドルが今年**消滅する**と見通した。これは2019年比55%減である。

⓬ IATAの予測は，コロナ**大流行**に対処するための制限の規模がより明確になるにつれ，航空業界において予想される影響の深刻さを示した。

⓭ これは，第2四半期には，中国や米国などの大きな国内市場を除き，航空機の運航が**ほとんど**なくなるとの予測に基づいている。

⓮ 航空会社の運航**を復活させる**ことへの取り組みは，これまでのところ**暫定的**なものであり，7月に入って，航空機による旅行の大幅な**再開**への期待が高まっている。

☑ **all but ～**	ほとんど～
☑ **restore** [ristɔ́ːr]	vt. を復活させる，を復旧させる
派 **restoration**	n. もとに戻すこと，戻ること；回復
614 ☑ **tentative** [téntətiv]	adj. 暫定的な，仮の；試験的な
派 **tentatively**	adv. とりあえず，試験的に，仮に
615 ☑ **resumption** [rizʌ́mpʃən]	n. （中断後の）再開；（失ったものを）取り戻すこと，回復
派 **resume**	vt. （中断したこと）を再開する，を復旧させる；（前の状態）を回復させる

📝 語句・表現

□ *l.8* collective「集合体の，総体の」この英文では「航空業界全体の」の意味を表す。

8-4　The story of the coronavirus impact on airlines in numbers

1　（⑭の続き）That would fit with IATA's expectations for some level of **restart** in the third quarter, but with demand and activity remaining significantly down for the rest of the year.

Demand may not return to pre-crisis levels before 2023

5　⑮ IATA expects an improvement in air travel demand to **lag** economic recovery by **up to** two years. Its **baseline forecast envisages** air traffic demand still down 24% next year against 2019 levels. As IATA had originally projected continued steady growth in 2020 and 2021, it means its revised outlook for next year is 32% down on its pre-crisis expectations. Under this

10　scenario, it does not see passenger traffic returning to 2019 levels until 2023.
⑯ But IATA also flagged a more **pessimistic** view — **applicable** if there is a slower opening up of economies and the **lifting** of **travel restrictions** is pushed further in the third quarter. Under that scenario, IATA expects traffic to be 34% below 2019 levels — and 41% below its pre-crisis expectations

15　for 2021.

616 ☐	**restart** [rístà:ɻt]	n. 再開, 再始動 ; （コンピュータの）再起動
☐	**lag** [lǽg]	vt. より遅れる, に追いつけない vi. 遅れる ;（景気などが）停滞する
☐	**up to ～**	最大～に至るまで ; ～次第で
617 ☐	**baseline forecast**	ベースライン予測 **解説** 履歴需要に基づく将来の需要の見積。
618 ☐	**envisage** [invízidʒ]	vt. を予想する, を心に描く ; をもくろむ
☐	**pessimistic** [pèsəmístik]	adj. 悲観的な, 悲観主義の
☐	⇔ **optimistic**	adj. 楽観的な, 楽観主義の

8-4 数字に見るコロナウイルスの航空会社への影響

(⑭の続き) これは，第3四半期にある程度の再開を見込むIATAの予想と一致するが，今年の残りの期間も需要と活動は依然低い状態が続くという状況である。

航空需要は2023年まで危機以前の水準に戻らない可能性がある

⑮ IATAは，航空需要の改善は，景気回復**より最大2年遅れる**と予想している。ベースライン予測では，来年 (2021年) の航空需要について2019年の24%減を予想している。IATAはもともと2020年と2021年に堅調な成長が続くと予測していたため，修正された来年度見通しは危機前の予測を32%下回るということになる。この想定では，旅客輸送量が2023年まで2019年の水準に戻らないことを示している。

⑯ しかし，IATAはさらに**悲観的な**見方に目を向けさせた。それは経済の再開がさらに遅れ，旅行制限を解除するのが第3四半期まで延期された場合に該当する。この場合のIATAの予測では，2021年の航空輸送量は2019年より34%低く，危機前の予測を41%下回る。

619	**applicable** [ǽplikəbl, əplíkəbl]	*adj.* (〜に) 該当する，当てはまる，適切な；応用できる
	派 **applicability**	*n.* 妥当性，適応性
620	**lift** [líft]	*vt.* (禁輸・制裁など) を解除する
621	**travel restrictions**	旅行制限，旅行規制

語句・表現

□ *l.11* flag「〜に注意を喚起する，〜に目を向けさせる」

8-5 The story of the coronavirus impact on airlines in numbers

1 ⑰ Even under its most positive outlook, IATA still projects passenger traffic in 2025 will remain 10% below the levels originally envisaged before the crisis.

Rising **debt levels** to slow recovery

5 ⑱ One of the key reasons airlines have been able to stave off collapse has been their ability to access fresh funding. For some major carriers, that has been done via the **commercial markets**. But for many others, it has come in the form of government aid. IATA calculates that more than half of this **state aid** is in **repayable** forms, such as loans, **guarantees** or **deferred**
10 **taxes**.

⑲ As a result, IATA sees collective debt levels increasing more than a quarter, to around $550 billion by year-end. While that has provided airlines with breathing space to survive the crisis, IATA warns it will **weigh heavily on** carriers in the **recovery phase** — especially with the challenging
15 revenue climate likely to follow. This will create more pressure on carriers to generate the necessary **cash flow** to service higher debt levels.

(*Flight Global*, June 4, 2020, 847 words)

622 ☑	**debt level**	債務水準, 債務レベル；利子
	参 **debt**	*n.* 借金, 債務
623 ☑	**commercial market**	商業市場, 民間市場
624 ☑	**state aid**	国家援助, 国庫補助
625 ☑	**repayable** [ripéiəbl]	*adj.* 返済を要する；返済可能な
☑	**guarantee** [gæ̀rəntíː]	*n.* 保証付き融資；保証；担保
626 ☑	**deferred tax**	繰延税金, 税金の支払いの猶予
	参 **defer**	*vt.* を延期する, を先送りする

8-5　数字に見るコロナウイルスの航空会社への影響

⑰ IATAの最も前向きな見通しでも，2025年の旅客輸送量は，危機前に当初想定されていた水準より10%低くなっている。

回復を遅らせる債務水準の上昇

⑱ 航空会社が破綻を食い止めることができている主な理由の1つは，新規の資金提供を調達する能力だ。主要な航空会社の中には，商業市場を介して資金を調達しているところもある。しかし，他の多くの航空会社は公的支援という形で得ている。IATAの計算では，この国家援助の半分以上が返済を要する形，つまり融資，保証付き融資，税金の支払いの猶予などである。

⑲ その結果，IATAでは，全体の債務水準が4分の1以上高まり，年末までに約5,500億ドル程度になると見ている。航空各社はなんとか危機を乗り切るため余力を確保できたが，回復期には，航空会社に大きな負担がかかるだろう，特にその後の収益環境が厳しくなる可能性が高いことを踏まえると，とIATAは警告している。よって，航空各社には，より高い債務水準に見合った多額の利子を支払うために必要なキャッシュフローを生み出さなければならない，という重圧がさらにのしかかることになる。

Part II
3
会計・財務・株式 ◆ Accounting, Finance and Stocks

627 ☑	**weigh heavily on ~**	~に大きな負担がかかる
628 ☑	**recovery phase**	回復期，回復局面
629 ☑	**cash flow**	キャッシュフロー，現金流出入 **解説** 主に企業活動における一定期間の資金の流れ（収支），そしてその結果手元に残る資金。

✎ **語句・表現**

☐ *l.5*　stave off ~「~を防ぐ，~をしのぐ」
☐ *l.13*　breathing space「一息つける余地」
☐ *l.16*　service：service a debtで「負債の利息を支払う」の意味。

9-1　How to Survive a Bear Market

1　❶ When news reports state that the U.S. stock market has "officially entered bear territory," casual investors may wonder exactly what this means. Technically, a **bear market** exists when the value of stocks **tumbles** 20% or more over a period of at least two months. This is different from
5　a **market correction**, in which the price drop is somewhat less, and an **upturn** generally comes much sooner. In the case of a correction, the **real economy** may be relatively unaffected. With a bear market, however, there are usually other signs of **economic distress**. In addition, the **onset** of a bear market often leads to a **negative spiral**. When this happens,
10　psychological factors, such as a fall in **consumer confidence**, also help to lower the market and the economy.

630 ☑	**bear market**	弱気相場，下げ相場
	参 **bear**	*adj.* 〈株式〉弱気の，（相場が）下落気味の *n.* 弱気；下げ相場
☑	**tumble** [tʌ́mbl]	*vi.* 急落する；（突然）転ぶ　*vt.* を倒す *n.* （株価の）急落
	≒ **slump**	*vi.* （突然）下落する；（急に）沈み込む *n.* （急な）下落；スランプ
631 ☑	**market correction**	市場調整
	参 **correction**	*n.* （株価急落後の一時的な）反発
632 ☑	**upturn** *n.* [ʌ́ptə̀ːrn] *vt.* [ʌptə́ːrn]	*n.* 上昇；好転　*vt.* を上に向ける
	≒ **uptick** ≒ **uptrend**	*n.* （景気などの）上昇 *n.* （景気などの）上昇傾向
633 ☑	**real economy**	実体経済 解説 消費や投資などの実存する活動に基づく経済。

9-1　弱気相場の乗り切り方

❶ 米国の株式市場が「正式に弱気相場の領域に突入した」と報道された場合，片手間に運用をやっている投資家たちは一体これが何を意味するのか疑問に思うかもしれない。厳密に言うと，少なくとも 2 カ月間にわたって株価が20％以上**急落する**場合を弱気相場と言う。これは，市場調整とは異なる。市場調整では株価の下落幅がやや小さく，一般的に非常に早く好転が来る。市場調整の場合，実体経済は比較的影響を受けないことがある。しかしながら，弱気相場では通常，他にも経済危機の兆候が見られるものだ。さらに，弱気相場の**開始**は悪循環につながることが多い。これが起きると，消費者信頼感の低下のような心理的要因も，相場や経済の下落を助長する。

634	economic distress	経済危機

≒ **economic crisis**　経済危機

	onset [ɔ́nsèt]	*n.* 到来；襲撃

635	negative spiral	悪循環

≒ **vicious spiral**〔**circle**〕　悪循環
⇔ **virtuous spiral**〔**circle**〕　好循環

636	consumer confidence	消費者信頼感；消費者マインド，消費意欲

参 **Consumer Confidence Index (CCI)**　消費者信頼感指数　解説 消費者マインドを指数化した景気指標。

9-2 How to Survive a Bear Market

1　❷ A **buoyant market** tends to attract a lot of new investors because prices seem to be going higher and higher without end. These **adventurous** but **inexperienced** traders help to drive the **market average** even higher, at least for a while. The **selling price** of stocks increases until the market
5　becomes overvalued. When this happens, stock prices are sure to drop eventually, whether it is only a correction or a true bear market. People who are unfamiliar with market history may not realize that bear markets are much more common than **bull markets**.

❸ In fact, in the past 100 years, there has been a bear market on the average
10　of about once every three years. Recent decades have been **abnormal**, with bull markets more common than bear markets. So it is understandable that traders today might **underestimate** just how **unreliable** the market can be. The longest bull market in history lasted from March 2009 until early 2020, its end coinciding with the start of the Covid-19 pandemic.

637 ☑	**buoyant market** 上昇市場, 高騰市場	
	参 buoyant	*adj.* （経済・産業などが）上昇傾向の，好調な
638 ☑	**adventurous** [ədvéntʃərəs]	*adj.* 大胆な；冒険的な
639 ☑	**inexperienced** [ìnikspíəriənst]	*adj.* 経験不足の，未熟な
640 ☑	**market average** 平均株価	
641 ☑	**selling price** 売値, 売却価格	
642 ☑	**bull market** 強気相場, 上げ相場	
643 ☑	**abnormal** [æbnɔ́ːrml]	*adj.* 異常な
	派 abnormality	*n.* 異常

9-2　弱気相場の乗り切り方

❷ 上昇相場は多くの新規投資家を引き寄せる傾向がある。というのは，株価が際限なくどんどん上がっていくように思われるからだ。こうした大胆だが経験の浅いトレーダーが，少なくともしばらくの間，平均株価をさらに上昇させる後押しをする。株式の売却価格は相場が過大評価されるまで上昇する。こうなると，単なる調整相場であろうと本物の弱気相場であろうと，株価は最終的に確実に下落する。過去の相場をよく知らない人々は，弱気相場の方が強気相場よりもずっと多いことに気づかないかもしれない。

❸ 実際，過去100年間においては，平均しておよそ3年に1度の割合で弱気相場になっている。ここ数十年が異常で，強気相場が弱気相場よりも頻繁に起きていた。そのため，今のトレーダーが，どれだけ市場の信頼性が低くなり得るかということを軽視している可能性も理解できる。史上最長の強気相場は，2009年3月から2020年初頭まで続き，その終焉はコロナウイルスパンデミックの開始と重なった。

☐ **underestimate** *vt.* [ʌ̀ndəréstəmèit] *n.* [-mət]	*vt.* を軽く見る，を過小評価する　*n.* 過小評価	
644 ☐ **unreliable** [ʌ̀nriláiəbl]	*adj.* 信頼性が低い，当てにならない，不確かな	

Part II
3
会計・財務・株式 ◆ Accounting, Finance and Stocks

📝 **語句・表現**

☐ *l.2*　without end「際限なく，果てしなく」
☐ *l.5*　become overvalued「過大評価される，割高になる」
☐ *l.14*　coincide with ～「～と同時に起こる，～と一致する」偶然にも，というニュアンスがある。

9-3 How to Survive a Bear Market

1　(❸続き) The market has since **rallied**, marking its biggest one-day point gain on March 24, 2020. However, there is considerable debate as to whether recent gains represent a temporary bear market rally — more common and potentially long-lasting than one might think — or the actual start of a new
5　bull market.

❹ When stocks fall drastically, everyone feels the pain. Bear markets can last for a long time. On September 3, 1929, the Dow Jones Industrial Average was 381. When the market crashed on October 27, the value fell to 260. By July of 1932, the market was at a low of 41.22, which was a total loss of 89%.
10　The market crash marked the beginning of **the Great Depression**, which lasted 10 years. The **stalled economy** reached a **turning-point** in 1939 with the start of World War II. But it took the stock market 25 years to reach a level of 381 again, which didn't happen until November of 1954. However, just because the stock market is **in the red**, it doesn't mean that investors
15　can't be **in the black**.

☑	**rally** [rǽli]	*vi.* (株価が) 反発する, 持ち直す, 活況を取り戻す *n.* (景気・株価などの) 回復, 反発, 盛り返し
645 ☑	**the Great Depression**	大恐慌 **解説** 1929年10月にニューヨークの株式市場の大暴落に端を発した世界的な恐慌。
646 ☑	**stalled economy**	経済の行き詰まり, 失速した経済
	参 stall	*vi.* (景気回復などが) 停滞する, 失速する *vt.* を動かなくする
647 ☑	**turning-point** [tə́ːrniŋpɔ́int]	*n.* 転換期, 変わり目
648 ☑	**in the red**	赤字で, 赤字状態で
649 ☑	**in the black**	黒字で, 利益を出して

9-3　弱気相場の乗り切り方

（❸続き）その後市場は**回復**し，2020 年 3 月 24 日には 1 日としては最大の上げ幅を記録した。しかし，かなりの議論の的となっているのは，最近の市場の活況が一時的な弱気相場における回復（想像以上に一般的で長期化する可能性がある）を表すのか，それとも新たな強気相場の事実上の始まりを表すのかということだ。

❹ 株価が大幅に下がる時，誰もが痛みを覚える。弱気相場は長期間続くこともある。1929 年 9 月 3 日に，ダウ・ジョーンズ工業平均株価は 381 ドルであった。10月 27 日に相場が暴落した時，平均株価は 260 ドルにまで値下がりした。1932 年 7月までには相場は 41.22 ドルという最安値をつけ，総計 89％の損失を出していた。この市場の大暴落は，10 年間続く大恐慌の始まりであった。失速した経済は 1939年の第二次世界大戦の勃発と共に転換期を迎えた。しかし株式市場が 381 ドルの水準に再び達するには 25 年かかり，それが実現したのは 1954 年 11 月であった。しかしながら，株式市場が赤字状態にあるからといって，投資家が利益を出せていないということを意味するわけではない。

🖊 語句・表現

☐ *l.2*　as to ～「～について」
☐ *l.3*　more ～ than one might think「想像以上に～である」
☐ *l.9*　～ was at a low of 41.22「～は最安値〔最低値〕の 41.22 だった」

9-4　How to Survive a Bear Market

1　❺ When the market drops unexpectedly, it is important not to be impulsive. Some investors even jettison all of their stock assets. On the other hand, just holding on to stocks and waiting for the value to go back up again may take many years. Selling short is one way that investors cope with a bear
5　market. Here's how selling short works: An investor borrows stock shares at a set price and agrees to return them by a certain date. Then the investor sells them and waits for the price to go down. When the price is cheaper, the investor buys the same number of shares and returns them to the lender. The difference between the higher and lower prices is the profit. Of course,
10　if the stocks go up instead of down, the investor loses money. For this reason, selling short is recommended only for professional traders.

650	impulsive [impʌ́lsiv]	*adj.* 衝動的な，直情的な；推し進める力のある
	派 impulsion	*n.* 刺激；推進力
	派 impulse	*n.* 衝動；推進力
	参 impetuous	*adj.* 衝動的な，せっかちな；(速度などが) 猛烈な
651	jettison [dʒétisn]	*vt.* (邪魔なものや重荷)を投げ捨てる；を放棄する *n.* 投げ荷
652	hold on to 〜	〜を保有し続ける，〜を手放さない
653	sell 〜 short	〜を空売りをする；〜を見下げる

9-4　弱気相場の乗り切り方

❺ 株式市場が思いがけなく下落した時は，衝動的にならないことが重要だ。中には株式資産すべてを投げ売りしてしまう人もいる。その一方で，株式を保有し続け，株価が再び値を戻すのを待つだけでは，長い年月がかかるだろう。空売りは，投資家が弱気相場に対処する際の1つの方法である。空売りの仕組みは次の通りである。投資家は株式を設定された価格で借りて，特定の日付までに返済することに同意する。するとその投資家はそれらの株式を売却し価格が下がるのを待つ。株価がより安くなったら，投資家は同数の株式を購入し，それらを貸し手に返済する。(株式を売却した時の)高値と(株式を購入した時の)安値との差額が利益となる。もちろん，仮に株が値下がりしないで値上がりした場合，その投資家は損をすることになる。このため，空売りはプロの投機家(トレーダー)にのみ推奨されている。

語句・表現

- □ *l.3*　go back up again「値を戻す」
- □ *l.4*　cope with 〜「〜に対処する」
- □ *l.6*　set price「設定された金額」

PartⅡ 3 会計・財務・株式 ◆ Accounting, Finance and Stocks

9-5 How to Survive a Bear Market

1 ❻ Another strategy for making money during a bear market is to keep stocks that pay a **regular dividend**. By **reinvesting** the dividend in more stocks, investors can **make up** their losses even if the stocks don't **regain** their original value. In this way, a bear market becomes a **buying opportunity**,
5 since stocks are selling at greatly reduced prices. By reinvesting dividends it may be possible for investors to make more money than they can in the **treasury bond** market. Whatever strategy they choose, the **cardinal rule** for anxious investors is not to get hysterical when the market is down. By making **informed decisions**, it is not only possible to survive a bear
10 market, but to make a substantial profit.　　　　　　(Original, 734 words)

654 ☑	**regular dividend**	定期配当
655 ☑	**reinvest** [rìinvést]	*vt.* (投資で得た金など) を再投資する
656 ☑	**make up ~**	～ (赤字など) を補填する, ～ (損失・不足など) を補う 〔穴埋めする〕
657 ☑	**regain** [rigéin]	*vt.* を回復する, を取り戻す
658 ☑	**buying opportunity**	買い時, 買い場
659 ☑	**treasury bond**	(アメリカ財務省発行の) 長期国債 解説 アメリカ財務省が発行する償還期間が10年超の国債。
660 ☑	**cardinal rule**	鉄則, 非常に重要なルール
	参 661 ☑ **cardinal**	*adj.* 基本的な
662 ☑	**informed decision**	十分な情報に基づいた決定, インフォームドディシジョン

Part II
3
会計・財務・株式 ◆ Accounting, Finance and Stocks

9-5　弱気相場の乗り切り方

❻ 弱気相場の間に利益を上げるもう1つの戦略は，定期配当が支払われる株を保有することである。より多くの株式にその配当を再投資することで，たとえ株が元値を回復しない場合であっても，投資家は損失を埋めることができる。このように，弱気相場は買い時となる。というのは株が大幅に下落した値で売られているためだ。配当を再投資することで，投資家にとって長期国債市場よりも多くの利益を得ることが可能になるかもしれない。どんな戦略を選択するにせよ，不安な投資家にとっての非常に重要なルールは，市場が下落している時に理性を失わないことである。十分な情報に基づいた決定をすることで，弱気相場を乗り切るだけでなく相当な利益を上げることも可能なのである。

語句・表現

□ *l.10*　make a substantial profit「かなりの利益を上げる」

Key Points of This Issue　　大恐慌 (the Great Depression)

　1929年10月24日 (木)，後に「暗黒の木曜 (Black Thursday)」と呼ばれるようになったこの日，ニューヨークの株式市場で，株価の大暴落が起こった。すぐに買い支えが行われ値を戻したが，その数日後の10月29日 (火) に，売りが殺到し株価は10%以上も下落。この日は「悲劇の火曜 (Tragic Tuesday)」と呼ばれた。これに端を発し世界的な恐慌が始まった。1930年には，日本やヨーロッパなど，世界各国に恐慌の波が押し寄せた。経済は自立的に復活するとした当時のフーバー大統領の考えに沿って，これといった経済政策を打ち出さなかったのが悪化の原因とも言われる。1923年の関東大震災，1927年の昭和金融恐慌によって，既に停滞していた日本経済にとっても大変厳しい状況であった。アメリカではその後，ニューディール政策やブロック経済の推進などが実施され，恐慌が始まってからおよそ10年後の1939年，第二次世界大戦の開始と共に景気が回復に向かっていった。

10-1 Advice for New Stock Investors

1 ❶ Do you think you have what it takes to beat the market? Would you like to create wealth by making smart **investment decisions**? Did you answer yes to these questions, but you are **bewildered** about how to begin? In that case, here is some helpful advice for new stock investors.

5 ❷ A new investor's best friend is knowledge. Go to the library and get books about stock trading. This will help you to get an understanding of basic market operation and **dynamics**. In addition, read as much as you can about the companies you are investing in. Pay attention to economic **gurus** and financial **wizards**, but use your research to help you make your own

10 decisions. Learn to recognize **pertinent** data. When choosing stocks, it is important to know the **price-earnings ratio**.

663 ☑	**investment decision**	投資決定
664 ☑	**bewildered** [biwíldərd]	*adj.* 途方に暮れた, 当惑した
	派 **bewilder**	*vt.* を途方に暮れさせる
	派 **bewilderment**	*n.* 当惑；混乱
665 ☑	**dynamics** [dainǽmiks]	*n.* 力学（単数扱い）；原動力（複数扱い）
	派 **dynamic**	*adj.* 力学の；活力のある
	派 **dynamism**	*n.* 活力
666 ☑	**guru** [gúru:]	*n.* 第一人者, 権威者；（精神的）指導者, 導師

10-1　新参投資家への助言

❶ あなたは，自分に市場を上回るリターンを上げるために必要な力があると思うだろうか。賢明な投資決定をして，富を築きたいだろうか。これらの問いにイエスという答えを出しながらも，どのように着手すればよいか途方に暮れているのではないだろうか。もしそうなら，ここに新参の株投資家に有益ないくつかのアドバイスがある。

❷ 新参の投資家にとっての最大の友は知識である。図書館に行き，株式取引についての本を手に入れよう。市場の基本的な働きとその力学について理解するのに役立つだろう。さらに，自分が投資している企業についてできる限りたくさん読むこと。経済の第一人者や金儲けの天才に注目はする。しかし，自分の意思決定には自分で調べたことを利用すること。適切なデータを識別できるようになること。株を選ぶ際には，株価収益率を知ることが大事だ。

667	**wizard** [wízərd]	*n.* 天才，名人；魔法使い（女性形は witch）
	参 **financial wizard**	金儲けの天才〔名人〕
	派 **wizardry**	*n.* 魔術；素晴らしい才能
668	**pertinent** [pə́:rtənənt]	*adj.* 適切な，妥当な；（検討中の課題などと）関連のある
	派 **pertinence**	*n.* 適切さ；関連性
669	**price-earnings ratio**	株価収益率 解説 株価を1株あたりの利益で割って算出する投資尺度。

語句・表現

☐ *l.1*　what it takes to ...「…するのに必要なこと〔もの〕」
☐ *l.1*　beat the market「市場平均を上回る，市場を上回るリターンを上げる」
☐ *l.8*　invest in ~「~に投資する」

10-2　Advice for New Stock Investors

1　(**❷** の続き) This is the market price of each share divided by the **earnings per share**. Your success will **correlate** with your knowledge of **nitty-gritty** information like this.

　❸ Most people choose to invest through a broker. It is still important for
5　you to take an active part in managing your **market portfolio**. Your broker should never buy or sell your stocks without your permission. If possible, talk to **fellow traders** to get information about potential brokers. Find out which brokers have good reputations and which are **undesirable**. Look for a broker that charges a low commission and reasonable **brokerage fees**.
10　Also, you must decide what level of risk you want to have. **Top-tier** stocks may be more expensive, but they are lower risk. They will probably be better **cash cows** in the long term. Other stocks have more **downside risk**, but also may give you bigger earnings **in the short term**.

670 ☑	**earnings per share (EPS)**	1株あたりの利益
671 ☑	**correlate** [kɔ́:rəlèit, kùr-]	*vi.* 〈with を伴って〉相関関係がある, 相互関係を持つ *vt.* の相互関係を示す
	派 **correlation**	*n.* 相関関係
	派 **correlative**	*adj.* 相関的な
672 ☑	**nitty-gritty**	*adj.* 本質的な, 肝心な　*n.* 核心, 本質, 実態
	≒ **essential**	*adj.* 本質的な
673 ☑	**market portfolio**	市場ポートフォリオ, マーケットポートフォリオ 解説 該当する市場に存在するすべての金融商品を時価総額に基づいた構成比率に合わせて購入してできるポートフォリオ (運用資産の組み合わせ)。
674 ☑	**fellow trader**	同業者, 同業他社
	参 **fellow**	*adj.* 同僚の, 仲間の
675 ☑	**undesirable** [ʌ̀ndizáiərəbl]	*adj.* 望ましくない, 不快な *n.* 望ましくない人 〔もの〕
	派 **undesirability**	*n.* 望ましくないこと

10-2　新参投資家への助言

（❷ の続き）株価収益率とは，それぞれの株価を1株あたりの利益（EPS）で割った値である。相場での成功は，こういった本質的な情報の知識と相関関係があるだろう。

❸ たいていの人は株式仲買人を介して投資をすることを選ぶ。それでも，自分の市場ポートフォリオの管理については積極的に取り組むことが大事である。株式仲買人は，決してあなたの許可なしには株を売り買いしたりしないはずだ。できれば，同業者と話をして，雇う可能性のある株式仲買人についての情報を得ること。どの株式仲買人の評判がよくて，どの株式仲買人が望ましくないかを調べよう。安い手数料と手頃な売買委託手数料を課す株式仲買人を探すこと。また，どの程度のリスクなら許容するかを決めるべきである。一流企業の株式は他よりも高いかもしれないが，その分リスクは低い。長い目でみれば，より好ましい金のなる木になるだろう。その他の株式はダウンサイドリスクがより高いものの，短期的にはより大きな収益をもたらすかもしれない。

676	**brokerage fee**	売買委託手数料
677	**top-tier** [táptíər]	*adj.* 一流の，大手の；プロ中のプロの
	参 tier	*n.* 列，層
678	**cash cow**	金のなる木，利益を生む商品〔事業〕
679	**downside risk**	ダウンサイドリスク，下方リスク 解説 株価を下げる可能性のある要因。
	参 downside ⇔ upside risk	*adj.* 下向きの　*n.* マイナス面；下降 アップサイドリスク
680	**in the short term**	短期的には
	⇔ 681 **in the long term**	長期的には

語句・表現

□ *l.4*　invest through ～「～を通じて投資する」
□ *l.5*　take an active part in ～「～に積極的に参加する」

10-3 Advice for New Stock Investors

1　❹ The key words for good investment are balance and diversity. Larger, older companies are more stable than newer, smaller companies. They are also more likely to pay **stock dividends**. You can choose to **roll over** the dividends and invest them in more stocks. Some people say to **beware** of
5　newer companies because they are less stable and more risky. But if they are successful, it is possible to make a huge profit. Newer companies are more likely to have a **stock split**. This usually doubles the number of shares that you own. The value of the stock splits in half, but you can still make more money in the end if the company is growing fast. It is also important
10　to balance your **portfolio** by owning stock in many different kinds of companies. This can provide you with **insulation** if some types of industries or companies are performing poorly.

---

682 ☑ **stock dividend**	株式配当
	解説 株主への配当を現金でなく，新たに発行する株式によって行うこと。
参 **dividend**	*n.* (株式・保険の) 配当(金)
683 ☑ **roll over ~**	~ (金融商品) を買い換える，~ (満期資金) を (再び) 投資する；~ (支払い) を延期する；~を転がす
☑ **beware** [biwéər, bə-]	*vi.* 〈of ~を伴って〉**用心する，注意する** *vt.* に**用心する**
684 ☑ **stock split**	株式分割
	解説 発行済みの株式を細かく分割し，発行部数を増加させること。
☑ **portfolio** [pɔːrtfóuliòu]	*n.* **ポートフォリオ** **解説** 金融，投資用語としてのポートフォリオは，現金，預金，株式，債券，不動産など，投資家が保有している複数の投資商品の組み合わせとその一覧のこと。

10-3　新参投資家への助言

❹ 安全な投資のためのキーワードは，均衡と多様性である。規模の大きい歴史ある企業は，新しく規模の小さな企業よりも安定している。また，そうした企業は**株式配当**がつく可能性も高い。受け取った配当金を**再び投資**し，さらに多くの株式にそのお金を投資することも選べる。新興企業は不安定でよりリスクが高いので**用心する**ようにという人もいるが，業績が好調であれば巨額の利益を上げることが可能となる。新興企業は**株式分割**を行う可能性が高い。株式分割では，通常，保有する株式の数は倍加される。株式の価値は半減するが，その企業が急成長しているのであれば，最終的にはそれでもより多くの利益を得ることができる。また，多くの異なる企業の株を保有することで，**ポートフォリオ**の均衡をとることも重要である。これにより，ある産業や企業の業績が不振な場合にあなたを**隔離**（防御）する。

---

685 □ **insulation** [ínsəléiʃən]	*n.* 隔離；絶縁体〔材〕；絶縁；断熱，防音
派 **insulate**	*vt.* 〈証券〉〈from を伴い〉（〜から）を切り離す；を隔離する，を孤立させる

📝 語句・表現

□ *l.3*　more likely to ...「…する可能性がより高い」

🔍 Key Points of This Issue　ファンドマネージャー（fund manager）

　主に投資銀行（investment bank）に勤める資産管理者を指す。投資信託（mutual fund）や年金（pension）などの資金をどの金融商品に投資するかを決めてポートフォリオ（portfolio）を構築し，それを運用して投資収益を上げる。企業の財務諸表（financial statements）を分析したり企業へのインタビューを行ったりするなどして，経営を正確に調査・分析・予測する専門的スキルが求められる。顧客〔投資家〕に対して投資結果を運用報告書で報告する業務も担う。証券アナリストとして修行を積んでからファンドマネジャーになる人も多い。報酬は運用成績によって支払われるケースがほとんどで，数億から数百億円の報酬を得ることも可能である一方，運用成績が芳しくなければ即契約を打ち切られることもある。

10-4　Advice for New Stock Investors

1　❺ There will always be some risks when you invest in the stock market.
Mutual funds can lower the risk. They are managed by very knowledgeable
fund managers, who make all of the decisions about buying and selling.
Often, brokers will also encourage you to invest some of your money outside
5　of the stock market. When stocks are down, many investors turn to bonds
as a **safe haven**. Bonds are a good investment when inflation is low. You
may also consider **convertible bonds**. These bonds pay lower interest,
but can also be converted into stock shares. If you decide that these types
of investments are too risky for you, you still have various other options.
10　**Certificates of deposit** are low risk investments. And, if you are very
nervous, there is always the good old-fashioned **savings account**.

(Original, 565 words)

---

686 ☑ **fund manager**	ファンドマネージャー
	解説 投資信託や年金などの資金をどの金融商品に投資するかを決めて運用し増やす専門職。
687 ☑ **safe haven**	安全な場所
参 haven	n. 避難所，安息所
688 ☑ **convertible bond (CB)**	転換社債（転換社債型新株予約権付社債）
	解説 請求の期間内に予め決められた条件で株式に転換できる権利が付与された社債。
参 bond	n. 債券
689 ☑ **Certificate of Deposit (CD)**	譲渡性預金
	解説 払い戻し期限（満期日）の定めはある預金だが，発行金融機関所定の手続きにより譲渡が可能なもの。

10-4　新参投資家への助言

❺ 株式市場で投資をする場合，常に何らかのリスクが伴う。投資信託はリスクを低減させることができる。これは非常に知識の豊富なファンドマネージャーによって運営されており，すべての売買についての決定を行ってくれる。しばしば，株式仲買人は資金の一部を株式市場以外に投資することを勧めることもある。株価が下がった場合，多くの投資家は安息の地として資産を債券に振り向ける。インフレ率が低い時には債券は安全な投資である。転換社債を考慮に入れてもよいかもしれない。このような転換社債は，利息は低いものの，株式に転換することも可能である。この種の投資が自分にとってリスクが高すぎると判断したとしても，まだ他にさまざまな選択肢がある。譲渡性預金（CD）は低リスクの投資であるし，もし非常に不安であるならば，古きよき普通預金口座というものが常に存在する。

Part II
3
会計・財務・株式 ◆ Accounting, Finance and Stocks

---

⁶⁹⁰
☑ **savings account** 普通預金口座

　　参 **checking account** 　当座預金口座

 語句・表現

- □ *l.2* 　mutual funds「投資信託，ミューチュアルファンド」投資信託会社が複数の投資家の資金を集めてファンドを形成し，株式や債券，不動産などで運用し，その利益を投資家に分配する金融商品。
- □ *l.6* 　bond「債券」国や企業が資金を調達するために発行する有価証券。
- □ *l.6* 　inflation「インフレーション」物価上昇。
- □ *l.11* 　good old-fashioned「古きよき」

11-1　Saudi Arabia to launch global PR offensive to counter negative press

1　Hubs planned in London, Berlin and Paris to promote 'changing face' of the kingdom

❶ Saudi Arabia is planning to set up public relations hubs in Europe and Asia as part of a new offensive to counter negative media coverage of the
5　kingdom.

❷ The move comes as Riyadh leads an extraordinary regional embargo of Qatar. It has also faced criticism over its role in a **devastating** war in Yemen, where it has been accused of **bombing** civilian targets.

❸ The Saudi information ministry could set up "hubs" in London, Berlin,
10　Paris and Moscow as early as this month, according to a document seen by the Financial Times.

❹ The goal is "to promote the changing face of KSA to the rest of the world and to improve international perception of the kingdom", the document says.

15　❺ The initiative could be expanded to Beijing, Tokyo, Mumbai and other big cities from next year, the document says, although people familiar with the plan say it is in its early stages.

---

691 ☑	**embargo** [embáːrɡou, im-]	*n.* 禁輸措置, 出入港の禁止命令, 通商禁止
☑	**devastating** [dévəstèitiŋ]	*adj.* 破壊的な；圧倒的な, 衝撃的な
派	**devastate**	*vt.* を荒らす, を荒廃させる
派	**devastation**	*n.* 荒らすこと；荒廃状態, 惨状
☑	**bomb** [bám]	*vt.* を爆撃する, に爆弾を投下する　*n.* 爆弾
派	**bomber**	*n.* 爆撃機；爆破犯人
692 ☑	**international perception**	国際的認識

11-1 サウジアラビア，世界的な宣伝攻勢を否定的な報道に対抗するため開始

王国の「変化する顔」を宣伝するためロンドン，ベルリン，パリに拠点計画

❶ サウジアラビアは，王国についての否定的なマスコミ報道に対抗するための新たな攻勢の一環として，ヨーロッパとアジアに広報活動の拠点を設置する計画をしている。

❷ この動きは，サウジアラビア政府がカタールへの尋常ではない地域禁輸措置を先導する中で生じている。サウジアラビアは，また，イエメンでの壊滅的な戦争におけるその役割をめぐって批判に直面している。そこで民間人を爆撃したと非難されているのである。

❸ フィナンシャル・タイムズ紙が見た文書によると，サウジ情報省は早ければ今月中にロンドン，ベルリン，パリ，モスクワに「拠点」を設置する可能性があるということである。

❹ その目標は「サウジアラビア王国の変化する顔を世界に向けて売り込み，王国に対する国際的認識を向上させること」であるとその文書には書いてある。

❺ この新しい試みは，来年から北京，東京，ムンバイ，そしてその他の大都市に拡大される可能性がある，とその文書には書いてあるが，この計画に詳しい人々は，計画は初期段階にあると言う。

語句・表現

☐ *l.6* Riyadh「リヤド」サウジアラビアの首都。首都でその国の政府を表す用法。Washington「アメリカ政府」，Tokyo「日本政府」など。

☐ *l.12* KSA = the Kingdom of Saudi Arabia (サウジアラビア王国)

11-2 Saudi Arabia to launch global PR offensive to counter negative press

1　❻ The conservative kingdom has for years struggled to improve its image in the west. It has been accused of promoting an extreme form of Islam and been criticised for its treatment of women, who **are banned from** driving, and alleged **human rights abuses**.

5　❼ A more **interventionist** foreign policy, led by Crown Prince Mohammed bin Salman, has put Saudi Arabia **under** greater **scrutiny**.

❽ Riyadh is leading a **coalition** of Sunni states fighting Houthi **rebels** in Yemen in a conflict that is entering its third year and has triggered one of the world's worst **humanitarian crises**, with millions of people facing food
10　shortages and at risk of cholera.

❾ Saudi Arabia is also one of four Arab states that have imposed an embargo on Qatar, triggering the Gulf's worst **diplomatic crisis** in decades.

693 ☑	**be banned from ...ing**	…するのを禁止されている
	參 **ban**	*vt.* を禁止する　*n.* 禁止令
694 ☑	**human rights abuse**	人権侵害
695 ☑	**interventionist** [ìntərvénʃənist]	*adj.* 介入主義の　*n.* 介入〔干渉〕主義者
696 ☑	**under scrutiny**	監視されて, 注視されて
697 ☑	**coalition** [kòuəlíʃən]	*n.* (2つ以上の政党・国などの) 連立, 連合
☑	**rebel** *n.* [rébl] *vi.* [ribél]	*n.* 反乱者, 反逆者；反対派の人 *vi.* 反乱を起こす, 反逆する
	派 **rebellion**	*n.* 反乱, 反逆

11-2　サウジアラビア，世界的な宣伝攻勢を否定的な報道に対抗するため開始

❻ その保守的な王国（サウジアラビア）は何年もの間，欧米での王国のイメージを改善しようと苦労してきた。王国は，過激なイスラム教を助長していると非難されてきた。また，女性は運転をすることを禁止されており，女性の待遇やいわゆる人権侵害で批判されてきた。

❼ ムハンマド・ビン・サルマーン皇太子の主導による，より介入主義の外交政策のため，サウジアラビアには，より厳しい視線が注がれてきた。

❽ サウジアラビア政府は，スンニ派諸国の連合を率いて，イエメンのフーシ派反乱軍と戦っており，その紛争も3年目を迎え，世界最悪の人道的危機の1つを引き起こしている。何百万人もの人々が食糧不足に直面し，コレラの危険にさらされているのだ。

❾ サウジアラビアはまた，カタールに禁輸措置を課した4つのアラブ国家の1つであり，ここ数十年でペルシャ湾最悪の外交危機を引き起こしている。

---

698 ☑	**humanitarian crisis**	人権侵害；人道の危機

---

699 ☑	**diplomatic crisis**	外交危機

✎ **語句・表現**

- □ *l.5*　crown prince「皇太子」
- □ *l.7*　Sunni「スンニ派」イスラム教最大の宗派。
- □ *l.9*　with millions of people facing ...「何百万人もの人々が食糧不足に直面し，コレラの危険にさらされている状況で」with ～ facing ...（～が…している状態で）の形。

11-3 Saudi Arabia to launch global PR offensive to counter negative press

1 ⑩ The dispute has worried western diplomats who see their allies **pitted against** each other and are concerned about what they view as the **overly aggressive** action taken against Doha.

⑪ Qatar, which is the world's top exporter of **liquefied natural gas** and
5 one of the richest nations, has been spending millions of dollars on **lobbyists** to counter its neighbours' allegations that it sponsors terrorism.

⑫ Some analysts say Qatar is winning the **war of words**.

⑬ "While Riyadh has done a very negative **PR offensive** in Washington and London against Qatar, Doha has avoided the temptation to go low and
10 has tried to **take the moral high ground**," said Andrew Bowen, a **visiting scholar** at the American Enterprise Institute, a think-tank. "As a result, Qatar so far is winning the war for western **hearts and minds much to the chagrin of** the **quartet** [imposing the embargo]."

700 □	**be pitted against ~**	～に対抗する〔立ち向かう〕, ～と戦う
701 □	**overly aggressive**	非常に攻撃的〔強引〕な
702 □	**liquefied natural gas**	液化天然ガス
703 □	**lobbyist** [lÁbiist]	n. ロビイスト 解説 圧力団体の利益を政治に反映させるため, 政府, 議会などに対して陳情する人々。米国議会のロビーなどで議員と話し合うという慣行から。
704 □	**war of words**	舌戦, 論戦
705 □	**PR offensive**	宣伝攻勢
706 □	**take the moral high ground**	道徳的に優れた立場をとる
	参 **high ground**	優位；高地, 高台

11-3　サウジアラビア，世界的な宣伝攻勢を否定的な報道に対抗するため開始

⑩ この紛争は，西側外交官を心配させている。なぜなら，彼らは自分たちの同盟国が互いに対抗していると見ており，彼らが非常に攻撃的であると見なす措置がカタール政府に対してとられていることを憂慮しているからである。

⑪ カタールは，世界トップの液化天然ガス輸出国であり，最も豊かな国の1つであるが，カタールがテロを支援しているという近隣諸国の主張に対抗するために，ロビイストに数百万ドルを費やしている。

⑫ アナリストの中には，カタールは舌戦に勝ちつつあると言う者もいる。

⑬ 「サウジアラビア政府は，ワシントンとロンドンでカタールに対して非常に否定的な宣伝攻勢を行ってきたが，カタール政府は卑怯なやり方をしたくなる誘惑を避け，道徳的に優れた立場をとろうとしてきた。」と，シンクタンクのアメリカン・エンタープライズ研究所の客員研究員であるアンドリュー・ボーエンは言った。「その結果，カタールは今までのところ，（禁輸措置を課している）カルテット（4つの国家）にとっては大変残念なことに，欧米の心と知性をつかむための争いに勝ちつつある。」

---

707 ☑	**visiting scholar**	客員研究員
708 ☑	**hearts and minds**	心と知性
参 709 ☑	**win the hearts and minds of ~**	～の心を完全につかむ，～の全面的な支持を得る
710 ☑	**much to the chagrin of ~**	～にとっては大変残念な〔悔しい〕ことに
711 ☑	**quartet** [kwɔːrtét]	n. カルテット，4つぞろい ※本文中では4つのアラブ国家を指す。

✎ 語句・表現

☐ *l.3*　Doha「ドーハ」カタールの首都。首都でその国の政府を表す用法。*l.8* のRiyadh, l.9 の Doha も同じ用法。

☐ *l.4*　the word's top exporter of ~「世界最大の～輸出国」

Part II 4 広告・広報 ◆
Advertisement and Public Relations

本文 ♪
104

単語 ♪
w104

11-4 Saudi Arabia to launch global PR offensive to counter negative press

1 ⑭ A **pollster** says private surveys in Europe indicate that Saudi Arabia's image has been **tarnished** by its perceived bullying of Qatar and its **military intervention** in Yemen.

⑮ The bid to improve the kingdom's **standing** is part of Prince
5 Mohammed's ambitious **reform agenda** that is intended to modernise the economy, attract foreign investment and reduce its dependence on oil. Saudi Arabia is **redrafting** the **centrepiece** of its reform agenda, the National Transformation Plan, in a move that suggests Riyadh may have decided some of the objectives were overly ambitious.

10 ⑯ The global hubs would produce **press releases**, publish content on social media and invite "social influencers" to visit Saudi Arabia. The ministry wants to use **public relations firms** to set up operations to "distribute the Saudi perspective on global developments in response to negative/inaccurate publications about the kingdom", the document says.

15 ⑰ The hubs would also promote Saudi culture through art exhibitions and religious discussions. (*The Financial Times*, Sep. 12, 2017, 589 words)

712 ☑	**pollster** [póulstər]	*n.* 世論調査官
派	**poll**	*n.* 世論調査，アンケート；（選挙の）投票数
713 ☑	**tarnish** [táːrniʃ]	*vt.* を損なう；(名誉など)を汚す
714 ☑	**military intervention**	軍事介入
715 ☑	**standing** [stǽndiŋ]	*n.* 評判，評価，地位
716 ☑	**reform agenda**	改革政策

11-4　サウジアラビア，世界的な宣伝攻勢を否定的な報道に対抗するため開始

⑭ ある世論調査官によると，ヨーロッパの民間調査は，サウジアラビアのイメージが損なわれてしまっていることを示しているということである。これは，サウジアラビアがカタールをいじめていると認識されていることとイエメンへの軍事介入による。

⑮ 王国の評判を改善するための努力は，ムハンマド皇太子の野心的な改革政策の一部である。それは経済を近代化し，海外からの投資を誘致し，石油への依存を減らすことを目的としたものである。サウジアラビアは，その改革政策，国家変革計画の最重要項目を書き直しているが，それはサウジアラビア政府がその目標のいくつかは野心的すぎると判断したのかもしれないことを示唆している。

⑯ その世界的な拠点では，報道発表が制作され，ソーシャルメディアにコンテンツを公開し，「ソーシャルメディア・インフルエンサー」にサウジアラビアを訪問することを勧めるだろう。情報省はPR会社を利用して，「王国に関する否定的／不正確な報道を踏まえて，グローバル展開に関するサウジアラビアの見解を世に広める」ための活動を始めたいと考えている，と文書には書いてある。

⑰ その拠点はまた，美術展や宗教的な議論を通じてサウジアラビアの文化を広めるだろう。

717 □	**redraft** [rídrǽft]	*vt.* (手紙・報告書など)を書き直す　*n.* 書き直し，下書き
	派 **draft**	*vt.* の下書きをする；を起草する　*n.* 草稿；スケッチ
718 □	**centrepiece** [séntərpìːs]	*n.* 最重要項目；(テーブルなど) 真ん中に置かれるもの
719 □	**press release**	報道発表，プレスリリース
720 □	**public relations firm**	PR会社

語句・表現

□ *l.13* perspective on 〜「〜に関する見通し」

4 広告・広報 ◆
Advertisement and Public Relations

12-1 Digital ad market set to eclipse traditional media for first time

1 Overall spending predicted to fall almost 12% but pain will be **unevenly** spread across industry

❶ **Digital advertising** on platforms such as Google, Facebook and Alibaba is set this year to **overtake** spending on **traditional media** for the first
5 time, a historic shift in **market share** that has been accelerated by the coronavirus pandemic.

❷ Excluding online ads sold by **old media** outlets such as news publishers or **broadcasters**, digital marketing is predicted to account for more than half the $530bn global advertising industry in 2020, according to GroupM,
10 the media buying agency owned by WPP.

❸ Separate forecasts released last week by Magna, part of IPG Mediabrands, also expect 2020 to be the year traditional media is **upstaged**.

---

721 □	**unevenly** [ʌníːvnli]	*adv.* 不均等に，でこぼこに
722 □	**digital advertising**	デジタル広告
723 □	**overtake** [òuvərtéik]	*vt.* を上回る，に追いつく；を追い越す
724 □	**traditional media**	伝統的メディア **解説** 近年新しく台頭してきたデジタルメディア (digital media) に対して，テレビ，ラジオ，印刷など，従来使われてきた古いメディアを指す。
725 □	**market share**	市場占有率；市場シェア
726 □	**old media**	オールドメディア，古いメディア **解説** インターネットなどの比較的新しい情報媒体〔ニューメディア (new media)〕に対して，新聞，雑誌，テレビ，ラジオのような相対的に古くからあるマスメディアを総称する言い方。traditional media と同意。

12-1 デジタル広告市場が初めて伝統的メディアを上回る見込み

全体的な支出は12%近く減少すると予測されているが，痛手は業界に不均等に広がる見込み

❶ 今年（2020年）はグーグル，フェイスブック，アリババなどのプラットフォーム上のデジタル広告が初めて伝統的メディアへの支出を上回る見込みであり，これはコロナウイルス感染症の世界的流行によって加速された市場占有率の歴史的な変化である。

❷ WPPグループ傘下のメディア・バイイング会社であるグループエムによれば，新聞社や放送局などのオールドメディアの発信元が販売しているオンライン広告を除いて，2020年には5,300億ドルの世界の広告産業の半分以上をデジタルマーケティングが占めるようになると予想されている。

❸ IPGメディアブランズ傘下のマグナが先週発表した別の予想でも，2020年は伝統的メディアの人気が奪われる年になると予想されている。

PartⅡ *4* 広告・広報 ◆ Advertisement and Public Relations

727 ☑	**broadcaster** [brɔ́ːdkæstər]	*n.* 放送局；放送者；（テレビ・ラジオ番組の）解説者，キャスター
	派 **broadcast**	*n.* （テレビ・ラジオの）放送（番組） *vt.* (番組など)を放送する
728 ☑	**upstage** [ʌpstéidʒ]	*vt.* (人)の人気を奪う〔さらう〕

📝 語句・表現

- ☐ *l.7* media outlet「メディア会社，報道〔情報〕発信源，放送機関，報道〔出版〕機関」
- ☐ *l.10* media buying agency「メディア・バイイング会社」メディア・バイイング（広告の掲載される枠を買い付けて，実際に広告を掲載することができるようにする業務）を行う会社。
- ☐ *l.10* WPP「WPPグループ」ロンドンに本拠地がある世界第1位の広告代理店グループ。

12-2　Digital ad market set to eclipse traditional media for first time

1　❹ The **digital revolution** in marketing **under way** since the **millennium**, when the internet accounted for under 2 per cent of spendings, transformed the ad market at a pace and scale that **far outstrips** the **advent** of television in the 20th century.

5　❺ That trend has only **gathered momentum** during the economic shock of the pandemic. Overall ad spending is predicted to fall by about 11.8 per cent worldwide, according to GroupM's estimates, but the pain will be unevenly spread across old and new forms of advertising.

　❻ While pure digital advertising spending is expected to **dip** by only 2.4 per
10　cent this year — bolstered by the shift to ecommerce — that on traditional media such as television, newspapers and **outdoor advertising** will fall by 20.7 per cent, even after including revenue from their own digital advertising products.

729 ☑	**digital revolution**	デジタル革命
730 ☑	**under way**	進行している
731 ☑	**millennium** [miléniəm]	*n.* 千年紀，1,000年
732 ☑	**far outstrip ~**	～をはるかに上回る
☑	**advent** [ǽdvent]	*n.* 到来，出現
733 ☑	**gather momentum**	勢いを増す，本格化する
734 ☑	**dip** [díp]	*vi.* 減少する；（価格などが一時的に）下がる *vt.* （急に）を下げる；（液体にさっと）を浸す *n.* （価格などの一時的な）下落

12-2　デジタル広告市場が初めて伝統的メディアを上回る見込み

❹ マーケティングにおけるデジタル革命が千年紀（西暦2000年）以来進行しており，当時はインターネットが支出の2％未満しか占めていなかったのだが，20世紀のテレビの出現をはるかに上回る速さと規模で広告市場を一変させた。

❺ この傾向は，パンデミックによる経済ショックの中でも勢いを増すばかりだった。グループエムの概算によると，全体的な広告支出が世界的に約11.8％減少すると予測されているが，従来の形の広告業と新しい形の広告業に広がる痛手は均等ではないだろう。

❻ 純粋なデジタル広告への支出はEコマースへの移行に支えられて今年は2.4％しか減少しないと予想されているが，テレビ，新聞，屋外広告などの伝統的メディアへの支出は，伝統的メディア自身のデジタル広告プロダクトによる収益を含めても，20.7％減少するだろう。

| 735 ☑ | **outdoor advertising** | 屋外広告 |

📝 語句・表現

□ *l.2*　when ～ spendings：when は関係副詞で先行詞は the millennium。文全体の主語は The digital revolution，動詞は transformed。

□ *l.10*　bolster「～を支持する；～を強化する」

□ *l.10*　ecommerce「電子商取引，Eコマース」Electronic Commerce の略。e-commerce と表記されることもある。

Part II **4** 広告・広報 ◆
Advertisement and Public Relations

本文 ♪
107

単語 ♪
w107

12-3 Digital ad market set to eclipse traditional media for first time

1   ❼ "In the last three months we have seen three years' worth of digital **acceleration** take place," said Johnny Hornby, founder of The&Partnership, a WPP-backed agency. "That has **manifested itself** in massive increases in people being online [and] massive increases in online shopping, most of
5   which will not reverse."

❽ Spending by small businesses is an increasingly important part of the ad market and is "**primarily** responsible for driving digital advertising above the 50 per cent [spending] **threshold**", said Brian Wieser, head of business intelligence at GroupM.

10   ❾ Since the lockdowns began, companies have tried to slash costs and move to cheaper marketing online that is more targeted towards purchases rather than promoting brands.

❿ This disproportionately hit broadcasters and publishers, even though audiences rose sharply in April and May. Television advertising is expected
15   to fall 17.6 per cent in 2020 and rise 6 per cent in 2021, according to GroupM, while newspapers will endure annual declines of 26 per cent and 2.5 per cent.

☑	**acceleration** [əksèləréiʃən, æk-]	*n.* アクセラレーション, 加速
	派 **accelerate**	*vt.* を加速する, を促進する *vi.* 加速する
☑	**manifest oneself**	(兆候・感情が) 現れる
☑	**primarily** [praimérəli]	*adv.* 主として, 本質的に, 第一に；元来
	派 **primary**	*adj.* 主要な；初等の, 最初の
736 ☑	**above the threshold**	基準〔水準〕を超えて
	⇔ **below the threshold** 基準〔水準〕より下で	

12-3　デジタル広告市場が初めて伝統的メディアを上回る見込み

Part II
4

広告・広報 ◆ Advertisement and Public Relations

❼「この3カ月の間に，3年分のデジタル**アクセラレーション**が行われるのを目にしました」と，WPPが支援する代理店であるザ・アンド・パートナーシップの創設者，ジョニー・ホーンビーは言った。「それは，インターネットに接続している人の大幅な増加［と］オンラインショッピングの大幅な増加に**現れ**ており，こうした変化の大部分は逆戻りすることがないでしょう。」

❽ 小企業による支出は，広告市場にとって重要性を増している要素であり，「デジタル広告が50％の［支出］水準を上回っていることの**主な**原因になっています」と，グループエムのビジネスインテリジェンス責任者であるブライアン・ウィーザーは述べた。

❾ ロックダウンが始まって以来，企業はコストを大幅に削減し，ブランドの宣伝よりはむしろ購買の方に的を絞った安価なオンラインでのマーケティングに移行しようと試みてきた。

❿ 4月と5月にはオーディエンスが急増したのだが，このような企業の動きは，放送局と出版社に偏った打撃を与えた。グループエムによれば，テレビの広告は2020年に17.6％減少して2021年には6％増加すると予想されているが，新聞は年間26％と2.5％という減少に耐えることになるだろう。

737	**business intelligence**	ビジネスインテリジェンス
		解説 企業など組織のデータを収集・蓄積・分析・加工・報告することによって，経営戦略のための意思決定に役立てる手法やその技術。

738	**lockdown** [lákdàun]	n. ロックダウン，封鎖

739	**slash** [slǽʃ]	vt. を大幅に削減する

740	**disproportionately** [dìsprəpɔ́ːrʃənətli]	adv. 不釣り合いに，偏って，極端すぎるほど
	⇔ **proportionately**	adv. 相対的に，見合った

語句・表現

☐ *l.1*　digital acceleration「デジタル・アクセラレーション」
☐ *l.8*　head of ～「～のトップ，～の責任者」この例のように，役職や地位などを表す名詞が補語になる場合，冠詞は省略される。

12-4 Digital ad market set to eclipse traditional media for first time

1 ⑪ One **senior executive** at a big advertising **holding company** said there were "fundamental shifts" in the market, particularly for television. "This shock may do for **free-to-air** broadcast television what the financial crisis did for newspaper advertising," they said. "It never recovered for newspapers.
5 The question is how can broadcasters stop that from happening to them."

⑫ Although there are signs of **stabilisation**, a recent survey of **chief marketing officers** by the World Federation of Advertisers suggests that a recovery may still take some time. Almost 40 per cent of the **multinationals** said this month that they planned to further delay campaigns by about six
10 months.

⑬ Stephan Loerke, **chief executive** of the WFA, said the "uncertainty is likely to continue far longer than with previous **downturns**".

⑭ "With demand down and supply increasing this is likely to remain a **buyers' market** for much of the remainder of 2020," he added, noting it
15 may force some old media such as broadcasters to offer more flexible, short-term buying.

741 ☑	**senior executive**	上級役員, 上級幹部
	參 **senior manager**	上級管理職者
742 ☑	**holding company**	持ち株会社
743 ☑	**free-to-air** [frì:tuéə*r*]	*adj.* 無料（放送）の
744 ☑	**stabilization** [steibələzéiʃən]	*n.* 安定化　《英》stabilisation
	派 **stabilize**	*vt.* を安定させる　*vi.* 安定する　《英》stabilise
	派 **stability**	*n.* 安定性, 安定
745 ☑	**chief marketing officer**	最高マーケティング責任者
746 ☑	**multinational** [mʌltinǽʃənl]	*n.* 多国籍企業　*adj.* 多国籍の, 多国家の

12-4　デジタル広告市場が初めて伝統的メディアを上回る見込み

⓫ 大手広告持ち株会社のある上級役員は，市場に，とりわけテレビの市場に「抜本的な変化」があると語った。「今回のショックは，金融危機が新聞広告にもたらしたものを，無料のテレビ放送にもたらすかもしれません」と，その人は話した。「新聞の場合は二度と元通りにはなりませんでした。問題は，どうしたら放送局は，そのようなことが自分たちに起こるのを防ぐことができるかです。」

⓬ 安定化の兆しはあるものの，最高マーケティング責任者を対象に世界広告主連盟が行った最近の調査では，回復にはまだある程度時間がかかる可能性があることが示されている。多国籍企業の40％近くが今月，キャンペーンをさらに約6カ月延期する予定だと話した。

⓭ WFAの最高責任者のステファン・ロルケは，「不透明感は，これまでの（景気）下降に伴うものよりもはるかに長く続く可能性が高いです」と語った。

⓮ 「需要が下がっていて供給は増えているため，2020年の残りのほとんどの期間は，このまま買い手市場であり続ける見込みです」と同氏は付け加え，そのために放送局などの一部のオールドメディアは，より柔軟で短期間の購入を提供せざるを得なくなるかもしれないと指摘した。

747	**chief executive**	最高責任者；行政長官；〈Chief Executive で〉（米国）大統領

参 chief executive officer　最高経営責任者（CEO）

748	**downturn** [dáuntə̀ːrn]	*n.*（経済活動などの）下降；（景気などの）悪化，沈滞

749	**buyer's market**	買い手市場

解説 市場の需給関係において，供給の方が需要よりも多いため，買い手に有利な場合を指す。その逆に需要の方が供給よりも多く，売り手に有利な状況を，売り手市場（seller's market）と言う。

✎ **語句・表現**

- □ *l.3*　what the financial crisis did for newspaper advertising「金融危機が新聞広告にもたらしたもの」do は「影響を及ぼす，効果をもたらす」の意。
- □ *l.13*　with demand down and supply increasing「需要が下がって，供給が増えている状況で」with 〜 down and ... increasing（〜が…している状態で）の形。

12-5 Digital ad market set to eclipse traditional media for first time

1 ⑮ Some analysts initially thought the disruption of lockdowns might **put a brake to** the rise of digital marketing.

⑯ "Actually we saw the opposite happen," said Vincent Letang, who runs global forecasting for Magna. He noted that more than two-thirds of Facebook

5 and Google advertising was local. "Small local businesses embraced digital marketing and advertising for the first time during the lockdown just to keep the business alive."

⑰ Christine Removille, an expert partner at Bain and former global president of Carat agency, said coronavirus differed from previous shocks because it

10 would change not just **purchasing power** but consumer behaviour.

⑱ "**Digital commerce** is huge and many industries that previously had low **penetration**, like **consumer products** companies, will see that as an opportunity to not only sell directly but to capture **consumer data**," she said.

(*The Financial Times*, June 23, 2020, 706 words)

750 ☑	**put a brake to ~**	~にブレーキをかける
751 ☑	**purchasing power**	購買力，貨幣価値（貨幣のもつ購買力）
752 ☑	**digital commerce**	デジタルコマース
☑	**penetration** [pènətréiʃən]	*n.* 浸透（力）；進出；普及
	派 penetrate 派 penetrating	*vt.* に突き刺さる，を貫く　*vi.* 通る，しみ込む *adj.* 突き刺すような，浸透する
753 ☑	**consumer products**	消費財，消費者向け製品
754 ☑	**consumer data**	消費者データ
	≒ customer data	顧客データ

12-5　デジタル広告市場が初めて伝統的メディアを上回る見込み

⑮ ロックダウンの混乱がデジタルマーケティングの台頭にブレーキをかけるかもしれないと，初めのうちは考えたアナリストもいる。

⑯「実際には，正反対のことが起こるのを目撃しました」と話したのはビンセント・レタンであり，同氏はマグナでグローバル予測を担当している。同氏は，フェイスブックとグーグルの広告の3分の2以上が特定の地域のものであると述べた。「小規模な地元企業が，事業を存続させるためだけに，ロックダウン中に初めてデジタルマーケティングとデジタル広告を採用したのです。」

⑰ クリスティーン・ルモヴィルは，ベインのエキスパートパートナーで，エージェンシーであるカラの元グローバル・プレジデントなのだが，コロナウイルスは購買力だけでなく消費者行動も変えるだろうから，これまでのショックとは異なるのだと述べた。

⑱「デジタルコマースは巨大で，消費財メーカーのような，これまでは**普及率**が低かった多くの業種が，直接販売するだけでなく消費者データの収集も行う好機だと見なすでしょう」と同氏は語った。

PartⅡ
4
広告・広報◆Advertisement and Public Relations

語句・表現

□ *l.5*　embrace「（考え・意見など）を受け入れる，（問題など）を取り入れる」
□ *l.9*　Carat「カラ」メディアエジェンシーの名前。
□ *l.13*　to not only sell directly but to capture consumer data：not only ～ but (also) ...
　　　　（～だけでなく…も）の形。

13-1 Making ads more personal, thanks to AI

1 In order to understand why AI has had such a **positive impact**, it's imperative to look at some of the **fundamentals** of this technology, writes Siddharth Dabhade, **managing director**, India, Criteo

❶ **Artificial intelligence** (AI) is rapidly becoming a larger part of our
5 everyday lives. We have some obvious examples such as Siri, Cortana and Alexa, that we all know about. But there are also many applications that have **embedded** AI technologies that most people aren't knowingly aware of, such as Google searches, pricing on **Ride-hailing** apps, **fraud alerts** from your bank and recommendations on the OTT platforms such as Netflix and
10 Amazon Prime Video.

❷ Innovations like these are not only impacting the day to day lives of consumers, but also have a major impact on business applications such as digital advertising.

---

755 ☑	**positive impact**	プラス効果，好影響
☑	**fundamental** [fʌ̀ndəméntl]	*n.* 基本，原理，原則　*adj.* 基本の，根本的な
	派 **fundamentally**	*adv.* 基本的に，本来，まったく
756 ☑	**managing director**	マネージング・ディレクター；社長，専務〔常務〕取締役；《英》(代表取締役) 社長，最高業務責任者，業務執行取締役
757 ☑	**artificial intelligence**	人工知能 (AI)
758 ☑	**embed** [embéd]	*vt.* を組み込む，を埋め込む
759 ☑	**ride-hailing** [ráidhèiliŋ]	*adj.* ライドヘイリングの 解説 ライドヘイリングとは，一般人が自家用車を用いて他人を送迎するサービスで，ウーバーなどが提供する大規模な配車サービスを指す。
参 760 ☑	**hail**	*vt.* (人) を呼ぶ〔呼び止める〕；を称賛する

13-1　AIによって広告がよりパーソナルに

なぜAIがこれほどまでのプラス効果をもたらしてきたのかを理解するためには，この技術の**基本**をいくつか考察することが必要不可欠だと，クリテオのインド担当マネージング・ディレクターのシッダールタ・ダーバーデーは記している。

❶ 人工知能（AI）は急速に，私たちの日常生活のより大きな部分を占めるようになってきている。シリ，コルタナ，アレクサといった，誰もが知っているようなわかりやすい例もある。しかし，グーグル検索，ライドヘイリングアプリの価格設定，銀行からの不正アクセス検知，ネットフリックスやアマゾンプライムビデオのようなOTTプラットフォームでのおすすめ情報など，ほとんどの人がそれとは意識していないAI技術を組み込んだアプリケーションもたくさんあるのだ。

❷ これらのようなイノベーションは，消費者の日常生活に影響を与えているだけでなく，デジタル広告などのビジネスアプリケーションにも大きな影響を及ぼしている。

Part II
4

広告・広報 ◆ Advertisement and Public Relations

761
☑ **fraud alert**　　フロードアラート，不正アクセス検知，ID盗難警告，詐欺警告

📝 語句・表現

- □ *l.1*　In order to ... Criteo：記事の冒頭に置かれるリード文でピリオドは省略されている。
- □ *l.1*　it's imperative to ...「…することは必要不可欠だ，必ず…しなければならない」
- □ *l.5*　everyday lives「日常生活，日々の生活」
- □ *l.7*　knowingly「意識して，故意に」
- □ *l.9*　OTT「（Over-The-Topの略）オーバー・ザ・トップ」インターネット回線を通じて動画や音声，メッセージコンテンツなどを配信すること。

Part II **4** 広告・広報 ◆
Advertisement and Public Relations

本文 ♪
111

単語 ♪
w111

13-2 Making ads more personal, thanks to AI

1　(❷続き) Ads are now much more targeted and personalized than ever, primarily due to the huge amount of data being leveraged in real-time. Every year, during the major e-commerce sale season, we see the major e-commerce players leveraging personalized ads to reach out to customers.

5　By **implementing** AI within their digital advertising strategies, brands and online retailers can get the right products in front of the right consumers at the moment they are most likely to buy.

❸ In order to understand why AI has had such a positive impact, it's imperative to look at some of the fundamentals of this technology. AI enables

10　quick learning and **sophisticated** pattern recognition. When used in digital advertising, AI produces hyper relevant ads that are much more influential on consumer decisions, **ultimately** leading to increased ROI.

762 ☑	**personalized** [pə́ːrsənlàizd]	*adj.* 特定の個人に作られた，カスタマイズされた〔した〕，パーソナライズされた〔した〕
763 ☑	**reach out to ～**	～に接触する，～に働き掛ける
☑	**implement** [ímpləmènt]	*vt.* を実装する；を実行に移す；(条件など) を満たす
	派 **implementation**	*n.* 施行，実施，実行
764 ☑	**online retailer**	オンライン小売業者，インターネットショッピング業者
☑	**sophisticated** [səfístikèitid]	*adj.* 高度な，高機能の；洗練された，粋な，教養のある
	派 **sophisticate**	*vt.* を (教育などによって) 洗練させる
	派 **sophistication**	*n.* 精巧，(高度の) 知識，素養
765 ☑	**pattern recognition**	パターン認識 解説 画像・音声などのデータの中から，一定の規則や意味を持つ対象を選別して認識すること。

13-2　AI によって広告がよりパーソナルに

（❷続き）今や広告は，主にリアルタイムで活用されている膨大な量のデータのおかげで，以前よりもはるかにターゲットが絞られ，カスタマイズされている。毎年，大規模なeコマースのセール時期には，主要なeコマースプレーヤーが客に接触するためにパーソナライズされた広告を活用しているのを目にする。デジタル広告戦略の中にAIを実装することで，ブランドやオンライン小売業者は，買い物をする可能性が最も高い瞬間に，適切な商品を適切な消費者の目に触れさせることができるのだ。

❸ なぜAIがこれほどまでのプラス効果をもたらしてきたのかを理解するためには，この技術の基本をいくつか考察することが必要不可欠である。AIによって，高速学習と高度なパターン認識が可能になる。デジタル広告でAIを使用すると，より一層大きな影響を消費者の意思決定に与える非常に関連性の高い広告をAIが生み出し，最終的に費用対効果（ROI）の向上につながるのだ。

Part II
4
広告・広報 ◆ Advertisement and Public Relations

☑ **ultimately** [ʌ́ltəmətli]	*adv.* 最終的に，結局；究極的には
派 **ultimate**	*adj.* 最終的な，究極の *n.* 究極点，最終段階；最高のもの

語句・表現

☐ *l.2*　leverage「～を活用〔利用〕する」
☐ *l.12*　ROI「投資利益率，費用対効果」

13-3 Making ads more personal, thanks to AI

1   **❹** Because an AI platform informs itself as it processes more data, such as online **shopping behavior** and even offline **point-of-sale** data, marketers no longer have to worry about having the right data, or if they're using it to **its full potential**. AI provides a **granular** understanding of *each* user and
5   is able to predict what the user wants next.

❺ So, with AI ads, here are some factors to keep in mind:

Advertisers and Consumers both benefit from AI

❻ When it comes to traditional ad technology, the focus is mostly on **reach**, **conversion** and **customer acquisition costs** rather than the consumer
10   itself. In light of this, is it any wonder that ads can be ineffective?

❼ AI provides the opportunity for marketers to get a deeper understanding of their consumer and serve relevant ads that consumers actually want to **interact with**.

766 ☑	**shopping behavior**	買い物行動, 消費行動
767 ☑	**point-of-sale** [póintəvséil]	*adj.* 販売時点の, 店頭での；《略》POS
768 ☑	**one's full potential**	～の可能性の最大限, ～の全潜在能力
769 ☑	**granular** [grǽnjələr]	*adj.* きめ細かい, 緻密な；粒度の細かい；粒状の
	派 **granularly**	*adv.* きめ細かく；粒状に
770 ☑	**reach** [ríːtʃ]	*n.* （メディアの）リーチ, 広告の到達率 解説 広告などを実際に見たり聞いたりしている人数や世帯数またはその割合。
☑	**conversion** [kənvə́ːrʒən, -ʃən]	*n.* コンバージョン 解説 ウェブサイトで獲得できる最終的な成果。閲覧者がサイトから商品を購入したりサービスを契約したりすること。

13-3　AIによって広告がよりパーソナルに

❹ 例えばオンラインでの買い物行動やオフラインの販売時点のデータまで, さらなるデータを処理するとAIプラットフォームが識別するため, もはやマーケティング担当者は適切なデータを持っているか, あるいはデータをその可能性の最大限まで活用しているかを気にする必要がない。AIは「個々の」ユーザーについてのきめ細やかな理解を提供し, そのユーザーが次に何を望むかを予測することができる。

❺ そこで, AI広告に関しては, 以下の点を心に留めておくべきである。

広告主と消費者の両方がAIの恩恵を受ける

❻ 従来の広告テクノロジーに関して言えば, 焦点は消費者そのものではなく, 主としてリーチ, **コンバージョン**, 顧客獲得費用にある。このことを考慮すれば, 広告の効果がない場合もあるからといって何の不思議があろうか。

❼ AIは, マーケティング担当者が消費者についての理解を深めて, 消費者が本当に接したいと思うような関連広告を表示する機会を提供してくれる。

771　☑ **customer acquisition cost**　顧客獲得費用, 顧客獲得単価

772　☑ **interact with ～**　～と相互作用する, ～と交流する；～と接する

□ *l.2*　offline「オフラインの」
□ *l.10*　is it any wonder that ...「…だからといって何の不思議があろうか」

Part II **4** 広告・広報 ◆
Advertisement and Public Relations

本文 ♪
113

単語 ♪
w113

13-4 Making ads more personal, thanks to AI

1　(**❼続き**) **At the end of the day**, not only is the consumer getting ads that actually interest them, but marketers are receiving the **engagement** that they are aiming for because of it.

AI is Only as Good as Your Data

5　**❽** AI has access to **a plethora of** data.　To make this technology work, the appropriate partners and staff must be involved to get the most out of the data.　**Data scientists** are necessary to **sift out** low quality data while also monitoring and adjusting models as needed, for the most accurate **predictions** possible.

10　AI ads are about context
　❾ While personalized ads offer products that are most likely to interest users, AI ads are about **context**.　This is a critical distinction.　The reason is that the data collected along the **customer journey** can be **messy** and **ambiguous**.　Why did a person click a button or leave an app?

773 ☑	**at the end of the day**	要するに；結局のところ
☑	**engagement** [engéidʒmənt]	*n.* **エンゲージメント** **解説** 企業自体や商品やブランドなどに対する消費者の深い関係性のこと。
☑	**a plethora of ~**	おびただしい量の~, 多量の~, ~の過多
774 ☑	**data scientist**	データサイエンティスト **解説** ビッグデータと呼ばれる大量データの活用を目的とした技術者を指す。
775 ☑	**sift out ~**	~をふるい落とす
☑	**prediction** [pridíkʃən]	*n.* 予測, 預言, 予知
☑	**context** [kántekst]	*n.* **コンテキスト, コンテクスト, 文脈, 前後関係** **解説** 利用者の意図や状況, 環境などを表す。

13-4　AIによって広告がよりパーソナルに

(❼続き) 要するに，実際に興味を引かれる広告を消費者が受け取っているという
だけでなく，それによってマーケティング担当者も自分たちが目的としている**エ
ンゲージメント**を獲得しているのだ。

AIの良し悪しは，あなたのデータによって決まる

❽ AIは**おびただしい量の**データにアクセスする。この技術を機能させるためには，
適切なパートナーとスタッフが関与してデータを最大限に活用する必要がある。
可能な限り正確な**予測**を行うために，必要に応じてモデルの観察と調整も行いつ
つ質の低いデータをふるい落とすのにデータサイエンティストが必要である。

AI広告は，コンテキストに関する内容だ

❾ パーソナライズ広告は，ユーザーの興味を引く可能性が最も高い商品を提示
するが，AI広告は**コンテキスト**に関連した内容になっている。これは重大な違い
である。カスタマージャーニーに沿って収集されたデータは，**乱雑で不明瞭に**な
ることがあるからだ。人がボタンをクリックしたのはなぜなのか，あるいはアプ
リから離れたのはなぜなのか。

776 ☑ **customer journey**	カスタマージャーニー **解説** 顧客が商品との接点を持ってから，認知し，関心を持ち，購入に至るまでのプロセスを「旅」に例えて時系列で表したもの。
☑ **messy** [mési]	*adj.* 乱雑な，散らかった
派 **mess**	*n.* 乱雑な状態，散らかっていること；困った状態
☑ **ambiguous** [æmbíɡjuəs]	*adj.* 不明瞭な，あいまいな；複数の意味を持つ
≒ **vague**	*adj.* あいまいな，漠然とした

✎ 語句・表現

☐ *l.1*　not only is the consumer getting 〜, but marketers are receiving ...「消費者が〜
を受け取っているだけでなく，マーケティング担当者も…を受け取っている
〔獲得している〕ことになる」

13-5 Making ads more personal, thanks to AI

1　**⑩ Data analytics** may not be able to provide the answers to these questions, but AI can. The **algorithms** can find patterns that may be surprising or **unintuitive** — leading to insights that can **move the needle** with the ad spend.

5　Bottom Line
　　⑪ Each year the **tech industry** continues to see the rise of new technologies that change the way businesses interact with their consumers. While some technologies disappear, many continue to be implemented across companies, both big and small. Although AI is in its early stages, it
10　has already significantly changed the digital advertising industry. For those brands that are looking to **stand out from** their competition, it's the right time to get serious about AI.　　(*The Economic Times*, May 2, 2019, 661 words)

777 ☐	**data analytics**	データアナリティクス, データ分析
778 ☐	**algorithm** [ǽlgərìzm]	*n.* アルゴリズム **解説** 計算に必要な形式的な手続き, 手順。
☐	**unintuitive** [ʌnint(j)úːətiv]	*adj.* 直観的にはわからない
	⇔ **intuitive**	*adj.* 直観的な, 直観の；感覚的に操作できる
779 ☐	**move the needle**	目立った変化をもたらす；(地震計などの) 針を動かす
780 ☐	**tech industry**	テクノロジー業界
781 ☐	**stand out from ~**	～よりも目立つ, ～より優れている

13-5　AIによって広告がよりパーソナルに

⑩ データアナリティクスでは，これらの質問に対する答えを出すことができないかもしれないが，AIならば可能である。アルゴリズムは，予想外だったり，**直観的にはわからなかったり**することもあるパターンを見つけることができる——これが広告費を使って目立った変化をもたらすことができる洞察につながっていくのだ。

結論

⑪ テクノロジー業界では毎年，企業が自社の消費者と接する方法を変えるような新しい技術の台頭が起こり続けている。消えていく技術もあるが，多くは大小さまざまな企業で実装され続けている。AIは初期段階にあるものの，すでにデジタル広告業界を大きく変えてしまっている。ライバル商品よりも目立とうとしているブランドにとっては，真剣にAIに取り組む頃合いである。

Part II
4

広告・広報 ◆ Advertisement and Public Relations

語句・表現

□ *l.4*　spend「（特定の時期に特定の活動に対して会社が使った）支出額」
□ *l.8*　implement「〈コンピュータ〉（プログラムに）〜（機能）を実装する，〜をインプリメントする」

14-1 Suntory enters US beer market with alcohol-free brew

1 Japanese **distiller plays catch-up with** Anheuser-Busch InBev and Heineken

❶ TOKYO — Japanese **beverage maker** Suntory Holdings will enter the U.S. beer market with **nonalcoholic** products, as it tries to **gain ground on** top brewers Anheuser-Busch InBev and Heineken.

5 ❷ The push into the U.S., which will begin in late July, is the latest attempt by a Japanese drinks company to expand overseas in response to **shrinking demand** for beer **at home**.

❸ The market for nonalcoholic beer has grown more than **fourfold** in Japan over the past decade, while demand for regular **brews** shrank in 2019 for the
10 15th **straight** year.

❹ In the U.S. as well, more people are drinking **alcohol-free** beer, with demand rising 14.5% in 2019 on the year **in volume terms**, according to data from Euromonitor International. The market researcher predicts consumption will expand 63% between 2019 and 2024 to 172.5 million liters.

782 ☑	**distiller** [distílər]	*n.* 蒸留酒製造業者, 酒造家；蒸留器
783 ☑	**play catch-up with ~**	~への巻き返しを図る, ~との遅れを取り戻す
784 ☑	**beverage maker**	飲料メーカー
785 ☑	**nonalcoholic** [nànælkəhɔ́(:)lik]	*adj.* ノンアルコールの, アルコールを含まない
786 ☑	**gain ground on ~**	~に追いつく, ~に追い迫る
787 ☑	**shrinking demand**	需要の減少, 落ち込みつつある需要
788 ☑	**at home**	国内における, 国内で
	⇔ abroad	*adv.* 海外における, 海外で
789 ☑	**fourfold** [fɔ́ːrfòuld]	*adv.* 4倍に, 4重に *adj.* 4倍の, 4重の；4部分からなる

14-1 サントリー，ノンアルコールビールで米国ビール市場に参入

日本の蒸留酒製造業者が，アンハイザー・ブッシュ・インベブとハイネケンへの巻き返しを図る

❶ 東京──日本の飲料メーカーであるサントリーホールディングスが，最大手ビール会社のアンハイザー・ブッシュ・インベブとハイネケンに追いつこうと，ノンアルコール製品で米国のビール市場に参入する。

❷ 米国への進出は，7月下旬に開始される予定であり，日本の飲料会社が国内におけるビール需要の減少への対応として海外に進出しようとする最新の試みとなる。

❸ 日本では過去10年間で，ノンアルコールビール市場が4倍以上に成長したが，通常のビールの需要は2019年には15年連続で減少した。

❹ 米国でも，ノンアルコールビールを飲む人が増えており，ユーロモニターインターナショナルのデータによると，2019年の需要は数量ベースで前年比14.5％の増加となっている。同市場調査会社は，2019年から2024年の間に消費量が63％増の1億7,250万リットルに拡大すると予測している。

790 ☑	**brew** [brúː]	*n.* ビール，醸造酒；(煎れられた1杯の)お茶，コーヒー *vt.* (ビール)を醸造する
	派 **brewer**	*n.* ビールの醸造者
	派 **brewery**	*n.* ビール会社，醸造所
791 ☑	**straight** [stréit]	*adj.* 連続した，立て続けの for the 15th straight year (15年連続で) *adv.* 連続して for the 15th year straight (15年連続で)
792 ☑	**alcohol-free** [ǽlkəhɔ̀(ː)lfrìː]	*adj.* ノンアルコールの，アルコールを含まない
793 ☑	**in volume terms** 数量ベースで	

📝 **語句・表現**

☐ *l.9* regular brew「(ノンアルコールビールに対して) 普通に醸造されたビール」

☐ *l.11* with demand rising 〜「〜の需要の増加に伴い」

☐ *l.13* Euromonitor International「ユーロモニター」ロンドンを拠点とする市場調査会社。

☐ *l.13* the market researcher：「ユーロモニター」のこと。

Part II
5

マーケティング◆ Marketing

14-2 Suntory enters US beer market with alcohol-free brew

1 ❺ Suntory, the world's third-largest **spirits** maker, made a brief foray into New York and California in 1987 with its beer but the latest move will be its first full-scale entry into the U.S. market.

❻ Suntory will aim its All-Free nonalcoholic beer at **health-conscious**
5 millennials, who are generally open to trying new products. The brew will mainly be sold through e-commerce channels such as Amazon at first, but the company plans to sell at brick-and-mortar stores later. The Japanese beverage maker hopes to reach U.S. sales of 15,000 cases per month by the end of the year. Over the next three to five years, it aims to raise its **annual**
10 **sales** to 1.5 million cases.

❼ "The number of consumers unwilling to drink alcohol, or who are becoming more health-conscious, is increasing," the Japanese beverage maker said in a statement on Friday. Suntory chose the U.S. market for its expansion drive because it "expects positive **ripple effects** on markets in
15 other countries," it said.

☑	**spirit** [spírət]	*n.* 〈可算名詞〉**スピリッツ, 蒸留酒**；〈不可算名詞〉**精神**
	派 **spirituous**	*adj.* アルコールを含む；蒸留した
794 ☑	**foray** [fɔ́(ː)rei]	*n.* (新分野への)進出；(慣れないことに)手を出すこと, 何かを少しの間試してみること；小旅行；襲撃, 略奪
795 ☑	**full-scale entry into ~**	~への本格参入
	参 **full-scale**	*adj.* 徹底した, 全面的な
796 ☑	**health-conscious** [hélθkánʃəs]	*adj.* 健康志向の, 健康意識の高い
797 ☑	**annual sales**	年間販売数, 年間売上高

14-2　サントリー，ノンアルコールビールで米国ビール市場に参入

❺ 世界第3位の**スピリッツ**メーカーであるサントリーは，1987年にビールでニューヨークとカリフォルニアに一時期**進出**したものの，今回の動きが同社初の米国市場への本格参入となるだろう。

❻ サントリーは，ノンアルコールビール「オールフリー」のターゲットを健康志向のミレニアル世代にするつもりであり，ミレニアル世代は一般的に新製品を試すことに対して抵抗がない。このビールは，最初は主にアマゾンなどの e コマースチャネルを通じて販売されるが，同社はその後，実店舗で販売する予定だ。この日本の飲料メーカーは，年末までに米国での月間15,000ケースの販売を達成したいと考えている。同社は今後3〜5年間で，年間販売数を150万ケースにまで上げることを目標にしている。

❼ 「アルコールを飲みたがらない，あるいは健康に対する意識が高まっている消費者の数が増加している」と，この日本の飲料メーカーは金曜日のプレスリリースで語った。サントリーは，拡大を推進する力があるということで米国市場を選んだのだが，それは「他の国の市場へのプラスの**波及効果**を期待している」からであると述べた。

798	**ripple effect**	波及効果，連鎖反応
	參 ripple	*n.* さざ波，波紋；影響

📝 語句・表現

- □ *l.4*　aim 〜 at ...「〜を…に向ける」
- □ *l.5*　millennials「ミレニアル世代」1980年前序盤から2005年ごろのインターネット普及前に生まれた最後の世代。幼少期からITに親しみ，それまでとは全く違った価値観を持つ新たな世代として認知されている。
- □ *l.5*　be open to 〜「〜に対して抵抗がない，〜を快く受け入れる」
- □ *l.6*　e-commerce channel「e コマースチャネル，電子商取引チャネル」
- □ *l.13*　statement「プレスリリース」「はっきり述べること」という意味で訳語が多様。声明，発言，陳述，演説など。

Part II 5　マーケティング ◆ Marketing

本文 ♪ 117　単語 ♪ w117

14-3 Suntory enters US beer market with alcohol-free brew

1 ❽ Suntory will be **competing with** Anheuser-Busch InBev, which controls 56.1% of the U.S. nonalcoholic beer market by sales, with Heineken holding 7.2% in 2019, according to Euromonitor. Heineken's nonalcoholic brew, Heineken 0.0, came out early last year and is one of the few imported, **fast-**

5 **growing** brands in the U.S. There are no big Asian brands in the alcohol-free **segment**, the research company's data shows.

❾ Apart from the two leading brewers, Suntory will be fighting for market share with U.S. craft brands that have been leading growth in the market. Aga Jarzabek, a **research associate** at Euromonitor, told the Nikkei Asian

10 Review that "small craft brewers, such as Athletic Brewing and Wellbeing Brewing, are advertising their drinks as a responsible, health-conscious alternative to alcoholic drinks aimed at younger consumers, a part of the 'mindful drinking' trend."

☑	**compete with ~**　~と競合する, ~と張り合う	
	派 competition	*n.* 競争, 争い；競争相手, ライバル；試合, コンペ
799 ☑	**fast-growing** [fǽstgròuiŋ]	*adj.* 急成長している
☑	**segment** [ségmənt]	*n.* 区切り, 部分, 区分；部門 *vt.* を分割する, を区分する
	派 segmentation	*n.* 区分け, 分割, 細分化
800 ☑	**research associate**	リサーチアソシエイト, 研究員

14-3　サントリー，ノンアルコールビールで米国ビール市場に参入

❽ ユーロモニターによると，サントリーは，2019年に売り上げで米国のノンアルコールビール市場の56.1％を支配しているアンハイザー・ブッシュ・インベブと，7.2％を占有しているハイネケン**と競合する**ことになるだろう。ハイネケンのノンアルコールビール「ハイネケン0.0」は，昨年の初めに発売されており，米国で急成長している数少ない輸入銘柄の1つである。同調査会社のデータによれば，ノンアルコール**部門**にアジアの大手ブランドは1つもない。

❾ サントリーは，これらビール大手2社だけでなく，市場の成長を牽引し続けている米国のクラフトビールのブランドと市場シェアを争うことになるだろう。ユーロモニターの**リサーチアソシエイト**であるアガ・ヤルゾンベクは，日経アジアンレビューに次のように話した。「アスレチック・ブリューイングやウェルビーイング・ブリューイングなどの小規模なクラフトビール醸造所は，『マインドフル・ドリンキング』の流行に追随している層である若い消費者をターゲットに，アルコール飲料に代わる信頼できて健康志向の選択肢として，自社の飲料を宣伝しています。」

✐ **語句・表現**

- □ *l.6*　the research company's data：ユーロモニターのデータのこと。
- □ *l.8*　craft brands：クラフトビールのブランド。craft beerで「クラフトビール，地ビール」の意味。
- □ *l.11*　a responsible, health-conscious alternative：形容詞を2つ続け，andを使わずにコンマを使っている。alternativeは「選択肢；取って代わるもの」の意味。
- □ *l.13*　mindful drinking「マインドフル・ドリンキング，マインドフルな飲酒」お酒を飲む理由や量を意識して飲むこと。mindful「気を配る，意識している」

14-4 Suntory enters US beer market with alcohol-free brew

1 ⑩ The coronavirus **pandemic**, which has led to "fewer opportunities for human contact, and the introduction of telework," has also affected the growth of the nonalcoholic beer market, said Tatsuya Hiramoto, a partner at **consultancy** EY Japan.

5 ⑪ "People started drinking nonalcoholic beer out of concern for their health, rather than being in high spirits. That is not necessary at home," Hiramoto said.

⑫ The growth of nonalcoholic beer drinking in the U.S. will also be driven by rising **home consumption**, Hiroaki Ando, a senior manager at EY, told

10 Nikkei. The company expects growth in home consumption of 56.3% by 2024, compared with 2019.

⑬ Last year Suntory's revenue rose 2% to 2.3 **trillion** yen ($21 billion), thanks to strong sales of its coffee drinks and spirits.

⑭ But despite that growth, the beverage company is worried by the aging of

15 drinkers in its **home market**. That is putting pressure on its bottom line, in addition to COVID-19, which has shut down bars and restaurants worldwide.

☑	**pandemic** [pændémik]	*n.* パンデミック，（深刻な感染病の）大流行；全国〔世界〕的流行病 **解説** 地理的に広い範囲に及び，非常に多くの感染者を発生させる世界的大流行を指す。
	⚫epidemic	*n.* 流行，エピデミック **解説** 特定のコミュニティ内で，特定期間感染症が急増すること。
801 ☑	**consultancy** [kənsʌ́ltənsi]	*n.* コンサルタント会社；コンサルタント業務；コンサルタントの地位
802 ☑	**home consumption**	家庭消費；国内消費
803 ☑	**trillion** [tríljən]	*n.* 兆，10の12乗

14-4　サントリー，ノンアルコールビールで米国ビール市場に参入

⑩ コロナウイルスの**パンデミック**が，「人と接触する機会の減少とテレワークの導入」につながり，ノンアルコールビール市場の成長にも影響を及ぼしたと，コンサルタント会社EYジャパンのパートナーである平元達也は述べた。

⑪ 「人々は上機嫌になるよりはむしろ，健康を気遣ってノンアルコールビールを飲むようになりました。家ではそんな必要ありませんからね」と平元は語った。

⑫ 米国でのノンアルコールビール飲用の増加は，家庭消費の増加によっても促進されるだろうと，EYのシニアマネージャーである安藤宏晃は日経に語った。同社は，2024年までに，家庭消費が2019年と比較して56.3%増加すると予想している。

⑬ 昨年 (2019年) サントリーの収益は，コーヒー飲料とスピリッツの売り上げが好調なおかげで，2%増の2.3兆円 (210億ドル) になった。

⑭ しかし，このような成長にもかかわらず，同飲料会社は国内市場における飲酒者の高齢化に悩まされている。世界中でバーやレストランを休業に追い込んだ新型コロナウイルス感染症に加えて，高齢化が同社の純利益を圧迫しているのだ。

Part II
5

マーケティング ◆ Marketing

804
☑ **home market**　国内市場

≒ **domestic market**　国内市場

✎ 語句・表現

- □ *l.4*　EY：アーンスト・アンド・ヤング。ロンドンを本拠地とし世界各国で会計，税務，コンサルティングなどを提供する企業。
- □ *l.6*　in high spirits「上機嫌で，意気揚々として」
- □ *l.8*　drinking「飲用」
- □ *l.15*　bottom line「純利益」損益計算書の最終行の最終損益のこと。

14-5　Suntory enters US beer market with alcohol-free brew

1　⑮ In the past decade, Suntory's share of **overseas sales** doubled to 42% of the total, thanks to its purchase of U.S. whiskey maker Beam in 2014. It hopes to nearly double its global sales to 4 trillion yen **over the medium to long term**.

5　⑯ Rivals such as Asahi Group Holdings, Japan's largest brewer, are also concerned about domestic **consumption trends** in Japan. Asahi bought Anheuser-Busch InBev's European business for over $10 billion in 2016 and 2017. In 2019, the brewer paid $11 billion for Australia's Carlton & United Breweries, also from InBev.

10　⑰ Japan's second-largest brewer, Kirin Holdings, meanwhile, is **diversifying into** the **health care business**, resisting pressure from a U.K.-based **activist investor** to focus on its **core** beer **business**.

⑱ Kirin bought a 30.3% **stake** in cosmetics and **health food** maker Fancl, and took over Kyowa Hakko Bio's **biochemical** business in 2019, seeing

15　opportunities for growth in the health sector as Japan grays.

(*Nikkei Asian Review*, July 17, 2020, 753 words)

805 ☑	**overseas sales**	海外売上高, 海外営業
806 ☑	**over the medium to long term**	中長期にわたって
	参 medium	*adj.* 中くらいの　*n.* 媒体, メディア
807 ☑	**consumption trend**	消費動向, 消費傾向
808 ☑	**diversify into ~**	~に手を広げる, ~へと活動分野を広げる, ~への投資を拡大する
809 ☑	**health care business**	ヘルスケア事業, 医療ビジネス
810 ☑	**activist investor**	物言う投資家
		解説 株主として投資先企業の経営陣に積極的に提言を行い, 企業価値を向上させようとする投資家。

14-5 サントリー，ノンアルコールビールで米国ビール市場に参入

⑮ 過去10年間でサントリーの海外売上高シェアが倍増して全体の42%になったのは，2014年に米国のウイスキーメーカーであるビームを買収したためである。同社は，中長期にわたって全世界での売り上げをほぼ2倍の4兆円にしたいと考えている。

⑯ 日本最大のビール会社であるアサヒグループホールディングスのような競合企業も，日本の国内消費動向を懸念している。アサヒは，2016年と2017年にアンハイザー・ブッシュ・インベブのヨーロッパ事業を100億ドル以上で買収した。2019年に，同ビール会社は同じくインベブから，オーストラリアのカールトン・アンド・ユナイテッド・ブルワリーズを110億ドルで買収した。

⑰ 一方，日本第2位のビール会社であるキリンホールディングスは，英国を拠点とする物言う投資家からの，中核となるビール事業に集中せよという圧力に抵抗して，ヘルスケア事業にも手を広げている。

⑱ キリンは，2019年に化粧品・健康食品メーカーのファンケル株の30.3%を取得したり，協和発酵バイオのバイオケミカル事業を引き継いだりした。日本の高齢化に伴う保健分野における成長の機会を見いだしたからだ。

Part II
5
マーケティング ◆ Marketing

811 ☑	**core business**	中核となる事業，本業，コアビジネス
☑	**stake** [stéik]	*n.* 株，（企業への）出資金
812 ☑	**health food**	健康食品
813 ☑	**biochemical** [bàioukémikl]	*adj.* バイオケミカルの，生化学的な

✎ 語句・表現

☐ *l.15* gray「高齢化する」

15-1 Marketing and the New Dotcoms

1　❶ The **dotcom** bubble began in the late 1990s and reached its **apex** on March 10, 2000, with the **NASDAQ** climbing to a new high of 5,132, more than twice its value just one year before. Powered mainly by numerous Internet startup companies, the dotcom boom created a feverish investment

5　climate and soaring **stock markets**. Many investors and analysts came to falsely believe that an economic **paradigm shift** had taken place. In the new paradigm, the **paramount** goal was increasing market share, rather than focusing on **net earnings**, the foundation of standard business models. On Monday, March 13, it all came tumbling down when huge **sell orders**

10　on the part of major tech companies created a **chain reaction** that led to a widespread tech stock sell off. The NASDAQ fell to 4,580 by March 15, which represented a loss of nine percent.

814 ☑ **dotcom** [dɑ́:tkɑ̀:m]	*adj.* インターネット関連の，ドットコムの *n.* ドットコム，インターネット関連企業
☑ **apex** [éipèks]	*n.* 絶頂；頂上；先端
815 ☑ **NASDAQ** [nǽzdæk, næs-]	*n.* ナスダック（全米証券業者協会（NASD）相場情報 システム：National Association of Securities Dealers Automated Quotations）
816 ☑ **stock market**	株式市場
≒ **equities market**	株式市場
817 ☑ **paradigm shift**	パラダイムシフト **解説** 物事の枠組みや価値観が変化すること。
818 ☑ **paramount** [pǽrəmàunt]	*adj.* 最重要〔優先〕の，主要な；最高の

15-1　マーケティングと新しいインターネット関連企業

❶ インターネットバブル (ドットコムバブル) は1990年代後半に始まり, 2000年3月10 日にその**絶頂期**を迎え, ナスダック (総合指数) は5,132という最高の数値に上昇した。これはちょうど1年前の2倍以上の高い数値だ。数多くの新興インターネット関連企業を主たる原動力として, ドットコム景気は過熱気味の投資環境を生み出し, 株式市場を急騰させた。多くの投資家およびアナリストは経済のパラダイムシフトが起こったという誤った考えを持つようになっていた。新しいパラダイムの下では, 標準的なビジネスモデルの基本である純利益を重視することよりも, むしろ市場シェアを拡大することが最重要の目標だった。3月13日, 月曜日, 株式市場は全面的に暴落した。これは, 大手ハイテク企業側による大量の売り注文が連鎖反応を引き起こし, ハイテク株が大規模に売りに転じたためだった。ナスダック (総合指数) は3月15 日までに4,580へと落ち込み, 9 ％の損失であった。

819 ☑	**net earning**	純利益
		解説 法人税などを引いた最終的な利益。
	≒ net profit	純利益
	⇔ net loss 〔deficit〕	純損失
820 ☑	**sell order**	売り注文
	⇔ buy order	買い注文
821 ☑	**chain reaction**	連鎖反応

✍ 語句・表現

- ☐ *l.2*　climb to ～「～に達する」
- ☐ *l.4*　startup company「新興企業」
- ☐ *l.4*　investment climate「投資環境, 投資熱」
- ☐ *l.8*　focus on ～「～に焦点を置く」
- ☐ *l.9*　come tumbling down「暴落する」tumble down で「暴落する」の意味。
- ☐ *l.11*　sell off「急落；株売却」

15-2 Marketing and the New Dotcoms

1 ❷ After the crash, many dotcom companies quickly ran out of capital and were either liquidated or acquired by other companies. While some large companies, such as Amazon.com and eBay, managed to survive the storm, only around half of the dotcoms were still operating by the end of 2004.
5 With accumulated losses at more than $5 trillion, the dotcoms became undesirable for investors and advertisers alike. The so-called "new economy" appeared to be all but dead. However, the Internet itself continued to grow, along with the online presence of consumers and companies. It wasn't long before it became apparent that online advertisements would be the bread
10 and butter of post-bubble dotcoms, with search companies such as Yahoo! and Google leading the way.

---

822 ☑	**liquidate** [líkwidèit]	*vt.* を清算する，を破産状態にする，(会社)を解散する，を弁済する *vi.* 破産する
	派 **liquidation**	*n.* 弁済；解散
823 ☑	**accumulated losses**	累積損失
	参 **accumulate**	*vt.* を累積する，を蓄積する
824 ☑	**advertisement** [ædvərtáizmənt, ədvə́ːrtəs-, -təz-]	*n.* 広告，宣伝
	派 **advertise**	*vt.* の広告を出す，を宣伝する *vi.* 広告を出す，宣伝する
	派 **advertiser**	*n.* 広告主

15-2 マーケティングと新しいインターネット関連企業

❷ 暴落の後，多くのインターネット関連企業は，急速に資本を使い果たし，清算されるか他社に買収された。アマゾンやイーベイといったいくつかの大企業はこの嵐を何とか乗り切ることができたが，インターネット関連企業のうち，2004年末まで事業継続していたのは約半数だけであった。累積損失が5兆ドルを超え，インターネット関連企業は投資家や広告主にとっては一様に魅力のないものとなった。いわゆる「ニューエコノミー」はほとんど死に絶えたかのように見えた。しかしながら，消費者と企業のオンライン上での存在と共に，インターネット自体は成長を続けていた。ほどなくして，オンライン広告がバブル後のインターネット関連企業の主要な収入源になることがはっきりとした。ヤフーやグーグルといった検索エンジン会社が先陣を切っていた。

Part II
5
マーケティング ◆ Marketing

---

825 ☑	**bread and butter**	主要な収入源，生計を立てるもの
826 ☑	**lead the way**	先陣を切る，先導する，道を開く

✎ **語句・表現**

- ☐ *l.1* run out of 〜「〜を使い果たす，〜を切らす」
- ☐ *l.6* undesirable for 〜「〜にとって魅力のない」
- ☐ *l.6* alike「一様に」
- ☐ *l.6* so-called「いわゆる」
- ☐ *l.7* all but「ほとんど」
- ☐ *l.8* along with 〜「〜と共に，〜に加えて」

15-3 Marketing and the New Dotcoms

1　❸ The search companies quickly made important adaptations that
would reenergize the growth potential of online marketing: they began
targeting ads to the interests of individual consumers based on archives
of their Internet searches. Another development that expanded the potential
5　for this kind of data mining was the rise of online social networks such as
Facebook, Twitter, Pinterest, and the like. All of these require that users
create individual profiles that can be seen by the public, at least to some
extent. Marketing strategists can easily convert these member profiles into
customer profiles, since they generally list hobbies and interests as well as
10　personal data related to age, gender, education and other demographics.

827 adaptation [ædæptéiʃən]	n. (異なる環境への) 適応；脚色；改作
派 adapt	vt. を (〜に) 適合させる　vi. 適応する
派 adaptability	n. 適応性
派 adaptable	adj. 順応性のある
828 reenergize [ríénərdʒàiz]	vt. を再活性化する
派 reenergization	n. 再活性化
829 growth potential	潜在成長力，発展可能性
target [tá:rgət]	vt. を対象とする；を (攻撃) 目標とする n. 対象，目標；的
830 archive [á:rkəiv]	n. 履歴，アーカイブ；公文書　vt. を保管する

15-3 マーケティングと新しいインターネット関連企業

❸ 検索エンジン会社はすぐに重要な適応を遂げた。それはオンライン・マーケティングの成長の可能性を再活性化するものだった。つまり，インターネット検索の履歴に基づいた個々の消費者の興味**をターゲットにして**広告を出し始めたのだ。この種のデータマイニングの可能性を拡大したもう1つの進歩は，フェイスブック，ツイッター，ピンタレストなどの，オンライン・ソーシャル・ネットワークの台頭だった。これらのすべてで，ユーザーは少なくともある程度，一般の人が閲覧できる個人のプロフィールを作成しなければならない。マーケティング戦略担当者は，こうした会員プロフィールを容易に顧客プロフィールへと変換することができる。というのも，一般にそういったものには趣味や関心事の他に年齢，性別，教育水準およびその他の人口統計データに関連した個人データが列挙されているからである。

831	**data mining**	データマイニング，データ検索
参 832	**mine**	*vi.* 採掘する　*vt.* を採掘する　*n.* 鉱山；地雷
参	**mining**	*n.* （データの）検索；採掘，鉱業
833	**and the like**	〜など
834	**customer profile**	顧客プロフィール
835	**demographics** [dèməgrǽfiks, dì:mə-]	*n.* 人口統計データ（通常複数形で単数扱い）
派	**demographic**	*adj.* 人口統計学の
派	**demography**	*n.* 人口統計学

✎ 語句・表現

☐ *l.5*　online social network は social networking service（SNS）と同様。
☐ *l.8*　convert 〜 into ...「〜を…へと変える」

15-4 Marketing and the New Dotcoms

1　❹ These networks have other features that encourage their use in **database marketing**. For example, one includes a section for **classified ads**, which creates a record of the kinds of things users are buying and selling. Members can also broadcast their activities in a public forum. A member
5　might write that she is shopping at X store now, and then going to eat at Y restaurant, followed by a movie at Z theater. All of this information allows businesses and advertisers access to invaluable data related to **consumer behavior** and **consumption patterns**. In recent years, this practice has **come under fire**, with users more concerned that their personal
10　information is being exploited. The issue was **underscored** in the Facebook Cambridge Analytica data scandal of 2018, wherein the organization was able to obtain the personal information of millions of users and use it without permission to aid political campaigns. **In the aftermath of** the scandal, Facebook promised to enact stricter measures to protect users' privacy,
15　agreeing to globally abide by the EU's General Data Protection Regulation.

836	**database marketing**	データベース・マーケティング **解説** 顧客の購買動向などをデータベース化し，顧客のニーズに適した商品やサービスを提供するマーケティング手法。
837	**classified ad**	案内広告，三行広告
838	**consumer behavior**	消費者行動
839	**consumption pattern**	消費傾向
840	**come under fire**	非難を浴びる，厳しい非難を受ける
841	**underscore** [ʌndərskɔ́ːr]	*vt.* を明確に示す，を強調する；に下線を引く
842	**in the aftermath of ~**	～の余波で，～の余波を受けて

15-4　マーケティングと新しいインターネット関連企業

❹ これらのネットワークはデータベース・マーケティングの利用を後押しするその他の特徴を有している。例えば，案内広告用の欄を設けているものがあるが，その欄では顧客がどのようなものを売買しているかが記録されている。また，会員は公開のネット掲示板で自分の活動を発信することもできる。ある会員は，Xストアで今買い物をしていて，それからYレストランへ食事に出かけ，その後にZ劇場で映画鑑賞をする予定だという書き込みをするかもしれない。こういった情報はすべて，企業や広告主に，消費者行動と消費傾向に関連する非常に貴重なデータをもたらすものである。近年では，この慣行は非難を浴びており，ユーザーは個人情報が悪用されていることへの懸念を強めている。この問題は2018年のフェイスブック＆ケンブリッジ・アナリティカ事件で明確化された。この組織は数百万人のユーザーの個人情報を入手でき，無断で政治的キャンペーンを支援するために使用できた。事件の余波を受け，フェイスブックはユーザーのプライバシー保護のために，より厳格な措置を講じることを約束し，EUの一般データ保護規則を全世界で順守することに同意した。

語句・表現

- □ *l.6*　followed by ～「その後に～が続き」
- □ *l.10*　Facebook Cambridge Analytica data scandal「フェイスブック＆ケンブリッジ・アナリティカ事件」フェイスブックが収集するユーザーデータの一部が英国企業ケンブリッジ・アナリティカ社を通じ，2016年のアメリカ大統領選挙などで政治的に利用されていたとされる事件。
- □ *l.15*　abide by ～「～を順守する，～に従う」

Terms & Expressions　世界の証券取引所

- **ナスダック** (National Association of Securities Dealers Automated Quotations, NASDAQ)：米国の新興企業向けの店頭株式市場。
- **ロンドン証券取引所** (London Stock Exchange, LSE)
- **ニューヨーク証券取引所** (New York Stock Exchange, NYSE)
- **東京証券取引所** (Tokyo Stock Exchange, TSE)：ニューヨーク，ロンドンと並んで世界3大取引所の1つ。
- **大阪取引所** (Osaka Exchange, OSE)
- **ジャスダック証券取引所** (Japan Association of Securities Dealers Automated Quotations, JASDAQ)：東京証券取引所が運営するベンチャー企業向けの市場。

15-5 Marketing and the New Dotcoms

1 ❺ With hundreds of millions of members, online social networks are still unquestionably suitable for large-scale advertising campaigns. They may be of even more benefit to small or cash-strapped businesses that do not have large advertising budgets. In lieu of expensive options such
5 as newspaper or television ads, it is possible to create profiles related to businesses, products, or services. Then, by adding "friends" through groups and contacts on the social network, information can be readily distributed by word-of-mouth advertisement via the many communication applications that are available through the networks. This is ideal for building awareness
10 of a brand or product as well as developing a customer base and promoting customer loyalty. Without a doubt, these new kinds of dotcoms are here to stay and any business, large or small, must give them significant consideration as part of its overall advertising strategy. (Original, 690 words)

843 ☑	**cash-strapped** [kǽʃstræpt]	*adj.* 資金難の，財政が逼迫した
844 ☑	**advertising budget**	広告宣伝費
845 ☑	**in lieu of ～**	～の代わりに
	≒ **in stead of ～**	～の代わりに
846 ☑	**word-of-mouth advertisement**	口コミ広告
	≒ **buzz marketing**	口コミ広告
847 ☑	**customer loyalty**	顧客忠誠心，顧客ロイヤルティ **解説** 特定の企業や製品に対して信頼を持ち，リピーターとなってくれる状態。

15-5　マーケティングと新しいインターネット関連企業

❺ 何億という会員がいるため，オンライン・ソーシャル・ネットワークは依然として明らかに大規模な宣伝活動に適している。これは，広告宣伝費を多く組めない小規模の企業または資金繰りに苦しんでいる企業にとってさらに有益かもしれない。新聞広告やテレビ広告といったコストの高い選択肢の代わりに，企業，製品ないしサービスに関連した紹介を作ることが可能である。そして，グループやソーシャル・ネットワークのつてによって「友だち」を増やすことで，情報は，ネットワークを介して利用可能な多くの通信アプリケーションを経由した口コミ広告で容易に流通し得る。これはブランドまたは製品への認知を確立する他，顧客基盤の形成および顧客忠誠心の推進にとっても理想的なことである。このような新しいインターネット関連企業は間違いなく留まり続けており，よって規模の大小を問わずどのような企業であれ，総合的な広告戦略の一部としてインターネット関連企業を十分に考慮に入れなければならない。

Part II
5
マーケティング◆Marketing

848	**be here to stay**	留まり続けている，定着している
849	**advertising strategy**	広告戦略

🖉 語句・表現

□ *l.2*　suitable for 〜「〜に適している」

□ *l.11*　without a doubt「間違いなく，疑う余地なく」

□ *l.12*　give 〜 consideration「〜について考慮する，〜に配慮する」

🔍 Key Points of This Issue　マーケティング (Marketing)

　消費者のニーズや需要などの動向を調査し，消費者が求める製品やサービスを作り出し，提供するための活動。市場調査 (market research)，商品開発 (product development)，価格設定 (pricing)，販売促進 (sales promotion)，流通 (distribution)，集客 (attracting customers) など，消費者に商品やサービスが届くまでの一連のプロセスにおいて，さまざまなマーケティングのリサーチ・分析手法が用いられる。

*参考

日本マーケティング協会定義：「マーケティングとは，企業および他の組織がグローバルな視野に立ち，顧客との相互理解を得ながら，公正な競争を通じて行う市場創造のための総合的活動である」

16-1 Rethinking Performance Management for Post-Pandemic Success

1　Organizations serious about high performance must **rethink performance metrics**.

❶ Will **dispersed**, distributed, and remote workforces become the post-pandemic new normal? It may be too soon to say. Much clearer is how
5　misleading and unhelpful **legacy** metrics are for assessing work-from-home performance. Pre-COVID-19 workplace analytics are no longer fit for purpose. They don't capture the **disjointed** realities of digital **workflows**. Stressed, separated, and challenged to do better with less, people need greater insight into how they're doing. Productivity now demands more
10　aggressive and actionable measures.

❷ **Recalibrating key performance indicators** (KPIs) is essential to ensuring that remote work actually works. Enterprises that want the best from their workers — and for their customers — innovatively invest in digital accountability, but these efforts must acknowledge and respect newly
15　blurred distinctions between work and home life.

850 ☑	**rethink** [rìːθíŋk]	*vt.* を再考する，を見直す
851 ☑	**performance metric**	パフォーマンス評価基準
852 ☑	**disperse** [dispə́ːrs]	*vt.* (人々) を**分散させる**；(病気・知識など) を**撒き散らす** *vi.* 分散する
853 ☑	**legacy** [légəsi]	*adj.* 古い（※「技術や習慣など，捨てることができず残っている」の意。）　*n.* 遺産，(祖先から) 受け継ぐもの
854 ☑	**disjointed** [disdʒɔ́intid]	*adj.* (活動・組織などが) まとまり〔統制〕を欠いた，(話などが) 一貫性のない
	派 **disjoint**	*vt.* の継ぎ目を話す，を解体する；を混乱させる
855 ☑	**workflow** [wə́ːrkflòu]	*n.* ワークフロー，仕事の一連の流れ

16-1　ポストパンデミックの成功のためのパフォーマンス管理の再考

高いパフォーマンスを真剣に求める組織は，パフォーマンス評価基準を再考せよ。
❶ 従業員が分散し，ばらばらになって離れた場所にいるのは，ポストパンデミックのニューノーマルになるだろうか。これを判断するのは時期尚早だろう。明確なのは，古い評価基準が，在宅勤務中のパフォーマンスを評価するのに，いかに紛らわしくて役に立たないかということだ。コロナ以前の職場の分析は，もはや目的に適合していない。古い基準はデジタル化されたワークフローがまとまりを欠いた現実を捉えていない。ストレスを感じ，引き離され，それでも少ない労力でよりよい結果を出すことが要求される中，従業員がどのように業務を進めていくのかについて，より深い見識が必要とされる。生産性を上げるには，今こそ，より積極的で実用的な対策が必要だ。
❷ 重要業績評価指数（KPI）を再調整することが，リモートワークを現時点で確実に機能させるために，不可欠だ。従業員から，そして顧客のために，最高のものを探し求める企業は，デジタル化による説明責任に革新的に投資している。しかし，これらの取り組みを行う場合，仕事と家庭生活の境界線が改めてあいまいになっていることを認め，尊重しなければならない。

Part II
6
マネジメント ◆ Management

---

856 ☐ **recalibrate**
[rikǽləbrèit]

vt. を再調整〔修正〕する；を再測定〔検査〕する

派 **calibrate**

vt. を調整する；を測定する

---

857 ☐ **key performance indicator**

重要業績評価指標（KPI）

✎ 語句・表現

☐ *l.3*　workforce「（ある会社の）（全）従業員（数），労働人口，労働力」
☐ *l.6*　analytics「解析学，分析論」

本文 ♪ 126　単語 ♪ w126

16-2 Rethinking Performance Management for Post-Pandemic Success

1　(❷の続き) Digitally colonizing people's homes is not an option; workforce mood and morale matter. Thoughtful leaders grasp the need for a healthy coexistence.

❸ Without trust and transparency, remote workforce monitoring appears
5　intrusive and exploitative. With transparency and trust, tracking can authentically be branded and experienced as data-driven workforce support. Increasingly, monitoring and measuring morale — qualitatively, as well as quantitatively — matters. But soft skills deserve hard numbers, too. Emergent post-pandemic dashboards embrace affective metrics as
10　firmly and fairly as effective ones.

858 □	**colonize** [kálənàiz]	*vt.* を植民地化する
	派 **colony**	*n.* 植民地
859 □	**morale** [mərǽl]	*n.* (組織内の人々の) 士気, やる気
860 □	**coexistence** [kòuigzístns, -egz-]	*n.* 共存
861 □	**transparency** [trænspǽrənsi, -péər-]	*n.* 透明性
862 □	**exploitative** [iksplóitətiv]	*adj.* 搾取的な；天然資源を荒らす
863 □	**data-driven** [déitədrìvn]	*adj.* データ駆動型の 解説 データを元に次のアクションを決めたり, 意思決定を行ったりすること。
864 □	**qualitatively** [kwálətèitivli]	*adv.* 質的に

16-2　ポストパンデミックの成功のためのパフォーマンス　　管理の再考

（❷の続き）デジタル化によって家庭を植民地化することは選ぶべき道ではない。大事なのは従業員の気分や士気だ。思慮深いリーダーであれば，健全な共存の必要性を理解している。

❸ 信頼性と透明性がなければ，リモートワークの従業員を観察することはうっとうしく搾取的なように映る。透明性と信頼性があれば，追跡されても，それはデータ駆動型の従業員サポートとして正式に認識されて経験される。今後ますます，従業員の士気を質的にも量的にもチェックし，評価することが，重要になる。しかし，ソフトスキルも，具体的な数字と同じくらいの価値がある。ポストパンデミックの緊急ダッシュボードでは，有力な評価基準と同じくらいしっかりと，また公正に，情緒面の評価基準に取り組んでいる。

Part II
6

マネジメント◆ Management

865 ☑	**quantitatively** [kwántətèitivli]	*adv.* 量的に
派	**quantity**	*n.* 量
866 ☑	**soft skill**	ソフトスキル 解説 対人的な交渉・意思疎通などをうまく行える能力。
867 ☑	**hard numbers**	具体的な数字，正確な数字
868 ☑	**dashboard** [dǽʃbɔ̀ːrd]	*n.* ダッシュボード 解説 最低限の指標をPC画面などに整理して表示したもの。
869 ☑	**affective** [əféktiv]	*adj.* 情緒面の，情緒的な；感情の
870 ☑	**metric** [métrik]	*n.* 〈可算名詞で〉評価基準，測定の基準；〈不可算名詞で〉メートル法

✍ 語句・表現

- ☐ *l.5*　intrusive「立ち入った，でしゃばりな」
- ☐ *l.6*　authentically「本格的に，正式に」

16-3 Rethinking Performance Management for Post-Pandemic Success

1   ④ That means that leading companies must renovate their data-driven dashboards to better inspire people and project teams and promote positive outcomes. They must automatically capture and analyze, and explicitly communicate, their **high-performance** criteria. The most important
5   **takeaway**: High-performance management depends on high-performance measurement. The digital future of one depends on the digital future of the other.

    ⑤ Redefining and remeasuring high performance may prove to be the true **disruptive** opportunity for post-COVID-19 growth.

10   ⑥ At one global **professional services** company, for example, top management dramatically accelerated project **delivery schedules** for its newly remote teams. This forcing mechanism deliberately inspired greater communication, coordination, and collaboration expectations for team members. At the same time, however, the company created a
15   complementary **buddy system** to help ensure that more isolated and/or **introverted** employees felt connected.

| 871 | **high-performance** *adj.* 高いパフォーマンスの；高性能の |
| [háipərfɔ́ːrməns] |

| 872 | **takeaway** *n.* 重要な点；（既存の事実や情報に基づく）結論 |
| [téikəwèi] |

| 873 | **disruptive** *adj.* 規制の概念を打ち砕くような，破壊的な |
| [disrʌ́ptiv] | ※ changing the traditional way の意。 |

| 874 | **professional service** | プロフェッショナル・サービス；専門的なサービス |
| | **解説** 弁護士や公認会計士などの「士業」やコンサルタントやデザイナーなどの専門家などが提供する，無形のサービスのこと。 |

| 875 | **delivery schedule** | 納期予定 |

16-3　ポストパンデミックの成功のためのパフォーマンス管理の再考

④　つまり，トップ企業は，データ駆動型のダッシュボードを刷新して，従業員及びプロジェクトチームの意識を高め，前向きな結果を出せるように促すべきだ。企業は高いパフォーマンスに対する評価基準を自動的に記録し，分析し，はっきりと明示しなければならない。最も重要な点は，高いパフォーマンスを発揮させるマネジメントは，高い評価能力にかかっているということだ。1つのデジタル化の未来は，別のデジタル化の未来にかかっている。

⑤　高いパフォーマンスを定義し直し，測定し直すことは，ポストコロナ時代の成長にとって，既存の価値基準を打ち砕く，絶好の機会だと判明するだろう。

⑥　例えば，ある世界的なプロフェッショナル・サービス会社では，経営陣が，リモートワーク中の新チームのプロジェクトの納期予定を劇的に早めた。この強制的な手法によって，チームメンバーのコミュニケーション，調整，および協力への期待が意図的に高められた。ただし，同時に，その会社では補完的なバディシステムを作成し，孤立した従業員や内向的な従業員がつながりを感じられるようにした。

Part II
6
マネジメント ◆ Management

876 ☑	**buddy system**	バディーシステム
		解説 ダイビングなどで事故を防ぐために，2人1組で助け合う安全管理の方法。
派	**buddy**	*n.* 友だち，相棒
877 ☑	**introverted** [íntrəvə̀ːrtid]	*adj.* 内向的な，内気な
⇔	**extroverted**	*adj.* 外交的な

語句・表現

☐ *l.11*　accelerate「～の時期を早める，～の速度を速める，～を加速する」
☐ *l.15*　complementary「補完的な，互いに補足し合う」

16-4 Rethinking Performance Management for Post-Pandemic Success

1　(**6**の続き) Tech support migrated from a back-office help-desk function to a digital project **facilitator** and **enabler** for global teams with **demanding** deadlines. The number of pulse surveys monitoring employee engagement and morale increased from fortnightly to every few days. Top management
5　is tracking what, and who — delivers value well.

　7 A senior global research project manager at Adobe programmed his laptop to display a personalized end-of-day dashboard visually summarizing — with pie charts and graphs — how he spent his time, whom he contacted, messages sent and received, documents exchanged, appointments
10　scheduled, commitments made, and to-do list items accomplished, along with the top three items for the following day.

---

878 □ **back-office** [bǽkɔ́fəs]	*adj.* (銀行・会社などの) 事務 (管理) 部門の, バックオフィスの *n.* 事務 (管理) 部門, バックオフィス (= back office) **解説** バックオフィスとは, 顧客に直接に対峙する機会が特になく, 顧客に接する部署の支援に回る部署や業務のこと (経理・人事・購買など)。一方, 顧客との対応を中心とする部署は「フロントオフィス(front office)」と呼ばれる (営業など)。
□ **facilitator** [fəsílətèitər]	*n.* ファシリテーター, 進行役 **解説** 活動そのものに参加せず, その進行を円滑にし, 目的を達成できるよう, 中立的な立場から活動の支援を行う。
879 □ **enabler** [enéiblər]	*n.* イネーブラー, 後援者, 成功要因 **解説** 他人・事業の成功・目的達成などを可能にする人, 組織, 要因, 手段など。例えば, イネーブラー企業とは, 顧客接点はないが新たな社会システムを構築する上で不可欠なコア技術やデバイスを持っていて, 魅力的な企業のこと。
□ **demanding** [dimǽndiŋ]	*adj.* 過度に要求する, きつい
派 **demand**	*n.* 需要 ; 要求, 必要　*vt.* を要求する

16-4 ポストパンデミックの成功のためのパフォーマンス管理の再考

(❻の続き) 技術サポートは，バックオフィスのヘルプデスク機能から，**厳しい締め切りのある国際的チームのデジタルプロジェクトのファシリテーター**およびイネーブラーになった。従業員の取り組みや士気をチェックするパルス調査の回数を，2週間に1回から数日ごとに増やした。経営陣は，何が，そして誰が効果的に価値を提供しているかを追跡している。

❼ アドビ社のシニア・グローバルリサーチ・プロジェクトマネージャーは，自身のラップトップパソコンにプログラムを組み，自分専用の1日の終わりのダッシュボードを視覚的にまとめて表示されるようにしている。円グラフと図表を使って，自分がどのように時間を使ったか，連絡した相手，送受信したメッセージ，やり取りした書類，予定されているアポイントメント，約束したこと，すべきことリストの中でできた項目が翌日すべき上位3項目と一緒に表示される。

<table>
<tr><td>880
☑</td><td>**pulse survey**</td><td>パルス調査
解説 簡易的な調査を短期間に繰り返し実施する調査手法のことで，主に従業員の満足度調査。</td></tr>
<tr><td>881
☑</td><td>**fortnightly**
[fɔ́ːrtnàitli]</td><td>*adj.* 2週間に1回，2週間ごとに
※ fortnight は「14夜」の意。</td></tr>
<tr><td>882
☑</td><td>**pie chart**</td><td>円グラフ (≒ pie graph)</td></tr>
<tr><td>883
☑</td><td>**to-do list**</td><td>すべきことリスト</td></tr>
</table>

語句・表現

□ *l.1* migrate「移動する；移住する」

16-5 Rethinking Performance Management for Post-Pandemic Success

1 (❼の続き) He started sharing this dashboard with his team and is now wondering whether he should **nudge** — or require — colleagues to create **comparable** dashboards. "Should we be visible to each other in this way?" he asks. He says that such "dashboard transparency" has sparked cross-
5 functional exchanges he'd never had before.

❽ At least two global banks seek to capture remote-working lessons and best practices for **internal discussion** and sharing. Looking ahead, they're rethinking whether they really need all the commercial **office space** they currently possess. They're now reviewing with IT how significantly
10 having a dispersed workforce alters their process automation **road maps**. Consequently, IT and its **business process owner** counterparts now track and map dispersed workforce workflows with a new remote automation strategy in mind. (*MIT Sloan Management Review*, June 1, 2020, 566 words)

884 ☑	**nudge** [nʌdʒ]	*vt.* を(優しく)説得する；を(注意を引くために肘で)そっと押す〔突く〕
885 ☑	**comparable** [kəmpéərəbl; kámpərəbl]	*adj.* 比較可能な，同等な；(〜に)匹敵する
	派 compare	*vt.* を比較する；を例える
886 ☑	**internal discussion**	内部での議論
887 ☑	**office space**	オフィススペース，事務所用空間
888 ☑	**road map**	(目的を達成するための)行程表，計画図；指針；ロードマップ，道路地図 ※プロジェクトマネジメントにおいて用いられる思考ツールの1つ。
	参 map	*vt.* の位置関係を示す，の地図を作る

16-5　ポストパンデミックの成功のためのパフォーマンス管理の再考

(❼の続き) 彼はこのダッシュボードを自身のチームと共有し始め，今では同僚に同等のダッシュボードを作成するよう説得するか，または要求しようかと検討中である。「こうやって互いに見える化すべきですよね？」と彼は言い，そのような「ダッシュボードの透明性」は，これまでになかった職務上の枠を超えたやりとりを引き起こしていると言う。

❽ 世界的な銀行の少なくとも2行が，内部での議論や共有のために，リモートで働くための教訓と最善の実践法を取り入れようとしている。先を見据えて，現在所有しているすべての商業用オフィススペースが本当に必要かどうかを再考している。銀行が現在，IT を使って再検討しているのは，労働力が分散していると，プロセス自動化へのロードマップがどれほど大幅に変わるかということだ。その結果，IT とそのビジネスプロセス・オーナー側の相手は，分散した労働力のワークフローを追跡し，割り出している。その際，新しいリモートでの自動化戦略を念頭に置いている。

889
☑ **business process owner**
ビジネスプロセス・オーナー
解説 プロセス設計を責務とするマネージャーのこと。process owner で「プロセス・オーナー，工程責任者」の意。

参 **BPM (Business Process Management)**
ビジネスプロセスマネジメント，ビジネスプロセス管理
解説 企業戦略と業務プロセスとの整合を取りながら，業務プロセスを分析，かつ最適化し，継続的な業務遂行と改善サイクルをマネジメントすること。

✏ 語句・表現

□ *l.4*　spark「(行為など) を引き起こす，(好奇心など) を刺激する」
□ *l.11*　counterpart「対応する立場の相手」

Part II 6　マネジメント ◆ Management

17-1　Bill Gates' Microsoft Legacy

1　❶ Bill Gates, a **titan** of the tech and business worlds, officially stepped down from the Microsoft Corporation Board of Directors on March 13, 2020. The announcement did not signify a complete separation, however, as Gates stated his intention to continue serving as Technology Advisor to
5　Microsoft CEO Satya Nadella. It did mark the latest stage in a long transition for Gates away from Microsoft operations, beginning with his resignation as CEO on January 13, 2000. At that time, control over day-to-day operations and **decision-making power** were **handed over to** Microsoft veteran Steve Ballmer, **architect** of the failed 2008 $44.6 billion **hostile bid** to buy
10　Yahoo! In the meantime, Gates continued on as Microsoft's **chairman of the board** and to work on special technology projects. Ballmer served as CEO until February 14, 2014, departing soon after Gates resigned as board chairman.

890 □ **titan** [táitn]	n. 巨匠, 大物；巨漢
≒ **giant**	n. 巨匠, （特別な才能・知力などを備えた）偉人
891 □ **decision-making power**	意思決定権
892 □ **hand over 〜 to ...**	〜（権限など）を…（人）に譲る
893 □ **architect** [ɑ́ːrkətèkt]	n. 立案者；建築家, 設計者　vt. を設計する
派 **architecture**	n. 建築（物）；構成
894 □ **hostile bid**	敵対的買収 解説 買収対象企業の同意を得ずに，株主やマーケットから株を買い集めて行う企業買収を指す。TOB（take-over bid＝株式公開買付け）の方法をとられるケースが多い。
≒ 895 □ **hostile takeover**	敵対的買収
≒ **rival bid**	敵対的買収

17-1　ビル・ゲイツのマイクロソフトという遺産

❶ テクノロジーとビジネス界の大物であるビル・ゲイツが，2020年3月13日，正式にマイクロソフト社の取締役会から退いた。しかし，その発表は完全な離職を意味するものではなく，ゲイツは引き続きマイクロソフト社の最高経営責任者サティア・ナデラのテクノロジーアドバイザーとしての役割を果たす意向を述べた。それはゲイツがマイクロソフト社の経営から離れていく長い移行期間の最後の段階を示したが，その始まりは2000年1月13日のゲイツの最高経営責任者辞任であった。その時に日々の経営管理と意思決定権は，マイクロソフト社の古参スティーブ・バルマーへと引き継がれた。彼は2008年に失敗に終わったヤフー買収のための446億ドルの敵対的買収の立案者であった。その間ゲイツはマイクロソフト社の取締役会会長であり続け，特殊技術プロジェクトに取り組み続けた。バルマーは2014年2月14日まで最高経営責任者としての役割を果たし，ゲイツが会長を辞任した後すぐ退任した。

Part II
6

マネジメント ◆ Management

896
☐ **chairman of the board**　取締役会会長

  語句・表現

☐ *l.1*　step down「退く，辞任する，身を引く」

本文 ♪
131

単語 ♪
w131

17-2 Bill Gates' Microsoft Legacy

1 ❷ Gates left his leadership positions to focus on his charitable activities at the Bill & Melinda Gates Foundation. Launched in 2000, the foundation works globally to reduce poverty and expand health care, and to increase educational opportunities and access to information technology. In 2009,

5 Gates co-founded a campaign known as The Giving **Pledge** with Berkshire-Hathaway CEO Warren Buffett. They and other billionaires pledged to give at least half of their wealth to philanthropic causes. In 2006, Buffet had already announced his plans to give away 85% of Berkshire holdings, the largest contribution to go to the Bill and Melinda Gates Foundation. Gates'

10 work through the foundation has done much to increase public goodwill towards him and his company, restoring his personal image from that of a hard-edged competitor, as well as the corporate image of Microsoft, which has been subject to harsh public criticism over the years.

☑	**pledge** [pléʤ]	*n.* 誓い；公約（≒ promise） *vt.* 〈that ... 〉と公約する〔誓う〕；(ある金額) の寄付を約束する
参 897 ☑	**pledge to ...**	（公式に）…することを誓う
898 ☑	**give away ~**	～を寄付する；～を (無料で) 提供する；～を景品として配る；～ (不要なもの) を譲る
899 ☑	**goodwill** [gúdwíl]	*n.* 信頼；好意；営業権
900 ☑	**hard-edged** [háːrdéʤd]	*adj.* 妥協をしない, 厳しい；鋭い
901 ☑	**corporate image**	企業イメージ
902 ☑	**public criticism**	世間の批判

17-2　ビル・ゲイツのマイクロソフトという遺産

❷ ゲイツは，ビル・アンド・メリンダ・ゲイツ財団での慈善活動に重点的に取り組むため指導的立場を退いた。2000年の創始以来，この財団は世界規模で貧困を減らし，医療制度を拡充すると共に，教育の機会と情報技術を利用する機会を増やそうと働きかけている。2009年にゲイツはギビング・プレッジ（寄付誓約宣言）として知られるキャンペーンをバークシャー・ハサウェイ社の最高経営責任者ウォーレン・バフェットと共同で立ち上げた。彼らと他の億万長者たちは，自身の資産の少なくとも半分を慈善目的に寄付すると宣言した。2006年にバフェットはすでにバークシャー株の85％を寄付する自身の計画を発表しており，その最大の寄付はビル・アンド・メリンダ・ゲイツ財団に行くことになっている。財団を通じてのゲイツの取組みにより，一般の人々はゲイツとゲイツの会社に対して好感を持つようになり，マイクロソフト社の企業イメージはもちろんのこと，妥協をしない競争者というゲイツ個人のイメージまでも回復するのに大きな役割を果たした。そのイメージは何年もの間厳しい世間の批判にさらされてきた。

Part II 6 マネジメント ◆ Management

語句・表現

- □ *l.2*　Launched in 2000, ... は Since it was launched in 2000, ... を省略した形。
- □ *l.7*　philanthropic causes「慈善目的」
- □ *l.13*　subject to ～「～にさらされている；～に従って」

Key Points of This Issue　ビル・アンド・メリンダ・ゲイツ財団 (Bill & Melinda Gates Foundation)

　2000年にビル・ゲイツと妻のメリンダ・ゲイツによって創設された世界最大の慈善基金団体。前身であるGates Library Foundationは1996年にビル・ゲイツによって創設され，当時はアメリカ国内の図書館などにコンピュータやインターネット・アクセスを提供する活動を中心に行っていた。現在は，ワクチンや新薬開発への寄付を初めとする病気や貧困への対策，またアメリカ国内における教育やIT技術への貢献を主な活動とする。

17-3　Bill Gates' Microsoft Legacy

1　❸ In 1975, Gates **recruited** his former high school and Harvard University classmate, Paul Allen, to join forces with him in founding a company they dubbed "Microsoft," with the name becoming a **registered trademark**. The company's first product was a BASIC computer language interpreter.

5　In 1981, the company underwent restructuring and was **incorporated** as "Microsoft, Inc." with **headquarters** in Gates' hometown of Seattle. By that time, another former Harvard classmate, Steve Ballmer, was also **aboard**. Together, the former classmates **parlayed** their ability to write algorithms **into** an adaptation of a computer operating system known as QDOS so that it

10　would run on IBM computers. This operating system came to be known first as PC-DOS and later as MS-DOS.

903 ☑	**recruit** [rikrúːt]	*vt.* を勧誘する，(新人など) を採用する；を補充する *n.* 新入社員
	派 **recruitment**	*n.* 補充，リクルート
	派 **recruiter**	*n.* 募集〔採用〕担当者
904 ☑	**registered trademark**	登録商標 解説 (日本の場合は特許庁に) 登録を認められた商標。
	参 905 ☑ **trademark**	*n.* 商標，トレードマーク *vt.* に商標をつける；の商標を登録する
	参 906 ☑ **trademark right**	商標権
907 ☑	**incorporate** [inkɔ́ːrpərèit]	*vt.* を法人にする；を (～と) 合体させる *vi.* 合併する，法人になる
	派 **incorporation**	*n.* 法人；合併；編入
	派 **incorporated**	*adj.* 法人の；合併した
☑	**headquarters** [hédkwɔ̀ːrtərz]	*n.* 本部，本社

17-3　ビル・ゲイツのマイクロソフトという遺産

❸ 1975年に，ゲイツは高校とハーバード大でかつて同級生であったポール・アレンを誘い，会社設立に協力してもらった。この会社を2人は「マイクロソフト」と呼び，この名前は登録商標となった。この会社の最初の製品はBASICコンピュータ言語インタプリタであった。1981年には，会社は再編成を決行し「マイクロソフト社」として法人となり，**本部をゲイツの故郷シアトルに置いた**。その頃までには，もう1人のハーバード大のかつての同級生，スティーブ・バルマーも加わっていた。力を合わせて，このかつての級友たちはアルゴリズムを書き込む能力を駆使して，QDOSとして知られるコンピュータ・オペレーティングシステムを，IBM製のコンピュータ上で作動するように適合させた。このオペレーティングシステムは，まずPC-DOSとして，その後MS-DOSとして知られるようになった。

908 □	**aboard** [əbɔ́ːrd]	*adv.* （組織などに）加入して；（船・飛行機・電車などに）乗って（≒ on board）
909 □	**parlay ～ into ...**	～（技術・経験）を活用して…を得る；～（金，資産，才能など）を運用して…（富，資産，成功など）を得る
	參 **parlay**	*n.* 元金〔配当金，賞金〕をさらに賭けること

語句・表現

- □ *l.2*　join forces with ～「～と協力する，～と提携する」
- □ *l.3*　dub「～と呼ぶ，～と名付ける」
- □ *l.4*　interpreter「インタプリタ」コンピュータでプログラムを実行する方法の1つ。
- □ *l.9*　QDOS = Quick and Dirty Operating System
- □ *l.11*　MS-DOS = Microsoft Disk Operating System

17-4 Bill Gates' Microsoft Legacy

1 ❹ As part of their **business plan**, the programming **whizzes** wisely retained the rights to sell the operating system to other companies. With the coming personal computer revolution, this decision led to Microsoft becoming a **dominant** force in the industry. With Gates as president and
5 chairman of Microsoft, the **company culture** was "development centric" from the beginning. The continuing push for new products helped to turn Microsoft into a **leading-edge** software development company, with its new Windows operating system and Office suite leading the market. Excellent at **entrepreneurial management**, Gates was extremely active in employing
10 very aggressive **marketing methods**. He was also very much involved in **quality control**. Always a micro-manager, it has been reported that he personally reviewed all product software code written during the first five years of the company's existence.

910 ☐ **business plan**	経営計画, 事業計画
911 ☐ **whiz** [*h*wíz]	*n.* 達人, 名人；ヒュー〔ビュー〕という (風を切る) 音
☐ **dominant** [dá:mənənt]	*adj.* 支配的な, 権力のある；主要な
派 **dominance**	*n.* 優勢；権力, 支配
派 **dominate**	*vt.* を支配する　*vi.* 支配する
912 ☐ **company culture**	社風, 企業文化　解説 組織内で共有されメンバーの行動様式の枠組みとなる企業独自の考え方, 価値観, 性質。「企業風土」とも呼ぶ。
913 ☐ **leading-edge** [lí:diŋédʒ]	*adj.* 最先端の, 最前線の
914 ☐ **entrepreneurial management**	起業家的経営

17-4　ビル・ゲイツのマイクロソフトという遺産

❹経営計画の一部として，このプログラミングの達人たちは，賢明にもそのオペレーティングシステムの他企業への販売権を守り続けた。来たるパーソナルコンピュータ革命と共に，この決断のおかげでマイクロソフト社はこの業界の**支配的な勢力**となった。ゲイツをマイクロソフト社の社長兼会長の座に据え，その社風は当初より「開発中心」であった。新製品を継続的に出すことにより，マイクロソフト社は**最先端**のソフトウェア開発企業へと変貌し，新しいウィンドウズ・オペレーティングシステムとオフィススイート（無料オフィスソフト）は市場を席巻した。ゲイツは，起業家的経営に非常に長けていたため，極めて攻撃的な**マーケティング手法**を採用することに非常に積極的だった。その上，ゲイツは**品質管理**にも大きく関わっていた。昔から非常に細かいことまでコントロールする管理者だったため，ゲイツは会社創立当初の5年間は，書き込まれたすべての製品版ソフトウェア・コードを自ら見直したと伝えられている。

Part II
6
マネジメント ◆ Management

915 ☑	**marketing method**	マーケティング手法 **解説** 販売促進や商品開発に役立てるために，消費者のニーズや需要などの動向を調査するための手法。
916 ☑	**quality control**	品質管理

語句・表現

- □ *l.6* turn ～ into ...「～を…に変える」
- □ *l.9* active in ～「～に積極的で」
- □ *l.10* be involved in ～「～に関与する」
- □ *l.11* micro-manager「マイクロ管理者」細かく管理・監督を行い，部下に仕事を任せないタイプの管理者を指す。

17-5 Bill Gates' Microsoft Legacy

1　❺ Maintaining a tight operating budget, it is also said that Gates insisted that Microsoft reserve enough back-up funds so that the company would always have sufficient operating capital to continue for as long as a year without any income. By 1993, Windows had become the most popular
5　graphical operating system in the world, and Microsoft's market value surpassed that of computer giant IBM for the first time. Needless to say, Microsoft's success under Gates' leadership opened the door for significant criticism. In 1988, Apple Computer had initiated a copyright infringement suit against Microsoft, claiming rights to the graphic interface used by
10　Windows. Although Apple lost the suit in 1993, there would continue to be friction between the two companies for some time. It was also in 1993 that the Justice Department began an investigation into whether Microsoft had violated antitrust laws regarding fair competition. Eventually, the European Commission would also take action against Microsoft for perceived antitrust
15　violations. Many critics would claim that Microsoft's chief expansion strategy was the abolishment of its competitors.

917 ☑	operating budget	運営予算
918 ☑	back-up fund	予備資金
	参 back(-)up	adj. 予備の
919 ☑	operating capital	運営資本
920 ☑	market value	市場価値；時価
921 ☑	copyright infringement	著作権侵害 解説 著作権とは，知的財産権の1つであり，著作物に対して著作者が保有する権利。
	参 copyright	n. 著作権，版権　adj. 版権のある
922 ☑	expansion strategy	拡大戦略

17-5　ビル・ゲイツのマイクロソフトという遺産

❺運営予算を最小限に抑えながら，ゲイツは，収益がなくても１年間は存続するのに足りる運営資本が常にマイクロソフト社にあるように，十分な予備資金を蓄えることを主張していたとも伝えられている。1993年までにウィンドウズは世界で最も普及したグラフィカル・オペレーティングシステムとなり，マイクロソフト社の市場価値は初めてコンピュータ最大手のIBM社を超えることとなった。言うまでもないことだが，ゲイツ主導によるマイクロソフト社の成功は，かなりの批判への門戸を開くことになった。1988年，アップルコンピュータがマイクロソフト社に対し著作権侵害訴訟を起こし，ウィンドウズが使用しているグラフィック・インターフェースの権利が自社にあることを主張した。アップルは1993年に敗訴したが，しばらくの間この２つの企業の間にあつれきが残ることとなった。同じく1993年に今度は司法省が，マイクロソフト社が公正な競争に関して独占禁止法に違反しているかどうか調査を開始した。やがて，欧州委員会もマイクロソフト社に対し，独占禁止法違反と見なされる件で訴訟を起こすことになる。この頃多くの批評家は，マイクロソフト社の主な拡大戦略はその競合相手を滅ぼすことであると断言していたものだった。

PartⅡ
6
マネジメント ◆ Management

---

923 ☐	**abolishment** [əbάːliʃmənt]	*n.* 滅ぼすこと；廃止
派	**abolish**	*vt.* を廃止する
派	**abolition**	*n.* 廃止

✎ 語句・表現

☐ *l.9*　claim rights to ～「～に対する権利を主張する」

☐ *l.14*　take action against ～「～に対して訴訟を起こす；～に対処する」

17-6　Bill Gates' Microsoft Legacy

1　**⑥** In spite of these **setbacks**, Microsoft has remained a leading innovator in the field of information technology.　It has branched out into various areas, including games, music players, mobile applications, commercial cloud platforms, and many more.　In order to achieve **optimization** in its
5　**diversification strategy**, the company reorganized its structure in 2015, separating its business and engineering operations, the latter being grouped into three divisions: Cloud and AI Group, Experience and Devices, and Artificial Intelligence and Research.　For the fiscal year ending June 30, 2020, Microsoft had an **operating income** of $52.959 billion and a **net income**
10　of $44.281 billion.　It currently employs nearly 163,000 workers globally. It has achieved an excellent record in promoting employee diversity and environmental consciousness.

924 ☑	**setback** [sétbæk]	*n.*（突然の進歩の）妨げ，逆風，後退；失敗，挫折，敗北
	参 set ～ back	（～の進行）を遅らせる
925 ☑	**optimization** [à:ptəmaizéiʃən]	*n.* 最適化
	派 optimize	*vt.* を最大限に活用する
926 ☑	**diversification strategy**	多角化戦略
927 ☑	**operating income**	営業利益
928 ☑	**net income**	純利益 **解説** 法人税などを引いた最終的な利益。
	参 gross margin	売上総利益，粗利益
	参 gross operating profit	売上総利益

17-6　ビル・ゲイツのマイクロソフトという遺産

❻ このような逆風にもかかわらず，マイクロソフト社は情報技術分野では首位を走る革新勢力であり続けた。ゲームや音楽プレーヤー，モバイルアプリケーション，商業目的のクラウドプラットフォーム，そしてその他多くのものを含む，さまざまな分野へと手を広げていった。多角化戦略における最適化を果たそうと，2015年に同社は組織を再編成し，ビジネスとエンジニアリング業務を分離し，後者を3つの事業部に分けた。この3つの事業部はそれぞれ，クラウド＆人工知能グループ，エクスペリエンス＆ディバイス，そして人工知能研究である。2020年6月30日までの営業年度にマイクロソフト社は529億5,900万ドルの営業利益と442億8,100万ドルの純利益を上げた。目下のところ世界中で約16万3千人の従業員を雇用していて，従業員の多様性と環境意識の促進では優秀な記録を達成している。

Part II
6

マネジメント ◆ Management

✎ 語句・表現

□ *l.2*　branch out「手を広げる」
□ *l.7*　Experience「エクスペリエンス」商品を使用した時やサービスを受けた時に感じる心理的・感覚的な価値。

17-7 Bill Gates' Microsoft Legacy

1　❼ Meanwhile, Bill Gates continues to work with his wife at their foundation, while supporting numerous other charitable causes. At the 2015 TED Conference, Gates **prophetically** warned of the **likelihood of** a future global pandemic and the urgent need to prepare for such an occurrence. As

5　of this writing the Gates Foundation has given more than $350 million to aid in development of **treatments**, **vaccines**, and public health measures to fight the Covid-19 pandemic. Whatever criticisms may have been **leveled at** Bill Gates and his leadership in the past, no one can deny that he will leave behind a very **respectable** corporate, philanthropic, and personal legacy.

(Original, 931 words)

929 ☑	**prophetically** [prəfétikli]	*adv.* 予言的に
930 ☑	**likelihood of ~**	～の可能性
☑	**treatment** [trí:tmənt]	*n.* 治療法，手当て；待遇，扱い
☑	**vaccine** [væksí:n]	*n.* ワクチン
931 ☑	**level ~ at 〔against〕 ...**	～（非難など）を…（人）に向ける
932 ☑	**respectable** [rispéktəbl]	*adj.* （尊敬に値するほど）立派な，正しい；品位のある；社会的地位のある
	派 **respect**	*n.* 尊重；注意，関心
	派 **respectful**	*adj.* （人・態度などが）丁重な，礼儀正しい

17-7 ビル・ゲイツのマイクロソフトという遺産

❼ 一方で，ビル・ゲイツは妻と共に財団での活動を続ける一方，多数の別の慈善活動も支援している。2015年のTEDカンファレンスでゲイツは**予言的**に将来の世界的なパンデミックの**可能性**と，そのような出来事に対する準備の差し迫った必要性を警告した。これを書いている時点で，ゲイツ財団は新型コロナウイルス感染症の大流行と対峙するための**治療法**，**ワクチン**，そして公衆衛生対策の開発の援助に3.5億ドル以上を寄付している。過去にビル・ゲイツとその指導力に対しどんな非難が**向け**られてきたとしても，同氏が大変**立派**な会社，慈善事業，そして個人の遺産を残すであろうことを否定することは誰にもできない。

Part II
6
マネジメント ◆ Management

語句・表現

□ *l.2* charitable causes「慈善目的，慈善事業」
□ *l.8* leave behind ~「~（＝功績など）を残す」

18-1 Japanese and American Management Styles

1　❶ In the 1970s, Japanese carmakers first started to become serious **contenders** in the international automobile market.　At that time, U.S. manufacturers controlled **the lion's share** of the market.　Japan's success was met with a mixture of **admiration** and alarm.　The same is true of the
5　electronics industry, where sales of Japanese exports began to **eclipse** those of other countries.　Japanese products kept getting better and better.　Before long, Japanese brands became **synonymous** with innovation and high **quality standards**.　At the same time, foreign analysts became **obsessed with** finding the critical **success factors** that would explain the amazing
10　**quantum leap** in Japanese manufacturing.

933 ☑	**contender** [kənténdər]	n. 競争相手
	≒ **competitor**	n. 競合相手
	派 **contend**	vi. 戦う　vt. を主張する
934 ☑	**the lion's share**	最大のシェア；うまい汁 解説 一番大きくて良い部分。うまみのある部分を不当に独占しているという批判的な意味が込められることがある。
935 ☑	**admiration** [æ̀dməréiʃən]	n. 称賛, 感嘆
	派 **admire**	vt. を称賛する
936 ☑	**eclipse** [iklíps]	vt. を上回る, をしのぐ；を隠す　n. (太陽・月の) 食
937 ☑	**synonymous** [sinánəməs]	adj. 同義の, 同義語の, 類義の
	参 **become synonymous with** ～	～と同義となる, ～の代名詞となる
	派 **synonym**	n. 同義語, 類義語；別名

18-1　日本とアメリカの経営方式

❶ 1970年代に，日本の自動車メーカーは初めて自動車の国際市場での無視できない競争相手となり始めた。当時，アメリカのメーカーがその市場での最大のシェアを握っていた。日本の成功は，称賛と警戒が入り交じって受け止められた。エレクトロニクス（電子工学）産業にも同じことが当てはまる。エレクトロニクス産業では，日本の輸出品の売上高が他国の売上高を上回り始めていた。日本製品はどんどん良くなり続けた。やがて日本製ブランドは革新や高い品質規格の代名詞となった。同時に，海外のアナリストたちは日本の製造業の驚くべき大躍進を説明する重要な成功要因を見つけ出すことで頭がいっぱいになっていた。

938	**quality standard**	品質規格

939	**obsessed with ～**	～に取り付かれて，～で頭がいっぱいで
		be〔become〕obsessed with ～（～で頭がいっぱいである〔になる〕）

	派 obsession	*n.* 執着，妄想；強迫観念
	派 obsessive	*adj.* 取り付かれた，頭から離れない

940	**success factor**	成功要因

941	**quantum leap**	大躍進；〈物理学で〉量子飛躍

語句・表現

☐ *l.4*　be met with ～「～をもって受け止められる」
☐ *l.4*　the same is true of ～「～にも同じことが言える」

18-2 Japanese and American Management Styles

1　❷ Many analysts looked to differences in Japanese management structure for the keys to Japan's success. They felt that Japanese management principles must be inherently superior to the American way of doing things. Their conclusions tended to be generalizations that
5　were based on Japanese cultural traits. For example, it has been said that Japan is a relatively homogeneous society which values interdependence over individualism. As a result, workers do a better job because of peer or group pressure. Japanese society also values harmony. Decisions are based on group consensus. Supposedly, this makes Japanese workers feel more a
10　part of their companies than American workers do.

942 ☑	**management structure**	経営構造
943 ☑	**management principles**	経営理念
944 ☑	**inherently** [inhíərəntli, -hér-]	*adv.* 本質的に；先天的に
	派 **inherent**	*adj.* 固有の，本来備わっている
945 ☑	**generalization** [dʒènərələzéiʃən]	*n.* 一般論，一般化；総合
	派 **generalize**	*vt.* を一般化する；を総合する
946 ☑	**homogeneous** [hòumədʒíːniəs, hù-]	*adj.* 同質的な，均一な
	派 **homogeneity**	*n.* 同種（性），均質（性）
	⇔ 947 ☑ **heterogeneous**	*adj.* 異種の，異質な；混成の，雑多な

18-2　日本とアメリカの経営方式

❷ 多くのアナリストは，日本の成功のカギとして，日本の経営構造における違いに目を向けた。アナリストたちは，日本の経営理念は本質的にアメリカのやり方よりも優れているに違いないと思った。アナリストの結論は，日本の文化特性に基づいた一般論になりがちであった。例えば，よく言われてきたのは，日本は個人主義よりも相互依存関係を重んじる比較的同質的な社会であるということだ。そのため，労働者は同僚や集団からの圧力があるために，よりよい仕事をする。また，日本社会は，調和を重んじる。意思決定は集団の総意に基づく。おそらく，これによって日本の労働者は，アメリカの労働者よりも会社への帰属意識が強い，と。

Part II
6
マネジメント ◆ Management

---

948 ☑	**interdependence** [ìntərdipéndəns]	*n.* 相互依存（関係）
	派 **inter-dependent**　*adj.* 相互に依存する	
949 ☑	**individualism** [ìndəvídʒuəlìzm]	*n.* 個人主義；自由主義；利己主義
	派 **individualize**　*vt.* に個性を与える	
	派 **individuality**　*n.* 個性，人格	

語句・表現

☐　*l.5*　cultural traits「文化特性」

18-3 Japanese and American Management Styles

1　❸ In the American system, pressure to do a good job has been seen as coming mainly from managers. Decision-making tends to be **top-down**, with lower-level employees having little say in company policy. As a result, American workers may feel less responsibility for company production costs
5　or the quality of products they produce. Many analysts have suggested that it would be a good idea to use Japanese management structure as a **template** for American companies. According to them, this would help the companies to **reclaim** their **superiority** in the world markets.

　❹ **Arguably**, the Japanese system has worked very well for Japan. There
10　has been continuous improvement of Japanese products and Japan's place in the global market has risen steadily. However, the analysts need to consider that the **management culture** of one country might be **incompatible** with **cultural norms** in other countries.

950 ☑	**top-down** [tápdáun]	*adj.* 上意下達の，トップダウンの
951 ☑	**template** [témplət]	*n.* ひな型，テンプレート
952 ☑	**reclaim** [rikléim]	*vt.* を取り戻す，の返還を求める；を更生させる *n.* 返還要求；改心
953 ☑	**superiority** [supìəriɔ́(:)rəti]	*n.* 優位性
	派 **superior**	*adj.* より優れた；上位の　*n.* より優れた人；上役
☑	**arguably** [ɑ́ːrgjuəbli]	*adv.* ほぼ間違いなく，おそらく
	派 **arguable**	*adj.* 議論の余地のある
954 ☑	**management culture**	経営文化

18-3 日本とアメリカの経営方式

❸ アメリカ型の方式では，よい仕事をしなければならないという圧力は主に管理職からもたらされると見なされている。意思決定は上意下達の傾向があり，下層の従業員が会社の方針について発言権はほとんどない。その結果，アメリカの労働者は会社の生産コストあるいは自分たちが製造する製品の品質について責任をあまり感じていないのかもしれない。多くのアナリストは，日本の経営構造をアメリカの企業のひな型として用いるのはよい考えであると提案している。彼らによれば，（アメリカの）企業が世界市場における優位性を取り戻すのに，このことが役に立つという。

❹ ほぼ間違いなく，日本型の方式は日本にとってとてもうまく機能してきた。日本製品は継続的に向上し，日本の世界市場における地位は着実に上がっていた。しかしながら，アナリストたちが考慮に入れる必要があるのは，ある国の経営文化が別の国々の文化規範と相容れないことがあるということだ。

955	**incompatible** [ìnkəmpætəbl]	*adj.* 相容れない；調和しない；矛盾する
	派 **incompatibility**	*n.* 不一致；不適合
956	**cultural norm**	文化規範

語句・表現

□ *l.3* have little say in ～ 「～において発言権〔力〕がほとんどない」

18-4 Japanese and American Management Styles

1　(❹続き) This is why companies sometimes have a difficult time when they open branches in foreign countries. The American movie *Gung Ho* illustrates this kind of cultural clash. In the movie, a Japanese company takes over an American car factory. The movie provides a humorous look at ethnocentric
5　behavior. Reportedly, this movie was used by the Toyota Company as an example of how not to manage Americans.

　❺ There is also more emphasis on in-house training for employees. One of the most important principles to be adopted is Total Quality Management (TQM). This includes much more than just product quality.
10　TQM also refers to all the people and functions of an organization, and how they must all work together **systematically** for the good of the company and its products. Surprisingly, this concept was introduced in Japan by an American, William Edwards Deming, in the 1950s.

957 ☑	ethnocentric behavior	自民族中心的な行動
958 ☑	in-house training	社内研修
	参 959 ☑ in-house	*adj.* 社内の, 組織内の
960 ☑	total quality management (TQM)	総合的品質管理, TQM
☑	systematically [sìstəmǽtikəli]	*adv.* 系統的に, 体系的に, 組織的に
	派 systematic	*adj.* 体系的な, 組織的な
	派 systematization	*n.* 体系化, 組織化
	派 systematize	*vt.* を組織化する

18-4　日本とアメリカの経営方式

(❹続き) これが，企業が海外に支店を開設する場合に時として苦労する理由であ
る。アメリカ映画の『ガン・ホー』は，この種の文化衝突を例示する。ある日本企
業がアメリカの自動車工場を引き継ぐという内容の映画だ。自民族中心的な行動
をおもしろおかしく見せている。伝えられるところによれば，この映画はトヨタ
社において，アメリカ人を管理するのにやってはいけない方法の例として用いら
れたという。

❺ 従業員に対する社内研修にもより一層重点が置かれている。採り入れるべき
最も重要な指針の1つが，総合的品質管理 (TQM) である。これは，単に製品の
品質についてだけではない。TQM はさらに，組織に属するすべての人や職務を
指し，また，どのようにそれらすべてが一体となって，会社や製品のために，系統
的に機能すべきかについてを示す。意外にも，この概念はウィリアム・エドワー
ズ・デミングというアメリカ人によって1950年代に日本に紹介されたものだっ
た。

Part II
6
マネジメント◆ Management

語句・表現

- □ *l.1*　have a difficult time「苦労をする」
- □ *l.2*　*Gung Ho*「ガン・ホー」1986年に制作されたアメリカ映画。gung ho とはアメ
  リカ海兵隊の掛け声。「熱心な，忠誠を尽くす」という意味の形容詞として使
  われることもある。
- □ *l.13*　William Edwards Deming「ウィリアム・エドワーズ・デミング」アメリカの
  統計学者 (1900-1993)。

18-5 Japanese and American Management Styles

1   ⑥ The above example shows how both Japanese and American companies can profit from each other's management styles. American companies can give more importance to unity and long-term planning. Japanese companies can develop more strategic flexibility. This will give them the ability to
5   respond more quickly to economic downturns or other sudden changes. Since World War II, there have been several **partnerships** between U.S. and Japanese companies. Notable examples include Sony Prudential Life Insurance (1979-1987) and the Ford and Mazda Motor partnership (1974-2015). In recent years, partnerships have expanded into the digital sector,
10   such as Sony Computer Science Laboratories teaming up with Japanese and U.S. companies in 2017 to establish a new AI development company named Ghelia. By sharing expertise, as well as management and marketing strategies, Japanese and American companies can experience win-win relationships that enhance both.   (Original, 625 words)

961 ☑	**strategic flexibility**	戦略的柔軟性，戦略上の柔軟性
☑	**partnership** [pɑ́ːrtnərʃip]	*n.* 提携，協力；共同経営
	派 **partner**	*n.* 共同出資者；パートナー　*vt.* とパートナーを組む
962 ☑	**team up with ~**	～と組んでする，～と提携する
963 ☑	**win-win relationship**	双方に利益のある関係，win-win の関係

18-5　日本とアメリカの経営方式

❻ 上記の例は，日本企業とアメリカの企業がお互いの経営方式からどのように教訓を得ることができるかを示している。アメリカの企業は，団結力と長期的な計画をより重視できる。日本企業は，戦略的柔軟性をさらに身につけられる。このことにより，景気後退やその他の急激な変化に迅速に対応できるようになる。第二次世界大戦以来，アメリカの企業と日本企業の**提携**が何度か行われている。注目すべき例としては，ソニー・プルデンシャル生命保険 (1979年〜1987年)，フォードとマツダ自動車の提携 (1974年〜2015年) などが挙げられる。近年では，提携はデジタル分野にも広がっている。例えば，ソニー・コンピュータサイエンス研究所が2017年に日米企業と提携し，AI開発の新会社「Ghelia」を設立している。経営戦略やマーケティング戦略だけでなく，専門知識を共有することで，日米企業は双方を高める双方にとって有益な関係を経験することができる。

🖊 語句・表現

- □ *l.2*　profit from 〜「〜から恩恵を受ける」
- □ *l.8*　Ford：Ford Motor Company「フォード社」。1903年にヘンリー・フォード1世によって設立された，アメリカのミシガン州に拠点を置く自動車メーカー。
- □ *l.12*　expertise「専門知識；専門的技能」

🔍 Key Points of This Issue　総合的品質管理 (Total Quality Management, TQM)

　1980年代にアメリカで始まった，全社的に一貫した品質の管理を行う経営戦略上の手法。1960年代に日本で盛んであった全社的品質管理 (total quality control, TQC) をアメリカ式にしたもので，より経営戦略的な視点で，品質管理自体よりも会社全体のマネジメントに焦点をあて，トップダウンで品質管理を行うものである。企業をより効率的に運営し，質の高い製品を提供することで，利益の増加を目指す。日本でも1996年に，TQCの推進団体であった財団法人日本科学技術連盟がTQMに呼称変更し，その活動はより盛んとなっている。

19-1 How Much Do a Company's Ethics Matter in the Modern Professional Climate?

1　❶ More than ever, a company's success depends on the talent it's able to attract, but attracting the best talent is about more than just offering the best salary — or even the best benefits.　Companies may have a lucrative offer for a prospective candidate, and a culture where they'll feel at home, but

5　how do corporate ethics stack up against those of its **competition**?

❷ This may not seem like the most important question to ask when you're trying to hire someone for a position — especially one that might not be directly affected by the actions of your corporation as a whole — but the modern **workplace** is changing, as are American professionals' values, and

10　if you want to keep up, you need to know just how significant those ethical values are.

964 ☑	**lucrative offer**	有利なオファー〔申し入れ〕
965 ☑	**prospective candidate**	有望な志望者
参	prospective	*adj.* 予期される，見込みのある；将来の
参 966 ☑	prospective buyer	見込み客 **解説** 自社の商品やサービスに関心があり，いずれ購入する見込みがある客のこと。
967 ☑	**corporate ethics**	企業倫理
968 ☑	**stack up against ~**	～と比べられる；～に匹敵する
☑	**competition** [kɑ̀mpətíʃən]	*n.* 〈不可算名詞〉で**競争相手，ライバル；競争**
派	competitor	*n.* 競争する人，競争相手
派	compete	*vi.* 競争する

19-1　企業倫理は現代の職場環境の中でどれほど重要か

❶ これまで以上に，企業が成功するには引き付けることができる人材にかかっている。最良の人材を引き付けるといっても，最高額の給与だとか最高の手当を提示するだけではだめだ。企業は有望な志望者にとって有利なオファーができたり，居心地のよい企業文化があったりすることだろう。しかし，企業倫理はどのようにして競合他社と比べられるのだろうか。

❷ このことは，あるポジションに人を採用しようとしている際には，それほど重要な問題とは思えないだろう。特に，そのポジションが会社全体の動向に直接的には影響を受けない場合はそうだろう。ところが，現代の職場は変化しており，アメリカで仕事をしている人々の価値も変化している。(こういった変化に)遅れずに付いて行きたいのなら，倫理的価値観がどれだけ重要であるかを知っておく必要がある。

PartII 7 ビジネス倫理 ◆ Business Ethics

☑ **workplace**　　　　*n.* 職場，仕事場
[wɔ́ːrkplèis]

　参 in the workplace 社会で，職場で

969
☑ **ethical values**　　倫理的価値観

✍ 語句・表現

□ *l.1*　more than ever「ますます，これまで以上に」
□ *l.9*　as are American professionals' values = as American professionals' values are。主語(American professionals' values)が長いため，「動詞＋主語」の倒置が起きている。
□ *l.10*　keep up「(遅れないように)ついていく」

19-2 How Much Do a Company's Ethics Matter in the Modern Professional Climate?

1　What Qualifies as "Ethics"?

❸ What do I mean by "ethics"? This is a broad category, and subjective in nature, but generally, I'm referring to these areas:

❹ Fraud and manipulation. This should be obvious, but ethical companies
5　don't engage in shady or manipulative financial practices, such as fraud, bribery, or insider trading. The problem here is that individual actions are often associated with the company as a whole, so any individual within your company who behaves in an unethical way could compromise the reputation of your company. Setting strict no-tolerance policies and taking
10　proper disciplinary action can mitigate these effects.

❺ Sustainability. Sustainability refers to practices that may be continued indefinitely, usually with respect to the environment. Choosing renewable forms of energy, such as solar and wind, and decreasing pollutants are examples of this. However, sustainability may also refer to the use or
15　consumption of other natural resources, such as water.

970 ☑	**manipulation** [mənìpjəléiʃən]	*n.* 市場操作；(帳簿などの) 改ざん；(機械や人の心などを) 巧みに操ること
	派 **manipulative**	*adj.* 人を (思い通りに) 操る, ずるい
971 ☑	**shady** [ʃéidi]	*adj.* 疑わしい
972 ☑	**financial practice**	金融慣行
973 ☑	**bribery** [bráibəri]	*n.* 贈収賄, 贈賄, 収賄, わいろ
	派 **bribe**	*vt.* (人) に賄賂を贈る
974 ☑	**insider trading**	インサイダー取引 解説 未公開情報を不法に共有・利用して証券市場取引を行うこと。

19-2　企業倫理は現代の職場環境の中でどれほど重要か

「倫理」に該当するものとは？

❸「倫理」とはどういう意味だろうか。その意味は広範囲であり，本来は主観的であるが，一般的には次の領域を指す：

❹ 詐欺と市場操作。これは明白なはずだが，倫理的な企業は，疑わしいものや人を思い通りに操る金融慣行に関与しない。例えば，詐欺，贈収賄，インサイダー取引などである。ここで問題になるのは，個人の行動が会社全体と結び付けて考えられることが多いため，倫理観を欠いた行動をとる会社内の個人が会社の評判を損なう可能性があることだ。厳格で一切容赦しない方針を設定し，適切な懲戒処分を行うことで，これらの影響を緩和できる。

❺ 持続可能性。持続可能性とは，いつまでも続けていくことができる活動のことで，通常は環境に関連したことに用いる。再生可能エネルギー，つまり太陽光や風力を選択することや，汚染物質を削減することがこの例だ。ただし持続可能性とは，水のような他の天然資源を使用，消費することを指す場合もある。

Part II
7

ビジネス倫理 ◆ Business Ethics

---

975 ☐	**compromise** [kámprəmàiz]	*vt.* (評判，信用など)を損なう　*vi.* 妥協する
976 ☐	**disciplinary action**	懲戒処分
977 ☐	**sustainability** [səstéinəbiliti]	*n.* 持続可能性 **解説** パフォーマンスを失わずに継続的に利益を出し続けられるか，従業員が長く続けられるような環境か，社会に貢献し続けているか，といった可能性のこと。
978 ☐	**indefinitely** [indéfənitli]	*adv.* 無期限に；漠然と
	派 indefinite	*adj.* 無期限の；不明確な
979 ☐	**renewable forms of energy**	再生可能エネルギー

19-3 How Much Do a Company's Ethics Matter in the Modern Professional Climate?

1 ❻ **Diversity** and inclusion. Diversity and inclusion efforts are also seen as responsible, ethical business practices. These include programs to hire people from more diverse backgrounds, including different ethnicities, sexes, and differently abled people.

5 ❼ **Exploitation**. Large companies can make greater profits by exploiting local populations, especially in developing countries, or by exploiting tax loopholes to the disadvantage of individuals and businesses around them. These practices may yield your business a short-term benefit, but they're heavily frowned upon by the American public, and are usually seen as
10 unethical.

❽ Donations and contributions. Finally, a business's donations and volunteer contributions to charitable organizations, local groups, and good causes can also be considered an ethical and/or benevolent practice.

❾ So is it more important that a company pay attention to, and potentially
15 invest in these areas?

☑	**diversity** [dəvə́ːrsəti]	n. ダイバーシティ，多様性 **解説** 性別や年齢，国籍，文化，価値観など，さまざまなバックグラウンドを持つ人材を活用すること。
	参 diverse **派** diversify	adj. さまざまな，多様な vt. を多様化する　vi. 経営を多角化する
980 ☑	**inclusion** [inklúːʒən]	n. インクルージョン，受容 **解説** 文化や人種などの多様性を受け入れること。
981 ☑	**ethnicity** [eθnísəti]	n. 民族
982 ☑	**differently abled**	異なる心身能力を持つ，障がいのある ※ disabledは差別的表現との指摘があり，この表現が使われ始めた。
☑	**exploitation** [èksplɔitéiʃən]	n. 搾取，私的利用；開発

19-3　企業倫理は現代の職場環境の中でどれほど重要か

❻ ダイバーシティとインクルージョン。ダイバーシティ（多様性）とインクルージョン（受容）の取り組みも，責任ある倫理的な企業の慣習と見なされる。多様なバックグラウンドの人々，つまり多様な民族，性別，異なる心身能力を持つ人などを雇用するという計画がこれに当たる。

❼ 搾取。大企業は，より大きな利益を得ようとして，特に開発途上国の地元住民を利用したり，個人や関連企業の不利になるように税金の抜け穴を利用したりすることがある。これらの慣習はビジネスに短期的な利益をもたらすかもしれないが，アメリカの一般の人からひどくひんしゅくを買うし，通常は非倫理的であると見なされる。

❽ 寄付と貢献。最後に，企業が慈善団体や地域のグループ，慈善事業に寄付やボランティア的な貢献を行うことも，倫理的・慈善的な慣習だと考えられる。

❾ それでは，これらの領域に対して企業が注意を払い，資金を投じる可能性があることはより重要だろうか。

983 ☑	**tax loophole**	税金の抜け穴
984 ☑	**short-term benefit**	短期的な利益
985 ☑	**charitable organization**	慈善団体
986 ☑	**good cause**	慈善事業；もっともな理由
	参 be for〔in〕a good cause　慈善のためである	
987 ☑	**benevolent** [bənévələnt]	*adj.* 慈善的な；優しい，博愛の

🖋 語句・表現

□ *l.8*　yield your business a short-term benefit「ビジネスに短期的な利益をもたらす」
　　　　yield ～ ... で「～に…を与える〔譲る〕」の意味。

Part II
7
ビジネス倫理 ◆ Business Ethics

19-4 How Much Do a Company's Ethics Matter in the Modern Professional Climate?

1　The Age of Information
⑩ We've entered an age beyond the industrial; we're living in the **information age**. And no, that isn't just a **buzzword** used by digital marketers — it's being studied and treated as a major **leap forward** in
5　human history. Today's prospective employee has more information than ever before, and businesses are more transparent now than they ever have been.

⑪ A company's history, **public messages**, and even current staff are all publicly available information, and **all it takes is** a Google search for a
10　prospective employee to find it. For that reason alone, company ethics are more important than they've been in past decades; one scandal or **breach of ethics** will stick for potentially years, and conversely, any efforts made to conduct business ethically will be more apparent and publicly recognized.

---

988 ☑	**information age** 情報化時代	
☑	**buzzword** [bʌ́zwə̀ːrd]	*n.* 流行語, バズワード
989 ☑	**a leap forward** 進歩, 発展, 前進	
	參**a quantum〔giant, huge〕leap**　飛躍的進歩, めざましい発展	
990 ☑	**public message** 広報メッセージ	
991 ☑	**all it takes is ～** 必要なのは～だけだ	
992 ☑	**breach of ethics** 倫理違反	

19-4　企業倫理は現代の職場環境の中でどれほど重要か

情報の時代

⑩ 私たちは工業を超えた時代に入り，情報化時代に生きている。それに，それは
デジタルマーケティング担当者が使用する単なる**流行語**ではない。情報化時代と
いうことは研究され，人類史上でも非常に大きな前進だと見なされている。現在
の採用候補者はかつてないほど多くの情報を入手でき，企業はかつてないほど透
明性を高めている。

⑪ 会社の沿革，広報メッセージ，そして現従業員のことでさえ，すべて一般に入
手できる情報だ。採用候補者がそれを見つけるのに必要なのは，グーグル検索だ
けだ。この理由だけをもってしても，企業倫理は過去数十年に比べて重要だ。1回
のスキャンダル，1回の倫理違反が何年も人々の心に残ってしまう可能性があ
る。逆に，ビジネスを倫理的に行うために払ったどんな努力も明らかにでき，一
般に認識してもらえる。

語句・表現

□ *l.12* conversely「（文修飾）反対に，逆に」

19-5 How Much Do a Company's Ethics Matter in the Modern Professional Climate?

1 The **Millennial** Factor

⓬ It's also important to realize that millennials are the next generation of talent entering the professional world — and they're the ones dictating what's important for companies. According to a Bentley University study, 86
5 percent of millennials consider it a main priority to work for a business that **conducts itself** ethically and responsibly. In fact, most millennials would be willing to take a considerable **pay cut** to work for such a business.

⓭ What does that mean for ethical practices at your company? It means if you want any chance of recruiting **up-and-coming** talent in your industry,
10 you need to start engaging in a more responsible way. Otherwise, you'll be **alienating** 86 percent of the young workforce before you even get to make an offer.

---

993 ☐	**millennial** [miléniəl]	*adj.* ミレニアル (世代) の；新千年の *n.* ミレニアル世代の人 **解説** ミレニアル世代とは，1980年前後から2005年頃にかけて生まれた世代のこと。10代からデジタル環境になじんだ初の世代。
994 ☐	**conduct oneself**	(人前で) ふるまう，行動する
995 ☐	**pay cut**	賃金カット
996 ☐	**up-and-coming** [ʌ̀pənkʌ́miŋ]	*adj.* 有望な，見込みのある
997 ☐	**alienate** [éiliənèit]	*vt.* を遠ざける，を疎遠にする；を仲間外れにする
派	**alienation**	*n.* 疎外感，遠ざけること；〈法律〉譲渡

19-5　企業倫理は現代の職場環境の中でどれほど重要か

ミレニアル世代の要因

⑫ また，認識すべき重要なことは，次に実社会に入ってくる人材がミレニアル世代であるということと，彼らは企業にとって何が重要かということに影響を与えるということだ。ベントレー大学の調査によると，ミレニアル世代の86%は，倫理的で責任を持って行動する企業で働くことが最優先事項であると考えている。実際，ミレニアル世代の多くは，そういった企業で働けるのであれば，かなりの賃金カットを受け入れる用意がある。

⑬ このことは会社の倫理的慣習にとって，何を意味するだろうか。もし，業界で有望な人材を自社に採用することを望むなら，より責任ある方法で業務を行い始める必要があるということだ。そうしなければ，オファーする前に若い労働力の86%を遠ざけてしまうことになる。

語句・表現

□ *l.11*　make an offer「オファーをする，申し出をする，提案する」

19-6 How Much Do a Company's Ethics Matter In The Modern Professional Climate?

1 Increased Competition

⓮ One other factor to consider here is the **compounding** nature of competition. As more businesses begin to realize the importance of responsible and ethical practices, more businesses are going to invest in
5 those efforts, which means any businesses that don't follow suit are going to look worse by comparison.

⓯ As just one illustration of this effect, between 2011 and 2015, the percent of Fortune 500 companies that published sustainability reports ran from 20 percent to 81 percent. Developing a company ethically is only going to
10 become more significant as competitors invest in their **respective** initiatives.

The Bottom Line

⓰ A company's ethics and corporate social responsibility matter more today than they did a few decades ago. Workers place a higher emphasis on the values of their employers, and have access to more information than ever
15 before.

⓱ If you want your company to remain competitive in the hunt for the best candidates in your field, spend some time defining, perfecting, and promoting your company's ethical behavior.   (*Forbes*, Sep. 12, 2017, 832 words)

☐	**compound** [kəmpáund, kám-]	*vt.* を合成する, を混ぜ合わせる, を組み立てる；(問題・状況など)を悪化させる；(利子)を複利で支払う
998 ☐	**follow suit**	同様の措置を講じる；先例にならう, 後に続く
☐	**respective** [rispéktiv]	*adj.* それぞれの, 各自の ※複数形の名詞の前で用いる。
	派 **respectively**	*adv.* それぞれ, 各々
999 ☐	**ethical behavior**	倫理的行動

19-6　企業倫理は現代の職場環境の中でどれほど重要か

競争の激化

⑭ ここで考慮すべきもう1つの要因は，競争には**複合的な**性質があることだ。責任ある倫理的慣習の重要性を認識し始める企業が増えるにつれ，さらに多くの企業がそうした取り組みに投資するようになる。つまり，同様の措置を講じない企業は，比較すると見劣りするだろう。

⑮ この影響のほんの一例として，2011年から2015年の間に，サステナビリティ報告書を公開したフォーチュン500社の割合は20％から81％になった。企業を倫理的に成長させることは，競合他社が**それぞれの**新たな取り組みに投資している中，ますます重要になるだろう。

結論

⑯ 企業の倫理と企業の社会的責任は，数十年前に比べて今の方がより重要だ。従業員は雇用主の（倫理的）価値観をより重視し，かつてないほど多くの情報を入手できる。

⑰ 貴社の分野で優秀な人材を探す上で，競争力を維持したい場合は，貴社の倫理的行動を規定し，完全なものにして，奨励することに時間をかけるべきだ。

語句・表現

□ *l.8*　Fortune 500 companies「フォーチュン500」フォーチュン誌が年に1回発表する，アメリカの上位500社のリスト。

□ *l.8*　sustainability report「持続可能性報告書，サステナビリティ報告書」

□ *l.16*　in the hunt for ～「（獲物・犯人・行方不明者など）を捜索〔追跡〕して」

20-1 Scams and Swindles

1 ❶ The phone rings. When you pick it up, you hear the caller say: "You've won a 'free' gift, but you have to pay for postage and handling... You must act now or the offer won't be good." Such lines from a **hard-selling** telephone salesperson are typical come-on's in **telemarketing** fraud. You should never
5 be pressured to **transfer** funds over the phone, especially to people you don't know. And you should never give out your personal or financial information to unknown callers.

❷ The same is true on the Internet. In fact, the Internet and **e-mail marketing** have opened up a whole new world of enticing **sales pitches**
10 for products or services that may be non-existent, substandard or even completely worthless. And more people are getting caught in the web of deception every day. Computer on-line **scams** can literally reach millions in minutes. The hustlers are laying traps to try to **outsmart** others and unfortunately they are often quite experienced in ripping people off.

1000 ☑ **hard-selling** [háːrdsélin]	*adj.* 押し売りの，強引な売り込みの	
派 **hard-sell** ⇔ **soft-sell**	*n.* 押し売り *n.* 穏やかな売り込み	
1001 ☑ **telemarketing** [téləmàːrkitin]	*n.* テレマーケティング，電話勧誘	
☑ **transfer** *vt., vi.* [trænsfɔ́ːr, ─́─] *n.* [trǽnsfɔːr]	*vt.* を送金する，を移す　*vi.* 移る；乗り換える *n.* 移転；乗り換え；譲渡	
派 **transferable**	*adj.* 移動可能な	
1002 ☑ **e-mail marketing**	E〔電子〕メールマーケティング，メールマーケティング	
1003 ☑ **sales pitch**	（営業マンが客の興味を引き出すための）売り込み口上，商品売り込みの勧誘（≒ elevator pitch, sales talk）	
参 **pitch**	*n.*（相手に事前情報がない状態での端的な）売り込み文句，提案	

20-1　詐欺とペテン行為

❶ 電話が鳴る。あなたがその電話を取ると, 相手が次のように言うのが聞こえる。「あなたに『無料』のプレゼントが当たりました。ですが, 送料と手数料をお支払いいただく必要があります。今行動に移さないと, この申し出は無効になってしまいますよ。」このような押し売りの電話販売員の言葉は, テレマーケティング詐欺の典型的な売り文句である。特に見知らぬ相手に金**を振り込む**ことを電話で強要されるべきではないし, 絶対に個人情報または金融情報を見知らぬ電話の相手に開示すべきではない。

❷ 同様のことがインターネットについても言える。実際, インターネットやEメールマーケティングは, 実体がなかったり, 低水準だったり, あるいはまったくの無価値だったりする可能性のある製品・サービスに関して, 魅惑的な売り込みの新天地を開拓した。そしてますます多くの人が, 毎日詐欺の罠につかまっている。コンピュータを用いたオンライン詐欺はまさに数分間で数百万件にも上る。ペテン師が他人の裏をかこうと罠を仕掛けており, あいにくそうしたペテン師たちは, 多くの場合, 人をだますことに非常に熟練している。

1004 ☑	**scam** [skǽm]	n. (信用)詐欺　vt. をだます
1005 ☑	**outsmart** [àutsmáːrt]	vt. の裏をかく, を出し抜く
	≒ **outmaneuver**	vt. の裏をかく

- □ *l.1*　pick up ～「(電話) に出る」
- □ *l.4*　come-on「売り文句」
- □ *l.4*　fraud「詐欺」
- □ *l.9*　enticing「魅惑的な, 心をそそる」
- □ *l.13*　lay a trap「罠を仕掛ける」
- □ *l.14*　rip off ～「～をだます, ～を搾取する」

20-2 Scams and Swindles

1 ❸ The Federal Trade Commission has reported a rapid increase in telemarketing and on-line fraud in the past eight years. Numerous consumer warnings by the FTC and other government agencies such as the Federal Bureau of Investigation have been issued about various **questionable**
5 business practices that are being carried out to swindle the public. Here are some of them.

❹ One way is through deceptive advertising which seeks to trick people into buying something. The ad may contain inaccurate information, **falsifications**, or simply be presented in some misleading way. If it
10 sounds too good to be true, it probably is. Watch out for secret formulas and amazing **breakthroughs** not as yet given validation by the scientific community.

☑	**questionable** [kwéstʃənəbl]	*adj.* いかがわしい；(真実性が) 疑わしい，不確かな
1006 ☑	**swindle** [swíndl]	*vt.* をだます；をだまし取る *n.* 詐欺，不正，ペテン行為；(チェスの) はめ手
	派 **swindler**	*n.* 詐欺師
1007 ☑	**deceptive advertising**	誇大〔詐欺，虚偽〕広告 (≒ misleading advertising)
1008 ☑	**trick ～ into ...ing**	～をだまして…させる
1009 ☑	**inaccurate** [inǽkjərət]	*adj.* 不正確な；間違った
1010 ☑	**falsification** [fɔ̀:lsəfikéiʃən]	*n.* (事実の) 歪曲；偽造，改ざん
	派 **falsify**	*vt.* (事実) を偽る；を偽造する

20-2　詐欺とペテン行為

❸ 連邦取引委員会 (FTC) はテレマーケティング詐欺およびオンライン詐欺が過去8年間に急速に増えたことを報告している。FTCや連邦捜査局 (FBI) といったその他の政府機関から，一般市民をだますために行われているさまざまな**いかがわしい商法**に対して，消費者への注意喚起が数多く出されている。以下にいくつかを挙げる。

❹ 1つは人々をだまして何かを買わせようとする誇大広告による方法である。そうした広告は**不正確な情報**や**歪曲**を含んでいたり，あるいは単に何らかの誤解を招くような提示がなされていたりする可能性がある。そんな話はうま過ぎると思ったら，おそらくその通りだろう。未だ科学界によって**検証**がなされていない秘密の製法や驚くべき**大発見**とやらには用心することだ。

Part II
7
ビジネス倫理 ◆ Business Ethics

☑ **breakthrough** [bréikθrùː]	*n.* 大発見，大躍進	
1011 ☑ **validation** [vælədéiʃən]	*n.* (科学的根拠，妥当性があるかの) 検証；確認	
派 **validate**	*vt.* の正当性を立証する	
派 **validity**	*n.* 正当性	
派 **validly**	*adv.* 正当に	

語句・表現

- ☐ *l.1* Federal Trade Commission (FTC)「連邦取引委員会」独占禁止法と消費者保護法を規制・監視する連邦機関。
- ☐ *l.3* Federal Bureau of Investigation (FBI)「連邦捜査局」司法省に属する組織で，主に州をまたぐ犯罪やテロなどの重大犯罪を担当する捜査機関。
- ☐ *l.10* too good to be true「うまい話である，でき過ぎている」
- ☐ *l.10* watch out for ~「~に用心する」
- ☐ *l.11* as yet「まだ，これまでのところは」否定文で用いられる。

20-3 Scams and Swindles

1 ❺ Telemarketing scams often offer prizes and travel deals, and provide health care-related products. Senior citizens are usually targeted in these kinds of scams because they often have a "**nest egg**," as well as an excellent credit record. The types of products offered appeal to seniors because they
5 hold out hope for a long and fruitful life. Older individuals are also less likely to report such fraud because they are **ashamed** of having been scammed. He or she might fear reporting the crime because of worry that relatives might come to the conclusion that the victim no longer has the mental capacity to remain independent any longer.
10 ❻ Another type of fraud takes place in auctions on websites like eBay. In fact, on-line auction fraud accounts for nearly three-quarters of all complaints registered with the FBI's Internet Crime Complaint Center. Buyers complain about receiving items that are different from what was promised or receiving items that are **defective**. Some never receive the items at all. Sellers
15 sometimes go unpaid because the buyer attempts to pay with a **counterfeit** check.

1012 ☑ **nest egg**	（将来の非常時に備える）貯蓄, 予備の資金 (an amount of money that is saved for a special purpose)
☑ **ashamed** [əʃéimd]	*adj.* 恥じて
1013 ☑ **defective** [diféktiv]	*adj.* 欠陥のある
派 **defect**	*n.* 欠陥；不足　*vi.* 離反する
☑ **counterfeit** [káuntərfit]	*adj.* 偽造の, にせの；偽りの　*n.* 模造品；偽札 *vt.* の偽物を作る
≒ **false**	*adj.* 偽の

20-3　詐欺とペテン行為

❺ テレマーケティング詐欺は，よく賞品や旅行のお得な情報，健康関連商品などを提供する。通常，この種の詐欺では高齢者が標的とされる。というのも彼らには，良好な信用情報だけでなく「貯蓄」があるからである。提供されるこの類の製品は，長生きと充実した人生への期待を抱かせてくれるため，高齢者の心に訴える。また，年配者は詐欺にあったことを**恥じて**，そうした詐欺を届け出たりする可能性もあまりないのだ。そうした人たちは，親類が，もはや被害者である本人に自立するだけの思考力がないという結論を下すかもしれないことを心配して，犯罪を通報するのを恐れる可能性もある。

❻ 別種の詐欺は，イーベイのようなウェブサイト上のオークションで発生している。実際，インターネットオークション詐欺は，FBIのインターネット犯罪苦情センターに記録される全苦情の4分の3近くを占めている。買い手の苦情は，約束されたものとは異なる品や**欠陥**のある品を受け取ったことについてであり，中には品物がまったく届かないという者もいる。買い手が**偽造小切手**で支払おうとするため，売り手は，時に代金未払いの状態になることもある。

📝 語句・表現

- □ *l.1*　travel deals「旅行のお得な情報」deals は「お買い得品，掘り出し物」の意味。
- □ *l.5*　hold out hope for ~「~に対する希望を与える」
- □ *l.8*　come to the conclusion「結論を下す」
- □ *l.15*　go unpaid「未払いのままにされる」

🔍 Terms & Expressions　詐欺に関連した表現

- ・scam (詐欺)：scheme (陰謀) の異形。ひっかけること。an insurance **scam** (保険金詐欺) など。
- ・swindle (搾取，詐欺)：人をだまして金をとること。
- ・fraud (詐欺)：ペテン師，詐称者，不正手段。bank **fraud** (銀行詐欺)，tax **fraud** (脱税)，card **fraud** (クレジットカード詐欺)，real estate **fraud** (不動産詐欺) など。
- ・cheat (ごまかし，いんちき)：自分の利益のために不正にふるまうこと。
- ・deception (だますこと)：思い違いをさせたり，真実を知らせないで故意に欺くこと。
- ・trick (策略，いたずら)：計略を用いてだますこと。a cheap **trick** (卑劣な策略)
- ・falsification (偽造)：文書などに不正に手を加えること，偽造すること。
- ・honey trap (ハニートラップ，甘い罠)：色仕掛けで機密情報を入手する策略。

20-4 Scams and Swindles

1 ❼ **Identity theft** is a scam that occurs when someone assumes your identity to perform a fraud or other criminal act. Criminals can get your personal data in very **cunning** ways — theft of your wallet, your trash, or from credit card or bank information. They may approach you in person, by phone or

5 on the Internet. You can protect yourself by **monitoring** your accounts on a regular basis and reporting any discrepancies immediately to your bank or **credit bureau**.

❽ "**Phishing**" is a form of identity theft that has recently been growing in popularity with **con artists**. **Phony** e-mails are sent out to fool you into

10 revealing important information such as account numbers and passwords. The e-mails appear to be from a **trustworthy** source like your financial institution. You often are asked to go to a website by clicking on a link in the e-mail to provide some kind of **verification** of your account.

1014 ☑ **identity theft**	なりすまし犯罪, 個人情報泥棒, 個人情報の盗難 (≒ ID theft)
1015 ☑ **cunning** [kʌ́niŋ]	*adj.* 悪賢い, 抜け目ない　*n.* 悪賢さ
派 **cunningly**	*adv.* ずるく
☑ **monitor** [mɑ́nətər]	*vt.* を監視する　*n.* モニター装置
1016 ☑ **credit bureau**	信用調査所
1017 ☑ **phishing** [fíʃiŋ]	*n.* フィッシング (詐欺) 解説 p.321 Key Points of This Issue 参照。
1018 ☑ **con artist**	詐欺師, 背信詐欺師, (口の達者な) 嘘つき
参 **con**	*vt.* (人) をだます, をペテンにかける
☑ **phony** [fóuni]	*adj.* 偽の, いんちきの, 偽りの
≒ **fake**	*adj.* 偽の, 偽造の

20-4　詐欺とペテン行為

❼ なりすまし犯罪は，ある者が詐欺やその他の犯罪を実行する時に本人であることを装う時に起こる詐欺である。犯罪者は非常に悪賢いやり方——財布やゴミを盗んだり，クレジットカードや銀行の情報から——あなたの個人データを入手することができる。犯罪者はあなたに，直接，あるいは電話またはインターネットを通じて接近してくるかもしれない。自分の身を守るには，定期的に自分の預金口座**を監視**して，どんな入出金の食い違いも取引銀行または**信用調査所**にただちに報告することである。

❽ 「フィッシング詐欺」は，詐欺師の間で近頃はやってきているなりすまし犯罪の形態である。**偽りの**メールが送られ，口座番号やパスワードといった重要な情報をだまして聞き出すのである。そういった電子メールは，金融機関のような**信頼の置ける**出所から送られているかのように見える。電子メール内に書かれているリンク先をクリックしてあるウェブサイトに行くと，口座に関する何らかの確認をするよう求められることが多い。

☑	**trustworthy** [trʌ́stwə̀ːrði]	adj. 信頼の置ける
1019 ☑	**verification** [vèrəfikéiʃən]	n. 確認；検証；証明
	派 **verify**	vt. (テストや調査によって真実であること) を確認する

語句・表現

□ l.9　fool ~ into ...ing「~をだまして…させる」

20-5　Scams and Swindles

1　(**8** の続き) The website looks real, but actually is a bogus site designed to steal from your account.　Sometimes a "phisher" will direct you to a real company's website, but then an **unauthorized** pop-up screen will appear, with blanks in which to fill in personal information.　This information will
5　go to the "phisher" and not the company.　"Phishing" can also be done by phone.　You could get a call from someone supposedly from a company or government agency, making the same kind of false claims and asking for your personal information.

　9 No one can completely avoid all types of fraud whatsoever.　You may get
10　approached by a fraudster.　It is important to remain vigilant and be aware of what is happening.　Try not to become a victim.　But if you are victimized, report it right away.　Visit the FBI's webpage for more information on how to protect yourself against fraud.　(Original, 757 words)

1020 ☐ **bogus** [bóugəs]	adj. 偽の，偽造の，でっち上げの
1021 ☐ **unauthorized** [ʌnɔ́ːθəraizd]	adj. 不正な，認定されていない
⇔ **authorized** 參 **authorize** 參 **authorization**	adj. 公認の vt. に権限を与える n. 権限を与えること；認可
1022 ☐ **fraudster** [frɔ́ːdstər]	n. 詐欺師，人たらし

20-5　詐欺とペテン行為

(❽ の続き) そのリンク先のウェブサイトは本物のように見えるが，実際には口座番号を盗むように仕組まれた偽物のサイトである。時に，「フィッシャー（フィッシングサイトの仕掛け人）」が本物の会社のウェブサイトへ導くこともあるが，その場合，そのすぐ後で個人情報を入力する欄がある<u>不正</u>なポップアップ画面が表示される。この情報は「フィッシャー」のところに行き，本物のウェブサイトを開設している会社へは行かない。「フィッシング詐欺」は電話でも可能だ。ある会社または政府機関からと思われる何者かから電話がかかってきて，同じような不当な要求をし，個人情報を求めるのである。

❾ 何であれあらゆるタイプの詐欺を完全に避けることは誰にもできない。詐欺師にねらわれるかもしれない。油断せずに，何が起きているかを認識することが重要である。被害者にならないようにしよう。しかし，もし被害にあったならば，そのことをすぐに報告しよう。FBIのホームページにアクセスし，自分を詐欺から守る手段についてより多くの情報を得ることだ。

Part II
7

ビジネス倫理 ◆ Business Ethics

✎ 語句・表現

□　*l.7*　false「不当な，不正の，偽りの」
□　*l.10*　vigilant「油断のない，用心深い」

🔍 Key Points of This Issue　フィッシング詐欺 (phishing)

　銀行，カード会社などの金融機関やオンラインショッピングサイトなどを装って不特定多数の人にメールを送信し，メールに貼り付けられたURLをクリックさせて，フィッシングサイト (phishing site) へ誘導する。そこでパスワードやクレジットカード番号などの個人情報を搾取し，それを悪用する詐欺行為である。メールアドレスやURLには実在する金融機関などの名前が含まれ，ウェブサイトは本物とそっくりに作られているために，区別がつかずにだまされてしまうケースが多い。宅配便の不在通知 (delivery notice) を装ったメールなど，年々，巧妙化してきている。メールの「差出人」を疑う，メール内のリンクは安易にクリックしない，サイトの真偽を確認する，といった心がけが大切である。

21-1 The Need for Business Ethics

1 ❶ Back in 2001, Enron, a major U.S. oil and gas company — the seventh largest corporation in the world at the time — **filed for bankruptcy** and **went out of business**. Enron was reported to be the biggest **business failure** ever. The **corporate collapse** of Enron exposed a multibillion-
5 dollar scandal that ultimately rocked the U.S. business world.

❷ What happened at Enron? Through **corporate fraud** and insider trading, high level executives cashed in on millions **at the expense of rank and file employees** who lost their life savings. Almost all of those in power seemed **oblivious** to blatant **conflicts of interests** taking place. These
10 executives who should have known better (and probably did know better) were misleading the public right up to the last minute.

1023 ☑	**file for bankruptcy**	破産申請する
1024 ☑	**go out of business**	倒産する
1025 ☑	**business failure**	経営破綻
1026 ☑	**corporate collapse**	企業倒産
1027 ☑	**corporate fraud**	企業不正行為, 法人の不正行為
☑	**at the expense of ~**	～を犠牲にして
1028 ☑	**rank and file employees**	一般従業員, 平社員
	參 **the rank and file** 平社員；一般人	

21-1　ビジネス倫理の必要性

❶ かつて2001年に，アメリカ大手の石油・ガス会社であるエンロン社——当時世界第7位の規模の企業であった——は，破産申請をし，倒産した。エンロン社の経営破綻の規模はこれまでで最大のものであると報じられた。エンロン社の企業倒産は，アメリカのビジネス界を震撼させることになった数十億ドル規模のスキャンダルを暴いた。

❷ エンロン社で何が起こったのだろうか。企業不正行為やインサイダー取引を通して，最高幹部たちは何百万ドルという利益を得ていた。それは，老後の蓄えを失うことになった一般従業員を犠牲にしてのものであった。権力の座にある者の大半が，あからさまな利益相反が起きていることに気づいていないようだった。こうした分別あるべき（おそらく分別はあったのだろうが）幹部たちはまさに（破綻の）土壇場まで世間を欺いていたのである。

PartII
7
ビジネス倫理 ◆ Business Ethics

1029 ☑	**oblivious** [əblíviəs]	*adj.* 〈to 〜, of 〜を伴って〉気づいていない；忘れて
	派 **obliviously**	*adv.* 気づかないで
1030 ☑	**conflict of interest**	利益相反

✐ 語句・表現

- □ *l.1*　Enron「エンロン」アメリカのテキサス州を拠点とした企業で，1985年に合併により設立。前身のノーザン・ナチュラル・ガスは1931年設立。
- □ *l.5*　rock 〜「〜を震撼させる，〜を動転させる」
- □ *l.6*　insider trading「インサイダー取引」
- □ *l.8*　life savings「老後の蓄え，それまでにためてきたお金」
- □ *l.9*　blatant「見え透いた，露骨な」
- □ *l.10*　know better「分別がある，わきまえている」
- □ *l.11*　right up to the last minute「土壇場まで，ぎりぎりまで」

21-2 The Need for Business Ethics

1 ❸ The **ensuing cover-up** of these abuses, and the subsequent attempt to conceal substantial accounting irregularities, soon became apparent. Accountants and **auditors** seemed more interested in shredding documents than in shedding light on what was going on.　Members of the board of
5 directors received **lavish** gifts from the executives they were charged with overseeing.　Millions were being spent to discourage genuine oversight and meaningful government regulation.

❹ CEO Kenneth Lay, his top executives and members of the Arthur Anderson accounting firm left **in disgrace** and were eventually **taken to**
10 **court**.　In his trial, Lay maintained his innocence and stated his **insistence** that he didn't have **explicit knowledge** of the wrongdoing.　But, if the CEO of a major corporation is not **held accountable for** extensive **overt** criminal fraud within the organization, then who is?

1031 ☑ **ensuing** [ens(j)úːiŋ, in-]	*adj.* 後に続いて起きる；続く，次の	
派 **ensue**	*vi.* 続いて起こる	
1032 ☑ **cover-up** [kʌ́vərʌ̀p]	*n.* 隠蔽，もみ消し	
1033 ☑ **auditor** [ɔ́ːdətər]	*n.* 会計検査官，監査役	
1034 ☑ **lavish** [lǽviʃ]	*adj.* ぜいたくな；気前のいい　*vt.* を浪費する	
派 **lavishly**	*adv.* ぜいたくに；気前よく	
1035 ☑ **in disgrace**	面目を失って	
参 1036 **disgrace**	*n.* 不名誉，不面目　*vt.* の恥となる	
1037 ☑ **take ~ to court**	～を裁判にかける，～を訴える	
1038 ☑ **insistence** [insístəns]	*n.* 主張，断言；強要	

21-2　ビジネス倫理の必要性

❸ こうした権力乱用の続けざまの隠蔽，およびそれに続く数々の不正経理を隠そうとした企ては，すぐに明らかになった。会計士や会計検査官は何が起きているかを明らかにするよりも，書類を破棄することにより関心があるようだった。役員会のメンバーは，自分たちが監督する責任を負っていた幹部たちから，ぜいたくな贈り物を受け取っていた。本格的な監視と重要な政府による規制を阻止するために何百万ドルもの金が費やされた。

❹ ケネス・レイCEOと同社の最高幹部たち，およびアーサー・アンダーセン会計事務所のメンバーは面目を失った形で辞職し，最終的には裁判にかけられた。レイは裁判で自らの潔白を主張し，不正行為については明示的知識がなかったと断言した。しかし，大企業のCEOが組織内の広範囲に及ぶ公然の刑事上の詐欺の責任を問われないのであれば，では誰にその責任があるのだろうか。

1039 ☑	**explicit knowledge**	明示的知識，形式知
1040 ☑	**hold ～ accountable for ...**	～に…の責任を負わせる
1041 ☑	**overt** [ouvə́:rt, ⌐⌐]	*adj.* 公然の，明白な
⇔ 1042 ☑	**covert**	*adj.* 秘密の
派	**overtly**	*adv.* 公然と

✍ 語句・表現

- ☐ *l.2*　accounting irregularity「会計上の不正行為，不正会計〔経理〕」
- ☐ *l.3*　shred documents「書類を破棄する」
- ☐ *l.8*　Arthur Anderson accounting firm「アーサー・アンダーセン会計事務所」1913年に設立されたアメリカのシカゴを拠点とした監査法人。2002年にエンロン社の不正に加担したことが原因で解散。
- ☐ *l.10*　maintain one's innocence「潔白を主張する」

21-3 The Need for Business Ethics

1   ❺ Over the years, many have tried to analyze what caused this **debacle**. Was it **incompetence** and poor decision making on the part of management? Was it simply a case of arrogance and corporate **greed**? Or was it a failure of leadership for not actively promoting and enforcing a strict **code of ethics**
5   within the organization?

❻ The full extent of the damage caused by the entire Enron fiasco still remains to be seen. Some of it will be tangible — the **pension funds** lost by Enron employees, the lost jobs, and the devalued stock. But other harm caused is more difficult to quantify, but no less important. The Enron affair
10   actually represented a significant **breach** of **public trust**. The trust in this particular corporation was obviously seriously eroded. But even more damaging, however, was the realization that these types of **fraudulent practices** may be going on in other companies. When public trust disintegrates, then how can we do business with one another?

1043 ☑ **debacle** [dəbáːkl, dei-]	*n.* 大失態, 大敗北；総崩れ	
≒ **catastrophe**	*n.* 大失敗	
☑ **incompetence** [inkámpətəns]	*n.* 無能さ, 無能；不適格	
派 **incompetent**	*adj.* 無能な	
1044 ☑ **greed** [gríːd]	*n.* 強欲, 貪欲；拝金主義	
派 **greedy**	*adj.* 強欲な, 欲ばりの	
1045 ☑ **code of ethics**	倫理規定	
1046 ☑ **pension fund**	年金基金	

21-3　ビジネス倫理の必要性

❺ 長年にわたって，多くの者たちがこの大失態の原因を分析しようとしてきた。経営者側の無能さと意思決定のまずさのせいだろうか。それとも単なるごう慢さや企業の強欲の一例なのだろうか。あるいは，組織内で厳格な倫理規定を積極的に促進し実施してこなかった指導体制のせいだろうか。

❻ エンロン社の大失態による損害がどこまで及ぶかは現時点では未だ不明である。いくつかは具体的になるだろう。エンロン社従業員の失われた年金基金や雇用の喪失，それに価値の下がった株などである。しかし，その他の被害を数値化するのはより難しい。だが，これは軽視してはならない。エンロン社の事件は実際，国民の信頼に対する重大な背任行為である。この特定の企業に対する信頼は明らかにひどく損なわれた。しかし，さらに問題を大きくしているのは，この種の詐欺行為は他の企業でも行われ続けているかもしれないと認識されたことである。国民の信頼が崩壊したなら，我々はどうやって互いにビジネスを行うことができるだろうか。

☑ **breach** [bríːtʃ]	*n.* 背任，裏切り；違反；不和	
1047 ☑ **public trust**	国民の信頼；公益信託	
1048 ☑ **fraudulent practice**	（金や権力を得るための）詐欺行為	

21-4　The Need for Business Ethics

1　❼ In the post-Enron era, there has been an unprecedented attempt in the U.S. to **crack down on** such **corporate crime**. In addition, many business schools have established an increased emphasis on business ethics in their MBA programs. Yet in spite of this, it is felt by some that little has really
5　been done to foster a sense of **professional ethics** in the workplace.

　❽ Despite tougher laws against **white-collar crime**, workers today are very likely to witness conflicts of interest, **abusive** behavior, or **outright** lying from executives in **top management**, according to a recent study conducted by the Ethics Resource Center, a Washington-based research group. Many
10　employees feel that it would be **futile** to report the wrongdoing. Some fear that reporting it will lead to some type of **backlash** from supervisors, such as negative **performance evaluations**.

1049 ☑	**crack down on ~**	～を厳しく取り締まる, ～を弾圧する
1050 ☑	**corporate crime**	企業犯罪
1051 ☑	**professional ethics**	職業倫理観
1052 ☑	**white-collar crime**	知能犯罪 解説 詐欺・横領・背任・偽造・収賄などの違法行為を指す。
☑	**abusive** [əbjúːsiv, -ziv]	*adj.* (権力行使などが)悪用〔乱用〕された；虐待〔暴力〕的な；口ぎたない
☑	**outright** [áutràit]	*adj.* あからさまな；率直な；完全な
1053 ☑	**top management**	経営トップ, 経営陣

21-4　ビジネス倫理の必要性

❼ エンロン社の事件後，アメリカではこのような企業犯罪を厳しく取り締まる前例のない試みが行われてきている。さらに，多くのビジネススクールでは，そのMBA課程においてビジネス倫理にますます重点を置くようになってきている。しかしそれにもかかわらず，職場において職業倫理観を育成するようなことは実際ほとんど何も行われていないと感じている者もいる。

❽ ワシントンに本拠地を置く調査団体である倫理リソースセンターが最近行った調査によると，知能犯罪に対する法律が厳しくなっているにもかかわらず，今日の労働者が利害の対立や**虐待的な**態度，あるいは経営トップの役員による**あからさまな虚偽**などを目の当たりにする可能性はとても高い。多くの従業員が不正行為を報告することは無駄だと感じている。なかには，報告することによって，例えば低い勤務評定を下されるなど，管理職から何らかの**はね返り**を招くことを恐れている者もいる。

1054 ☑	**futile** [fjúːtl]	*adj.* 無駄な，効果のない，空しい，無益な；くだらない
	派 **futility**	*n.* 無駄
	派 **futilely**	*adv.* 無駄に
☑	**backlash** [bǽklæʃ]	*n.* 激しい反動，（急激な）はね返り，バックラッシュ *vi.* 反発する
1055 ☑	**performance evaluation**	勤務評定

21-5 The Need for Business Ethics

1 ❾ Francisco Dao, the founder of StrategyandPerformance.com, a San Francisco-based executive **coaching** and consulting firm, said that many employers report that they promote openness in corporate communications with their employees, giving them opportunities to report problems at
5 work. "But **it comes down to** leadership to make that happen," he says. Communication has to be two-way which means fostering a workplace where dialogue and feedback are part of the ingrained corporate culture, Dao says.
❿ There is a very strong need for business ethics to be emphasized in the corporate world today. It is important for business leaders to remember that
10 good business is much more than just making a profit. Good business is about people working together, doing the right thing and living up to a high **moral standard** in the work that they do. Leaders have to set the example by living it themselves and challenging workers to do so. This will encourage public trust and lay the foundation for ultimate success in business.

(Original, 717 words)

1056 ☑ **coaching** [kóutʃiŋ]	*n.* コーチング
1057 ☑ **it comes down to ~**	結局~の問題になる, ~にかかっている, ~に行き着く
1058 ☑ **moral standard**	道徳水準, 道徳基準

21-5　ビジネス倫理の必要性

❾ サンフランシスコに本拠地を置く管理職向けのコーチングおよびコンサルティング会社であるStrategyandPerformance.comを設立したフランシスコ・ダオは，次のように言っている。多くの雇用主は，職場での問題を報告する機会を与えることで，自社の従業員たちに開放的なコーポレート・コミュニケーションを促進していると言っています。「しかし，それを実現するには結局は指導力が問題になるのです。」コミュニケーションは双方向でなければなりません。つまり，それは対話や意見が深く根付いた社風の一部となるような職場を育むことを意味するのです，と。

❿ 今日の企業世界では，ビジネス倫理に重点を置くことがとても強く求められている。ビジネスリーダーが，良好なビジネスとは単に利益を得ること以上であると覚えておくことが重要である。良好なビジネスとは，人々が共に働き，正しいことを行い，自分たちが行う仕事において高い道徳水準に従って行動することである。指導者はそれを自らが行い，そうするよう従業員たちの意欲をかき立て，手本を示さなければならない。このことは大衆の信頼を後押しし，ビジネスにおける究極の成功のための基礎を築くことだろう。

📝 語句・表現

- ☐ *l.10*　make a profit「利益を得る」
- ☐ *l.12*　set the example「手本を示す」
- ☐ *l.14*　lay the foundation for ～「～の基礎を築く」

🔍 Key Points of This Issue　エンロン (Enron)

　アメリカのテキサス州に拠点を置いていた新興のエネルギー関連企業。1985年に企業合併により発足。2000年度の売上げはアメリカで第7位の巨大企業であったが，これも1980年代より行われていた粉飾会計によるもので，実際に計上された利益を大幅に水増ししたものであった。2001年，巨額の不正会計およびインサイダー取引が明るみになった後に株価が急落し，連邦倒産法第11章の適用を申請し実質破綻した。当時としては史上最大の企業破綻で，その後の企業会計に大きな影響を与える重大な事件となった。

22-1 Starting a Business

1 ❶ There are many things to consider when starting your own business. Of course, it all begins with a great idea. You need to identify a product or a service that people want and that you can provide better than anyone else.

❷ If you are to be a successful entrepreneur, you must have a strong **work**
5 **ethic** and the personal commitment to set up a game plan and see it through to completion. Likewise, you must have an in-depth knowledge of your business, a certain amount of market savvy, some "street smarts" and just plain common sense.

❸ If you think you've got what it takes to start your own business, then here
10 are some practical tips that can help.

❹ One of the foremost requirements is that you have adequate capital to handle start-up costs and to sustain your business. If your financial reserves are not sufficient, then you may need to consider some type of borrowing. In order to secure borrowed capital, it is vital to maintain
15 a stellar credit report and have a good relationship with your financial institution.

☑	**work ethic**	勤労倫理
1059 ☑	**game plan**	戦略，作戦
1060 ☑	**street smarts**	抜け目なさ，都会で生き抜く術
	派 **street-smart**	*adj.* 都会に慣れた，世慣れた
1061 ☑	**foremost** [fɔ́ːrmòust]	*adj.* 最も重要な，第一の
1062 ☑	**start-up cost**	開業費用，立上げ費用
	参 **start-up**	*adj.* 設立の，新規の　*n.* 新興企業
1063 ☑	**financial reserve**	資金，貯え
1064 ☑	**borrowing** [bɔ́(:)rouiŋ]	*n.* 借り入れ；借入れ金
	参 **borrowing power**	借入限度額

22-1　事業を始める

❶ 起業する際に考慮すべき事柄は数多くある。もちろん，すべては素晴らしいアイデアから始まる。人々が欲しがり，かつ自分が他の誰よりもうまく提供できる製品やサービスを見つける必要がある。

❷ 起業家として成功するつもりなら，強い**勤労倫理**を持ち，戦略を立てることに本気で打ち込み，それを最後まで見届けなければならない。同様に，自分の事業についての深い知識を持ち，ある程度市場に精通していて，ある種の「抜け目なさ」と常識を備えていなければならない。

❸ 事業を始めるために必要な資質が自分にはあると思うのなら，ここにその助けとなる実践的な助言がいくつかある。

❹ 最も重要なものの1つは，開業費用をまかない事業を維持するのに十分な資本を有することである。資金が十分でないならば，何かしらの借り入れを考慮する必要があるだろう。借入資金を確保するためには，優れた信用調査報告が維持されていることと，取引金融機関と良好な関係にあることが不可欠である。

1065 ☑	**borrowed capital**	借入資金
1066 ☑	**financial institution**	金融機関

✎ 語句・表現

- □ *l.5*　see it through to ～「～まで見届ける，～までやり通す」
- □ *l.7*　savvy「実務知識，実務能力，手腕」political savvy で「政治的な実務能力」の意味。
- □ *l.15*　stellar「優れた，すばらしい」通例，名詞の前で使われる。

22-2 Starting a Business

1　❺ As a business owner, you will need a good understanding of finance and accounting methods. You should focus on maintaining operating cash flow — it's the lifeblood of your business. You should also stay on top of all operating expenses as well as administrative expenses. You need to
5　establish effective cost control measures to prevent fraud and avoid problems in the future. As your business grows, you will need a knowledgeable tax adviser to ensure that you claim all deductible expenses and report all depreciation on equipment purchases. The cost savings to you can be substantive if you give proper emphasis to such financial matters.

10　❻ Additionally, you must have excellent personnel management skills. You will need to find qualified personnel to help you run your business. If they are not fully trained, then you'll want to provide a training program for them. To retain great people, you must give them adequate pay and a good benefits package. If you do so, you will undoubtedly secure a strong
15　degree of employee commitment which will be critical to the success of your business operations.

1067 ☑	operating cash flow	営業（活動による）キャッシュフロー（OCF） 解説 キャッシュフロー計算書の３つの区分の１つ。
1068 ☑	operating expense	管理費, 運営費
1069 ☑	administrative expense	営業経費, 経営費, 一般管理費
1070 ☑	cost control	コストコントロール, 原価管理, 経費節約
1071 ☑	deductible expense	控除可能費用
1072 ☑	depreciation [diprìːʃiéiʃən]	n. 減価償却費
1073 ☑	cost savings	コスト削減

22-2　事業を始める

❺ 事業主として，財務と会計処理方法を十分理解している必要があるだろう。事業の活力源である営業活動によるキャッシュフローの維持に重点的に取り組むべきである。管理費だけでなく営業経費もまた熟知しておくべきだ。不正を防止し将来における問題を回避する効率的なコストコントロールの手段を確立する必要がある。事業が拡大するにつれ，あらゆる控除可能な費用を主張し，設備購入についてのすべての減価償却費を報告することを確実にしてくれる知識の豊富な税務顧問が必要になるだろう。こうした財務上の点に適切に重点を置けば，コスト削減はかなりのものになり得る。

❻ さらに，卓越した人事管理の技能を持たなければならない。事業経営を手伝ってくれる有能な人材を見つける必要がある。この人材が十分な訓練を受けていなければ，訓練プログラムを受けさせるとよい。優れた人材をとどめておくためには，十分な給料と福利厚生を与えなければならない。そうすれば，事業活動の成功にとって極めて重要となる強い従業員の組織への献身を間違いなく得られるだろう。

1074	**substantive** [sʌ́bstəntiv]	*adj.* かなりの，相当の；本質的な
派	**substantively**	*adv.* かなり；本質的には
1075	**additionally** [ədíʃənli]	*adv.* さらに，追加して
派	**additional**	*adj.* 追加の
派	**addition**	*n.* 追加
1076	**benefits package**	福利厚生

📝 **語句・表現**

☐ *l.8*　equipment purchase「設備購入」　equipment は「道具，用具，備品，設備」
☐ *l.15*　employee commitment「従業員の組織への献身」

Part II
8
有名経営者・起業家 ◆ Famous CEOs and Entrepreneurs

22-3 Starting a Business

1 ❼ Next, you need to consider how to get the word about your business out to the public. With a marketing plan, you map out a strategy for reaching your customers and bringing them to you. You need to identify the unique message that you want to convey to them. In addition to the product or
5 service itself, determine what else you are selling. It may be convenience, value, quality, safety, fun, youth or even sex appeal. Your message needs to be geared toward attracting and retaining customers for marketing effectiveness. Some marketing research about your target market may be necessary. You will want to convince these people that you can provide
10 what they need. Identify what is unique about your product or service and what distinguishes you from your competition. Find your niche and use it in whatever advertising and sales promotion you go with.

❽ Does this sound like a lot to handle? If you think so, you might consider purchasing a franchise instead of starting a new business completely from
15 the ground up.

1077 ☑	**marketing plan**	マーケティング・プラン
1078 ☑	**be geared toward ~**	~に適合している，~を対象としている
1079 ☑	**marketing effectiveness**	マーケティングの効率性
1080 ☑	**marketing research**	市場調査，マーケティング・リサーチ
1081 ☑	**sales promotion**	販売促進，セールス・プロモーション

22-3　事業を始める

❼ 次に，自分の事業についての評判が世間に伝わるようにするにはどうすれば
よいかを検討する必要がある。マーケティング・プランを使って，顧客にアピー
ルし，顧客を獲得するための戦略を緻密に練ることだ。顧客に伝えたいと思う独
自のメッセージを明らかにする必要があり，製品あるいはサービスそのものに加
えて，他に何を販売するのかを決定しなければならない。それは利便性であった
り，価値，品質，安全，楽しさ，若さ，性的魅力ですらあったりするだろう。その
メッセージは，マーケティングの効率性のために顧客の関心を引き，維持するこ
とに適合したものである必要がある。目標市場についての何らかの市場調査が欠
かせないかもしれない。必要としているものを提供することができると顧客に納
得させたいとも思うだろう。自分たちの製品・サービスのユニークな点や競合他
社との違いを認識し，得意分野を見つけ，自分たちのすべての広告宣伝・販売促
進において，それを活用することだ。

❽ このようなことを聞いて，大変そうだという印象を持つだろうか。そう思うの
であれば，一から新規事業を立ち上げる代わりにフランチャイズ営業権を取得す
ることを検討してもよいかもしれない。

1082
☑ **franchise**
[fræntʃaiz]

n. フランチャイズ販売〔営業〕権；フランチャイズ店，
チェーン店
vt. にフランチャイズ販売〔営業〕権を与える

解説 フランチャイザーがフランチャイジーに対し商標や商
品などを使用する権利や経営手法を提供し，その対価として
ロイヤルティーを回収することで成り立つ事業。

語句・表現

- ☐ *l.1*　get the word about 〜 out to ...「〜について…に伝える〔公表する〕」
- ☐ *l.2*　map out 〜「〜を緻密に計画する」
- ☐ *l.11*　niche「(人の能力などに応じた) 得意分野，生かし所，適所」
- ☐ *l.12*　go with 〜「〜を選ぶ，〜にする」
- ☐ *l.14*　from the ground up「一から，土台から」

22-4 Starting a Business

1　(**8**の続き) The biggest advantage of this is that the franchisor has done most of the work. The product or service will already be developed. The franchisor will have established such things as positive **name recognition**, eye-catching signage, interior and exterior store layout, methods to train
5　employees and effective ways of operating the business. You as the **franchisee** would take on less risk, but you also give up some freedom. However, according to the U.S. Small Business Administration, your chances of business success are much higher with a franchise than with a typical start-up business done completely on your own.

10　**9** Whatever approach you use in setting up your new business, you should always keep in mind your ultimate goal — to achieve **customer satisfaction** by providing the highest degree of quality and **reliability**. You will maintain a loyal **customer base** by providing the best possible product or service. If you are able to do so, then you will be well on the road to establishing
15　yourself as a successful entrepreneur.　　　　　　(Original, 706 words)

1083 ☑	**name recognition**	知名度
1084 ☑	**franchisee** [frǽntʃaizíː]	*n.* 加盟店, フランチャイジー
	派 **franchisor**	*n.* フランチャイズ本部, フランチャイザー
1085 ☑	**customer satisfaction**	顧客満足
1086 ☑	**reliability** [rilàiəbíləti]	*n.* 信頼性, 確実性
	派 **reliable**	*adj.* 信頼できる
	派 **reliably**	*adv.* 確実に
1087 ☑	**customer base**	顧客基盤, 顧客ベース, 顧客層 解説 事業の収入の中心となるリピート顧客層。

22-4 事業を始める

(❽の続き) こうすることの最大の利点は，本部が作業の大部分をしてくれているということである。製品あるいはサービスはすでに開発されており，フランチャイズ本部は高い知名度や目を引くマーク，店舗の内装および外装のレイアウト，従業員の訓練方法，そして事業経営の効率的な方法を確立しているだろう。加盟店としてのあなたのリスク負担はより少なくなるが，いくらかの自由を放棄しないとならなくもなる。しかしながら，アメリカの中小企業庁によれば，まったく自力で新事業を立ち上げる標準的な例よりも，フランチャイズの方が事業の成功のチャンスはずっと高いという。

❾ 新事業を始めるに際してどのような方法を利用しようとも，最終目的である高い品質と信頼性を提供することにより顧客満足を獲得することを常に念頭に置くべきである。最良の製品やサービスを提供することで忠実な顧客基盤を維持できるだろう。それができれば，成功を収める起業家としての地位を確立する道をしっかりと歩んでいくことになるだろう。

語句・表現

□ *l.6* take on risk「リスクを負う」
□ *l.14* well on the road to ～「～への道をしっかり歩んでいる」

🔍 Key Points of This Issue　会社法が定める会社の種類

・株式会社 (corporation, limited company)
株式を発行し株主から多額の資金を得ることができ，株主には経営参加権が与えられる。株主は出資金額内でリスクを負うが社員は有限責任。決算書の公告など規制が多い。

・合同会社 (limited liability company, LLC)
2006年商法改正に伴い生まれた会社形態。全社員に出資義務があり，会社債務に対して出資金額内で責任を負う。

・合資会社 (limited partnership company)
無限責任社員は会社の債務に対し無限に責任を負う。有限責任社員は出資金額内で責任を負う。

・合名会社 (general partnership company)
無限責任社員のみにより構成され，会社の債務に対し無限に責任を負う。

23-1　Jack Welch: Successful CEO

1　❶ Jack Welch was chairman and chief executive officer of General Electric (GE) from the period of 1981 to 2001. During his **tenure**, he received great **acclaim** for achieving extraordinary results with uncanny consistency and **effectiveness**. Under his leadership, GE continued to **attain** its goal of
5　**double-digit growth** year after year. Welch became a **role model** for other business leaders, and double-digit annual growth became the new **benchmark** for CEOs and corporations in America.

　❷ Welch has been **held in high esteem** for his strong business **acumen**. Some people have called him the most successful CEO ever in U.S. business
10　history. By the time Welch left GE, the company had gone from a market value of $14 billion to one of more than $410 billion, making it the most valuable and largest company in the world at that time.

1088 **tenure** [ténjuər, ténjər]	n. 在職期間；保有期間
1089 **acclaim** [əkléim]	n. 称賛, 拍手喝采　vt. を称賛する
≒ 1090 **praise**	n. 称賛
1091 **effectiveness** [iféktivnəs]	n. 有効性
派 **effective**	adj. 有効な
1092 **attain** [ətéin]	vt. を達成する　vi. 達する
派 **attainment**	n. 達成
1093 **double-digit growth**	（売上高などの）2桁成長
参 **triple-digit**	adj. 3桁の
1094 **role model**	手本

23-1　ジャック・ウェルチ：成功を収めた CEO

❶ ジャック・ウェルチは，1981 年から2001 年の間，ゼネラル・エレクトリック（GE）社の会長兼最高経営責任者だった。ウェルチの在職期間中，驚異的なまでの一貫性と有効性によって並外れた成果を達成し，彼は大いに称賛を受けた。ウェルチのリーダーシップのもとで，GE 社は毎年のように2 桁成長という会社の目標を達成し続けた。ウェルチは他の企業の指導者の手本となり，2 桁の年間成長率は，アメリカの CEO（最高経営責任者）および企業にとっての新しい基準になった。

❷ ウェルチは，その優れたビジネスにおける洞察力に関して高い評価を受けていた。アメリカのビジネス史上，最も成功を収めた CEO であると呼ぶ者もいる。ウェルチが GE 社を去る時までに，同社は市場価値が 140 億ドルから4,100 億ドル以上となり，当時，世界で最も価値が高くかつ巨大な企業となっていた。

1095 ☑	**benchmark** [béntʃmàːrk]	*n.* 基準；水準点　*vt.* を基準に照らして評価する
1096 ☑	**hold ~ in high esteem**	~に関して高く評価する，~を重んずる
	参 **esteem**	*n.* 評価；尊敬　*vt.* を尊敬する
1097 ☑	**acumen** [ǽkjəmən, əkjúː-]	*n.* 洞察力，鋭敏さ

✎ 語句・表現

☐ *l.1*　chairman「会長」
☐ *l.5*　year after year「毎年のように」

23-2　Jack Welch: Successful CEO

1　❸ How did it all come to happen? Through the 1980s, Welch concentrated on **streamlining** GE. He sought to eradicate inefficiency by trimming **physical inventories** and **dismantling** the bureaucracy. He **shut down** factories, reduced **payrolls**, phased out old **product lines** and cut
5　**lackluster** businesses. He pushed the managers of the businesses he kept to be more productive. Initially he was treated with **distrust** by those under him for his policies. They **were skeptical of** him but later grew to respect him immensely.

❹ In the 1990s he helped to modernize GE by shifting from manufacturing to
10　financial services through numerous acquisitions. He created a unique GE **business portfolio** and restructured these new businesses for **enhanced** growth potential. The portfolio required continuous innovation to remain strong. And these changes led the company to massive **revenue growth**.

1098 ☑	**streamline** [stríːmlàin]	vt. を合理化する，の無駄を省く
	派 **streamlined**	adj. 合理化された
1099 ☑	**physical inventory**	実在庫，現物在庫
1100 ☑	**dismantle** [dismǽntl]	vt. を解体する，を分解する；を取り除く
1101 ☑	**shut down ~**	~を閉鎖する，~を休業する
1102 ☑	**payroll** [péiròul]	n. 従業員総数；給与支払い名簿，従業員名簿；給与，人件費
1103 ☑	**product line**	製品ライン 解説 共通のカテゴリーに属する製品群。
1104 ☑	**lackluster** [lǽklÀstər]	adj. 活気のない，元気のない，冷え込んだ；輝きのない

23-2　ジャック・ウェルチ：成功を収めた CEO

❸ 一体これはどのようにして実現されたのだろうか。1980 年代を通して，ウェルチは GE 社を合理化することに専念していた。実在庫を削減することや官僚主義を解体することで，効率の悪さを一掃しようとした。工場を閉鎖し，従業員総数を減らし，時代遅れとなった製品ラインを段階的に廃止し，活気のない事業を切り捨てた。残した事業の管理職たちを，もっと生産性を上げるようにとせっついた。最初，ウェルチはその方針のせいで，部下たちから不信の目で見られていた。部下たちはウェルチに懐疑的であったが，後に非常に尊敬するようになった。

❹ 1990 年代にウェルチは，数多くの買収を通じて製造業から金融業へと移行することによって GE 社の近代化を促進した。独自の GE 社の事業ポートフォリオを創り出し，成長性の強化のために新事業を再編成した。堅調を維持するために，そのポートフォリオは継続的な革新を必要とした。そしてこのような変化は GE 社を大幅な増収へと導いた。

Part II 8　有名経営者・起業家 ◆ Famous CEOs and Entrepreneurs

1105	distrust [distrÁst]	n. 不信；疑惑　vt. を信用しない
	派 distrustful	adj. 信用しない
1106	be skeptical of ～	～に懐疑的である，～を疑う，～を信用しない
1107	business portfolio	事業ポートフォリオ 解説 企業が将来の経営資源の配分を決定するために，事業とその収益性などを考えるためのフレームワーク。
1108	enhanced [enhǽnst]	adj. 強化〔改良・改善〕された
	派 enhance	vt. を強める
1109	revenue growth	増収

語句・表現

□ l.4　phase out ～「～を段階的に廃止する」

23-3 Jack Welch: Successful CEO

1 ❺ Welch earned a reputation for brutal **candor** in meetings especially with his **top executives**. Each year he would fire the bottom 10% of his managers. He would reward the top 20% with bonuses and lucrative **stock options**. He is well-known for tearing down the multi-layered management
5 **hierarchy** and bringing a sense of informality to the company. He established an organization that **thrived** on trust and candor, and valued ideas over rank.

❻ He established what he called "a learning culture" at GE. He felt that organizations that continuously learned and translated that learning into
10 action would gain a **competitive edge**. Welch implemented a **best practices** program in which GE began to systematically **scour** the world, learning "better ways of doing things from the world's best companies." These ideas would then be presented to GE employees in workshops to stimulate their thinking. He said he was cultivating in his people "an
15 **insatiable appetite** to learn, to stretch, and to find that better idea, that better way, every day."

1110 ☑	**candor** [kǽndər]	n. (先入観などのない) 公正さ；率直さ, 正直さ, 誠実さ
1111 ☑	**top executive**	最高幹部
1112 ☑	**stock option**	ストックオプション **解説** p.347 Key Points of This Issue 参照。
☑	**hierarchy** [háiərɑ̀ːrki]	n. 階層；階層制度
☑	**thrive** [θráiv]	vi. 繁栄する；成長する
	派 **thriving**	adj. 繁栄している
1113 ☑	**competitive edge**	競争力
1114 ☑	**best practice**	優良事例, ベストプラクティス

23-3　ジャック・ウェルチ：成功を収めた CEO

❺ ウェルチは，特に会社の最高幹部たちとの会議で冷酷なほどの公正さで評判を得ていた。毎年ウェルチは管理職の下位10％を解雇し，上位20％にボーナスと収益性の高いストックオプションを与えて報いた。ウェルチは多層化した経営階層を解体して，格式張らない感覚を会社にもたらしたことで有名である。信頼と公正さに支えられて繁栄し，地位よりも発想を重んじる組織を構築したのだ。

❻ ウェルチは，彼の言うところの「学習する文化」をGE社に定着させた。継続的に学び，その学びを行動に移す組織は，競争力を得ると感じていた。ウェルチは最優良事例プログラムを実施し，その中でGE社は体系的に世界中を調査し始め，「世界の最優良企業から物事のよりよいやり方」を学んだ。このようなアイデアは，それからセミナーでGE社の従業員たちの思考を刺激するために紹介された。ウェルチは，従業員の中に「毎日，そうしたよりよい考えや方法を学び，広げ，見つけたいという飽くなき欲求」を育てているのだと語った。

Part II
8
有名経営者・起業家 ◆ Famous CEOs and Entrepreneurs

☑ **scour** [skáuər]	vt. を（徹底的に）調査する，を捜し回る；にざっと目を通す
1115 ☑ **insatiable appetite**	飽くなき欲求；飽くことのない食欲
参 **insatiable**	adj. 飽くことを知らない，強欲な

✎ 語句・表現

- ☐ *l.1*　earn a reputation for ～「～という評判を得る」
- ☐ *l.3*　reward ～ with ...「～に…を与えて報いる」
- ☐ *l.4*　tear down ～「～を解体する」
- ☐ *l.4*　multi-layered management hierarchy「多層化した経営階層」
- ☐ *l.9*　translate ～ into action「～を行動に移す」

23-4 Jack Welch: Successful CEO

1　❼ He believed in and practiced management by walking around. He wanted **face-to-face** communications and direct contact with employees. He encouraged his managers to follow his lead by sharing information freely with employees, and by being **receptive** to their suggestions and ideas. He
5　set up a **company-wide** Work-Out program designed to give everyone down to the factory level a chance to suggest ways to improve GE's **day-to-day operations**. Welch often said that any company trying to compete must figure out a way to draw on the good ideas of every employee.

1116 ☑ **face-to-face** [féistəféis]	*adj.* 面と向かっての，対面での
1117 ☑ **receptive** [riséptiv]	*adj.* 受け入れようとする，受容力がある；理解の早い
派 **receptivity**	*n.* 受容性
派 **reception**	*n.* 受け入れること
1118 ☑ **company-wide** [kámpəniwáid]	*adj.* 全社規模の，会社全体の
1119 ☑ **day-to-day operation**	日々の業務，日常業務

23-4　ジャック・ウェルチ：成功を収めた CEO

❼ ウェルチは歩き回ることによる経営を信条とし，実行した。従業員との面と向かってのコミュニケーションや直接の接触を望んだ。管理職には，自分にならって従業員と自由に情報を共有し，従業員の提案やアイデアを受け入れようとするよう促した。ウェルチは工場レベルに至るまでの全員に，GE 社の日々の業務を改善する方法を提案する機会を与えることを目的として，全社規模の問題解決プログラムを創設した。ウェルチは，競争しようとするすべての企業は，すべての従業員のよい発想を引き出す方法を見つけなければならない，としばしば語った。

語句・表現

- □ *l.1*　management by walking around（MBWA）とは，オフィスを歩いて見て回り，従業員と密にコミュニケーションをはかってマネジメントをする手法。
- □ *l.3*　follow one's lead「～にならう，～の指示〔指導〕に従う」
- □ *l.5*　Work-Out program「問題解決プログラム」work out は「トラブルをなんとかして解決する」の意。
- □ *l.5*　designed to ...「…するように設計された」
- □ *l.8*　draw on ～「～を引き出す；～を利用する」

🔑 Key Points of This Issue　ストックオプション (stock option)

　企業が，従業員に対し，予め定めた価額で株式 (stock) を買い取る権利 (option) を与えるもの。新株予約権とも言う。株価が上昇した際にこの権利を行使して株式を安価で取得し，時価で売却することにより，差額分の報酬が得られるという企業の報酬制度である。株価が上昇するほど差益も増えるため，権利を与えられた従業員は，業績向上のために努力をするようになるというインセンティブ効果が期待される。ただし，権利行使期間中に株価が予定価額を上回らなかった場合，あるいは株式が上場しなかった場合，この権利は行使されないまま失効される。

23-5 Jack Welch: Successful CEO

1 ❽ Welch was an extremely effective communicator and motivator. In his view, leadership and inspiring others to accomplish great things were the **driving force** of the organization. He set up a management development program at GE that he felt would produce great leaders. According to Welch,
5 "Great business leaders create a vision, articulate the vision, passionately own the vision, and **relentlessly** drive it to completion."

❾ After leaving GE, Welch became a **business consultant** and media **commentator** in newspapers and on television. Besides doing numerous **speaking engagements**, he also taught advanced classes at MIT Sloan
10 School of Management.

❿ On March 1, 2020 Welch died at his home in New York City at age 84. He will long be remembered for the tremendous impact he had on American business over the years. According to GE's current chairman and CEO, H. Lawrence (Larry) Culp, *"Jack was larger than life and the heart of GE for*
15 *half a century. He reshaped the face of our company and the business world."*

(Original, 700 words)

1120 ☐	**driving force**	推進力, 原動力；(重要な役割を担う)立役者
1121 ☐	**relentlessly** [riléntləsli]	*adv.* 執拗に, 容赦なく, 絶え間なく
	派 **relentless**	*adj.* 激しく続く；容赦のない
1122 ☐	**business consultant**	ビジネスコンサルタント, 経営コンサルタント
1123 ☐	**commentator** [ká:mentèitər]	*n.* (ニュースなどの)解説者, コメンテーター
	派 **comment**	*vi.* 意見を述べる, コメントする　*n.* コメント
	派 **commentary**	*n.* (テレビ・ラジオの)実況(放送)；解説記事；論評
1124 ☐	**speaking engagement**	講演の仕事, 講演会の契約

23-5　ジャック・ウェルチ：成功を収めた CEO

❽ ウェルチはコミュニケーションを取ったり，やる気を引き出したりするのが非常にうまかった。ウェルチに言わせれば，指導力および素晴らしいことを成し遂げるよう他の人たちを鼓舞することは，組織の推進力であった。ウェルチは，立派な指導者を生み出すであろうと考えて，経営幹部育成プログラムを GE 社に設けた。ウェルチは，「偉大なビジネスリーダーは，ビジョンを創造し，それを明確な言葉にし，それを情熱的に保有し，そして執拗にそれを実現に向かわせる」と語った。

❾ GE 社を退いた後，ジャック・ウェルチはビジネスコンサルタントと新聞やテレビのメディアの解説者になった。数々の講演の仕事をこなす傍ら，MIT（マサチューセッツ工科大学）スローン経営学大学院で上級クラスを教えたりもした。

❿ 2020 年 3 月 1 日，ウェルチはニューヨーク市の自宅で 84 歳で亡くなった。長年にわたってアメリカのビジネスに与えた多大な影響のため，彼はいつまでも忘れられることはないだろう。GE 社の現在の会長兼 CEO の H. ローレンス（ラリー）・カルプは，「ジャックは超人的であり，半世紀の間 GE 社の中心であった。彼は我が社とビジネス界の姿を作り変えた」と語った。

1125
☐ **larger than life**　伝説的な，超人的な，（実際以上に）素晴らしく見える，存在感がある

Part II
8
有名経営者・起業家 ◆ Famous CEOs and Entrepreneurs

語句・表現

☐ *l.3*　management development program「経営幹部育成プログラム」
☐ *l.5*　passionately「情熱的に」

24-1 Steve Jobs: A Visionary for Our Times

1 ❶ **Visionary** ... Innovator ... Genius ... **Perfectionist** ... **Outspoken** ... These are words used by others to describe Steve Jobs, the CEO and co-founder of Apple Inc. Jobs became widely **respected** as a pioneer of the personal **computing** revolution in the 1970s and 1980s. He later went
5 on to build an **exceedingly** successful company with an array of amazing products.

❷ Jobs was born in San Francisco, California in 1955, and was put up for adoption as an infant. He was raised by his adoptive parents — Clara and Paul Jobs. Clara worked as an **accountant**, and Paul was a Coast Guard
10 **veteran** and machinist. Jobs lived with them in Mountain View, California, within the area that would later become known as Silicon Valley. As a boy, Jobs spent time with his father working on electronics in the family garage. He learned how to take apart and reconstruct electronic **gadgets** — a hobby that **sparked** Jobs' interest, while developing his mechanical **prowess**.

☑ **visionary** [víʒənèri]	*n.* 先見の明のある人, 明確なビジョンを持った人；預言者, 空想家
1126 ☑ **perfectionist** [pərfékʃənist]	*n.* 完璧主義者
1127 ☑ **outspoken** [áutspóukn]	*adj.* 遠慮なくものを言う, 率直な, 歯に衣着せぬ；辛口の
1128 ☑ **respected** [rispéktid]	*adj.* 尊敬されている, 評判の高い, 立派な
1129 ☑ **computing** [kəmpjú:tiŋ]	*adj.* コンピュータの
☑ **exceedingly** [iksí:diŋli, ek-]	*adv.* 非常に, 極めて, この上なく
1130 ☑ **accountant** [əkáuntənt]	*n.* 会計係, 経理担当者；会計士

24-1　スティーブ・ジョブズ：私たちの時代の先見の明の ある人

❶ 先見の明のある人，革新者，天才，完璧主義者，歯に衣着せない——これらは，アップルコンピュータの最高経営責任者で共同創設者であるスティーブ・ジョブズを表すのに人々が使う言葉だ。ジョブズは，1970年代から1980年代にかけてパーソナルコンピュータの革命の先駆者として広く尊敬されるようになった。彼はその後，素晴らしい製品を多数生み出す非常に成功した会社を築いた。

❷ ジョブズは1955年にカリフォルニア州サンフランシスコで生まれ，乳児の時に養子に出された。彼は養父母であるクララとポール・ジョブズによって育てられた。クララは会計係の仕事をしており，ポールは沿岸警備隊の元軍人であり，機械工をしていた。ジョブズは彼らと共にカリフォルニア州マウンテンビューに住んでいたが，そこは後にシリコンバレーとして知られるようになる地域の中にあった。少年の頃，ジョブズは父親と一緒に家のガレージで電子機器を修理して過ごした。彼は，電子機器を分解したり組み立てなおしたりする方法を学んだ。この趣味は，ジョブズの興味をかきたてると同時に，機械に関するすぐれた能力を高めた。

☑ **veteran** [vétərən]	*n.* 元軍人，退役軍人；熟達者
1131 ☑ **gadget** [gǽdʒit]	*n.* （目新しい）道具，機器，装置；ちょっとした機械もしくは電子装置
1132 ☑ **spark** [spáːrk]	*vt.* をかきたてる，の火付け役となる *n.* 火花，（刺激となる）活気；ひらめき
1133 ☑ **prowess** [práuəs]	*n.* すぐれた能力；（戦場での）勇気，武勇

語句・表現

☐ *l.7*　be put up for adoption「養子に出される」: put 〜 up for adoption で「〜を養子に出す」の意味。

☐ *l.13*　take apart 〜〔〜 apart〕「〜を分解する」

Part II
8

有名経営者・起業家 ◆ Famous CEOs and Entrepreneurs

24-2 Steve Jobs: A Visionary for Our Times

1 ❸ Young Jobs was a precocious student, skipping sixth grade altogether. After high school, he attended Reed College in Oregon, but dropped out in his first year. He later worked at Atari as a video game designer, and then traveled to India to seek enlightenment by experiencing Zen Buddhism.

5 Returning to Silicon Valley, Jobs reconnected with Stephen Wozniak, an earlier friend. Wozniak was designing his own computer logic board, and Jobs suggested that they produce and sell it. So, they became business partners and co-founded Apple in 1976. Apple 1, the first logic board, was built in Jobs' bedroom and garage. Together, they meticulously assembled

10 multiple units, eventually selling around 200 of them.

❹ The two went on to make a series of user-friendly personal computers. Wozniak created the prototype for Apple II — an expandable, much more powerful system that supported color graphics. Jobs secured the venture capital to mass-produce it.

1134 ☐ **precocious** [prikóuʃəs]	*adj.* (知的・身体的に) 発達が早い；早熟な；ませた
1135 ☐ **enlightenment** [enláitnmənt]	*n.* 悟り；啓蒙, 啓発
1136 ☐ **reconnect with ~**	～に再び連絡をとる
1137 ☐ **logic board**	ロジックボード (論理回路基盤) 解説 CPU, 主要チップ, コントローラなど, コンピュータを構成するものがすべて搭載されている, 最も主要な電子回路基板。
1138 ☐ **business partner**	ビジネスパートナー, 共同経営者
1139 ☐ **meticulously** [mətíkjələsli]	*adv.* 細心の注意を払って, 非常に注意深く

24-2　スティーブ・ジョブズ：私たちの時代の先見の明のある人

❸ 小さい頃のジョブズは発達が早い生徒で，6年生の学年を丸ごと飛び級した。高校卒業後，オレゴン州のリード大学に入ったが，1年目に中退した。それから，ジョブズはアタリでビデオゲームデザイナーとして働いた。その後，禅仏教を体験して悟りを求めようとインドに旅に出た。シリコンバレーに戻ると，ジョブズは昔からの友人であるスティーブン・ウォズニアックと再び連絡をとった。ウォズニアックは，自分でコンピュータのロジックボードを設計していた。ジョブズはそれを製造して販売することを提案した。そこで，2人はビジネスパートナーになり，1976年にアップルを共同で設立した。最初のロジックボードであるApple 1は，ジョブズの寝室とガレージで組み立てられた。2人は一緒に非常に注意深く複数のユニットを組み立て，最終的に約200台を販売した。

❹ 2人は，利用者にとって使いやすいパソコンを次々と製作した。ウォズニアックは，Apple IIのプロトタイプ（試作モデル）を作成した。これは，拡張性が高く，はるかに強力なシステムで，カラーで映し出す機能を持っていた。ジョブズはこれを量産するためにベンチャーキャピタルを確保した。

Part II 8 有名経営者・起業家 ◆ Famous CEOs and Entrepreneurs

1140 ☑	**user-friendly** [júːzərfréndli]	*adj.* 利用者にとって使いやすい，使い勝手のいい，ユーザーフレンドリーな
1141 ☑	**prototype** [próutoutàip, próutə-]	*n.* プロトタイプ，試作モデル，原型
1142 ☑	**venture capital**	ベンチャーキャピタル **解説** ベンチャー企業など高い成長が予想される未上場企業に出資を行う投資会社。
1143 ☑	**mass-produce** [mæsprədjúːs]	*vt.* を大量生産する

📝 **語句・表現**

- ☐ *l.1* skip sixth grade「6年生を飛び級する」: skip a year〔grade〕で「飛び級する」の意味。

- ☐ *l.7* suggest that they produce ...「製造することを提案する」: suggest ＋主語＋(should) do ... で「…することを提案する」の意味。

24-3 Steve Jobs: A Visionary for Our Times

1 (❹続き) Apple 2, with its **sleek** modern design and keyboard, was released in 1977. Later models featured a **spreadsheet program** for numerical calculations. Apple's sales surged **exponentially**, and investors decided it was time to **go public**. In 1980, Apple became a **publicly traded**
5 **company**, finishing its first day of trading with a **market capitalization** of $1.78 billion.
　❺ In 1981, Jobs led a small group of Apple's dedicated, young engineers building a new lower-cost computer — the Macintosh, or Mac, as it was later called. During the next three years, Jobs did some of his most intense and
10 productive work. His management style was **uncompromising**, and he demanded high quality. He became known for his insistence that the Mac be not merely great, but "**insanely** great." If not, he would send it back for **redesign**. In 1984, Jobs himself **unveiled** the Mac in a brilliantly **choreographed** demonstration, the centerpiece of an extraordinary **marketing campaign**.

1144 ☑	**sleek** [slíːk]	*adj.* おしゃれな, 小ぎれいな；つやのある；口先のうまい
1145 ☑	**spreadsheet program**	表計算プログラム, 表計算ソフト
1146 ☑	**exponentially** [èkspounénʃəli]	*adv.* 飛躍的に, 急激に；指数関数的に
1147 ☑	**go public**	株式公開する；（未発表・未公開の情報や計画を）公表する, 発表する
1148 ☑	**publicly traded company**	上場企業
1149 ☑	**market capitalization**	（株式の）時価総額 **解説** 株価に発行済み株式数をかけた値。
☑	**uncompromising** [ʌnkámprəmaiziŋ]	*adj.* 妥協を許さない, 譲歩しない；断固とした, 信念の固い

24-3 スティーブ・ジョブズ：私たちの時代の先見の明の ある人

（❹続き）おしゃれでモダンなデザインで，キーボードが付いていた Apple 2は，1977 年に発売された。その後のモデルには，数値計算用の表計算プログラムがあるのが特徴だった。アップルの売り上げは飛躍的に急上昇し，投資家たちは株式公開する時期だと判断した。1980 年，Apple は上場企業になり，時価総額 17 億 8,000 万ドルで初日の取引を終えた。

❺ 1981 年，ジョブズはアップルの熱心で若いエンジニアの小グループを率いて，新しい低コストのコンピュータを構築していた。後にマッキントッシュまたはマックと呼ばれるものだ。その後の 3 年間，ジョブズは非常に集中して生産性の高い仕事をした。彼の管理スタイルは**妥協を許さず**，高品質を要求するものだった。ジョブズは，マックが単に素晴らしいだけでなく，「とてつもなく素晴らしい」ものであるべきだというこだわりで知られるようになった。そうでない場合，彼は再設計をするように突き返したものだ。1984 年にジョブズ自身が，見事に演出されたデモンストレーション（実演）を行って，マック**を発表した**。このデモンストレーションは素晴らしい**マーケティングキャンペーン**の目玉となった。

1150 ☑ **insanely** [inséinli]	*adv.* とてつもなく；狂気じみて，正気とは思われないほど，非常識に	
1151 ☑ **redesign** [ridizáin]	*n.* 再設計，再計画；新しいデザイン	
☑ **unveil** [ʌnvéil]	*vt.* (秘密など)**を発表する**，を明らかにする；のベールを取り去る	
1152 ☑ **choreograph** [kɔ́:riəgræf, kúri-]	*vt.* を演出する，に振り付けをする	
1153 ☑ **marketing campaign**	販売キャンペーン，マーケティングキャンペーン	

🖋 **語句・表現**

☐ *l.11* his insistence that the Mac be not merely great, but ...「マックが単に素晴らしいだけでなく，…であるべきだというこだわり」：insistence that ... で「…という主張〔強い要求〕」，not merely ～ but (also) ... で「～だけでなく…（も）」の意味。

24-4 Steve Jobs: A Visionary for Our Times

1 ❻ In 1985, Wozniak left the company to pursue outside interests. Later that year, then-CEO John Sculley believed Jobs' management style was creating **friction** within Apple, and Apple's board members agreed. A few days later, the board announced a reorganization of the company where Jobs had no
5 operational duties whatsoever. He was only to remain as chairman of the board. Jobs was **devastated** because Apple — the company he created — was his whole life. So, he decided to resign.
❼ Jobs quickly founded NeXT Inc. to develop powerful workstation computers for higher education institutions and corporate customers.
10 However, the over-priced NeXT computers had few takers, so Jobs **transitioned** the company's focus from hardware to software. Apple kept watch, and in 1997, acquired NeXT software — rehiring Jobs as a consultant — in a $400 million **deal**. A few months later, Jobs became CEO once again of his former company. He was largely responsible for **reviving** Apple, then
15 **on the verge of** bankruptcy.

☑	**friction** [fríkʃən]	*n.* 摩擦；不和, あつれき, 衝突
1154 ☑	**reorganization** [riɔ̀:rɡənəzéiʃən]	*n.* 再編, 再組織, 改組, 改革
☑	**devastate** [dévəstèit]	*vt.* を打ちのめす, を大きく落胆させる；に壊滅的な打撃を与える；(土地やもの)を荒廃させる
1155 ☑	**higher education**	高等教育 (大学・大学院など)
1156 ☑	**corporate customer**	法人 (顧) 客, 企業顧客
☑	**transition** [trænzíʃən, -síʒən]	*vt.* を移行させる, を推移させる *n.* 移り変わり (の時期), 変遷, 推移, 移行

24-4　スティーブ・ジョブズ：私たちの時代の先見の明のある人

❻ 1985年，ウォズニアックは社外の関心事を追求するために会社を去った。その年の後半，当時の最高経営責任者であるジョン・スカリーは，ジョブズの管理スタイルがアップル内で**摩擦**を生み出していると考え，アップルの取締役会メンバーも同意した。数日後，取締役会は，会社の**再編**を発表した。それは，ジョブズが業務を一切行わないというものだった。ジョブズは取締役会の会長として留まるのみとなった。ジョブズは**打ちのめされた**。自分が作ったアップルという会社が彼の人生のすべてだったからだ。ジョブズは辞任を決意した。

❼ ジョブズはすぐにNeXT社を設立し，**高等教育**機関や**企業顧客**向けの強力なワークステーションコンピュータを開発した。ただし，高額すぎるNeXTコンピュータには買い手がほとんどいなかったため，ジョブズは会社のターゲット**を**ハードウェアからソフトウエアに**移行した**。アップルはそれを注視しており，1997年にNeXTソフトウエアを4億ドルの**取引**で買収，相談役としてジョブズを呼び戻した。数カ月後，ジョブズは再びかつての自分の会社の最高経営責任者になった。ジョブズは倒産**寸前**だったアップル**を復活させる**のに大きな役割を果たした。

1157 ☐ **rehire** [riháiər]	*vt.* を再雇用する，を呼び戻す	
☐ **deal** [díːl]	*n.* (商品の)取引，契約，協定；(社会・経済の)政策；(他国・組織との)駆け引き，交渉	
☐ **revive** [riváiv]	*vt.* を復活させる，を蘇生させる；(記憶など)をよみがえらせる	
☐ **on the verge of ～**	～の寸前の，今にも～しようとして，～の瀬戸際で	

語句・表現

☐ *l.4*　have no operational duties whatsoever「業務を一切行わない」：no ～ whatsoever で「少しの～も…ない」の意味。

☐ *l.5*　was only to remain「留まるのみとなった」was〔were〕to do ... で「…することとなった」の意味。

☐ *l.11*　keep watch「見張りを続ける」

Part1 8 有名経営者・起業家 ◆ Famous CEOs and Entrepreneurs

24-5 Steve Jobs: A Visionary for Our Times

1　(❼続き) He greatly simplified Apple's Mac **lineup**. After that, he developed
the iMac, which became the nation's highest-selling PC at that time.
　❽ From 2001 on, Jobs began **reinventing** Apple for the 21st century. His
legendary work — the popular iPod, the convenient iPad, and perhaps most
5　successful of all, the iPhone — have **made a profound difference in** the
way people communicate, work, and live their everyday lives. Unfortunately,
Jobs **was diagnosed with pancreatic cancer** in 2003. He was forced to
take some medical leaves of absence, but sometimes came back to **oversee**
specific projects. He **designated** Tim Cook as **acting** CEO in his absence,
10　the position becoming permanent when Jobs resigned in 2011 and **handed
the reins** over to Cook. Steve Jobs died on Oct. 5, 2011.
　❾ On the 9th anniversary of his **mentor** Steve Jobs' death, Tim Cook
tweeted: *"A great soul never dies. It brings us together again and again."*—
Maya Angelou. You're always with us Steve, your memory connects and
15　*inspires us every day.*　　　　　　　　　　　　　　(Original, 786 words)

1158 lineup [láinÀp]	n. ラインナップ, 顔ぶれ, 陣容；(番組などの) 予定表
1159 reinvent [rì:invént]	vt. を最初から作り直す, を新たに考案する；を改革する
1160 make a profound difference in ~	~に甚大な変化をもたらす, ~に大きな違いをもたらす
be diagnosed with ~	~と診断される
1161 pancreatic cancer	膵臓癌
派 pancreas	n. 膵臓
oversee [òuvərsí:]	vt. を監督する；を監視する, を隠れて (こっそりと) 見る

24-5　スティーブ・ジョブズ：私たちの時代の先見の明のある人

(❼続き) ジョブズは大幅にアップルのマックのラインナップを簡略化した。それからiMacを開発したのだが, iMacは当時全国で最も売れたパソコンとなった。

❽ 2001年以降, ジョブズは21世紀に向けてアップルを新たに作り直し始めた。彼の伝説的な製品である, 人気のiPod, 便利なiPad, そしておそらく最大の成功であるiPhoneは, 人々のコミュニケーション, 仕事, 日常生活のあり方に甚大な変化をもたらした。残念ながら, ジョブズは2003年に膵臓癌と診断された。彼は病気による休職を余儀なくされたが, 特定のプロジェクトを監督するために戻ってくることもあった。ジョブズは自分の不在時には最高経営責任者代理にティム・クックを指名したのだが, その役職がずっと続くこととなったのは, ジョブズが2011年に辞任し, クックに指揮を任せた時のことだった。スティーブ・ジョブズは2011年10月5日に亡くなった。

❾ 恩師であるスティーブ・ジョブズの9回忌に, ティム・クックは, 次のようにツイートした。「『偉大な魂は決して死ぬことはない。それは私たちを何度も何度も結びつける。』と, マヤ・アンジェロウは言っている。スティーブ, あなたはいつも私たちと共にいる。あなたの記憶は私たちを毎日つなげてくれ, 鼓舞してくれる。」

1162 ☑ **designate** [dézignèit]	*vt.* を指名する, を任命する；(場所) を指定する；を示す	
1163 ☑ **acting** [ǽktiŋ]	*adj.* 代理の, 代役の, 臨時の；活動中の	
1164 ☑ **hand the reins to 〜**	〜に指揮を任せる, 〜に指揮権を渡す	
參 **reins**	*n.* 〈複数形で〉制御, 統制力；(馬の) 手綱	
1165 ☑ **mentor** [méntɔːr, -tər]	*n.* 恩師, 良き指導者；信頼のおける相談相手	

📝 **語句・表現**

☐ *l.3*　from 2001 on「2001年以降」：on は副詞で「〜以来〔後〕」を表す。

☐ *l.14*　Maya Angelou：マヤ・アンジェロウ (1928-2014)　アメリカの公民権運動活動家, 詩人。

Part II 8

有名経営者・起業家 ◆ Famous CEOs and Entrepreneurs

25-1 Jeff Bezos: Targeting the Untapped Potential of Internet Sales

1 ❶ Meet the richest man in modern history — Jeff Bezos, founder and chief executive officer of Amazon, the world's largest online retailer. In August 2020, Bezos' net worth **skyrocketed** to $202 billion, according to the Bloomberg Billionaires Index. Under his leadership, Amazon started as an
5 online book merchant, and later expanded its offerings to numerous other products and services. The successes Bezos achieved had an incredible impact on the e-commerce world.

❷ Born in 1964 in Albuquerque, New Mexico, USA, Bezos developed an early love of computers. In high school, he started his first business —
10 the Dream Institute, a program that **fostered** creative thinking in young students. Bezos graduated summa cum laude from Princeton University in 1986 with a degree in electrical engineering and computer science. He started working on Wall Street, and in 1990 became the youngest senior vice president at the investment firm D.E. Shaw & Co.

☐ **skyrocket** [skáiràkət]	*vi.* 〈to ~〉(~に) 急増する	
1166 ☐ **merchant** [mə́ːrtʃənt]	*n.* 業者, 商人	
	参 **online merchant** オンラインマーチャント (≒ e-tailer) ※インターネットのみを使って商取引をする人のこと。	
☐ **foster** [fástər]	*vt.* を育成する, を促進する：(里子など)を養育する	
1167 ☐ **creative thinking**	クリエイティブ・シンキング, 創造的思考 解説「枠組みにとらわれない自由な発想」を意味する。考える際に「ひらめき」や「イメージ」などを重視するもので, 主に右脳を使用する思考法と言われる。	
1168 ☐ **electrical engineering**	電気工学	

25-1　ジェフ・ベゾス：インターネット販売の未開拓の可能性をターゲットに

❶ 現代史上最も裕福な男，ジェフ・ベゾスを紹介しよう。彼は，世界最大のオンライン小売業者であるアマゾンの創業者で，最高経営責任者（CEO）だ（※）。ブルームバーグ・ビリオネア指数によると，2020年8月にベゾスの純資産は2,020億ドルに**急増した**。ベゾスのリーダーシップの下，アマゾンはオンライン書籍業者としてスタートし，その後は，他にも数多くの商品やサービスを販売するようになった。ベゾスが成し遂げた成功は，eコマース（電子商取引）の世界に途方もなく大きな衝撃を与えた。

❷ ベゾスは，1964年にアメリカのニューメキシコ州アルバカーキで生まれ，幼い頃からコンピュータが大好きだった。高校在学中に，「ドリーム・インスティテュート」という彼の最初のビジネスを立ち上げた。これは，若い学生の**クリエイティブ・シンキングを育成する**プログラムだった。1986年，ベゾスはプリンストン大学を最優秀の成績で卒業し，**電気工学**とコンピュータサイエンスの学位を取得した。彼はウォール街で働き始め，1990年には**投資会社**D.E.ショーで，同社では最年少の**上席副社長**になった。

（※）2021年第3四半期にCEOを退任することが2021年2月2日に発表された。

Part II
8

有名経営者・起業家◆ Famous CEOs and Entrepreneurs

1169 ☑	**computer science**	コンピュータサイエンス，計算機科学，コンピュータ科学 **解説** コンピュータ活用全般を扱う学問分野。
1170 ☑	**senior vice president**	シニア・ヴァイスプレジデント（SVP），上席副社長
1171 ☑	**investment firm**	投資会社 **解説** 投資家から資金を集めて，株式や債券，不動産などに資金を投入して利益を得る会社。

✎ 語句・表現

- □ *title*　untapped「未開発の，利用されていない」
- □ *l.4*　Bloomberg Billionaires Index「ブルームバーグ・ビリオネア指数」
- □ *l.11*　summa cum laude「（大学の学部の成績が）最優秀〔優等〕で」with highest praise の意味。成績上位5％程度。

25-2 Jeff Bezos: Targeting the Untapped Potential of Internet Sales

1　❸ Around this time, Bezos recognized the **enormous** potential of the Internet as Web usage was increasing by about 2,000 percent each year. In 1994, he quit his **lucrative** Wall Street job to pursue his dream of creating "an everything store" online. He moved to Seattle, Washington, and founded

5　Amazon in July 1994. Bezos, along with a handful of employees, developed the software for the site. In July 1995, Amazon sold its very first book.

　❹ Success came quickly to Amazon. Within 30 days, Amazon was selling books across the United States and in 45 countries. Amazon.com was a user-friendly site, open 24 hours a day. Browsers could find discounts online and

10　even search for out-of-print books. In 1998, Bezos expanded into the sale of music CDs and videos, adding some consumer products in the following year.

☑ **enormous** [inɔ́ːʔməs]	*adj.* 非常に大きな, 巨大な	
≒ **tremendous**	*adj.* ばく大な；広大な；すさまじい	
☑ **lucrative** [lúːkrətiv]	*adj.* （ビジネスなどが）有利な, もうかる, 利益のあがる	
1172 ☑ **a handful of ~**	一握りの～, 少数の～	
1173 ☑ **browser** [bráuzəʔ]	*n.* サイト内を見て回っている人；インターネットの閲覧ソフト, ブラウザ	
1174 ☑ **out-of-print** [áutəvprínt]	*adj.* 絶版の	
1175 ☑ **expand into ~**	（会社・事業などが）～に進出する	
参 **expansion**	*n.* （事業などの）拡大, 発展	

25-2 ジェフ・ベゾス：インターネット販売の未開拓の可能性をターゲットに

❸ この頃，ベゾスはインターネットの**非常に大きな**可能性を認識していた。ウェブの利用量が毎年約2,000パーセント伸びていたからだ。1994年，**報酬の高い**ウォール街の仕事を辞めて，オンラインで「何でも売っている店」を作るという夢を追求した。ワシントン州シアトルに移り住み，1994年7月にアマゾンを設立。ベゾスは少数の従業員と共に，サイト用のソフトウェアを開発した。1995年7月，アマゾンは最初の本を販売した。

❹ アマゾンに成功はすぐに訪れた。30日間で，アマゾンはアメリカ全土及び45カ国で本を販売していた。Amazon.comは，ユーザーにとって使いやすいサイトになっており，24時間営業だった。閲覧者はオンライン上で割引を見つけたり，絶版になった本を検索したりすることもできた。1998年，ベゾスは音楽CDやビデオの販売に進出し，翌年には消費者向け製品も追加した。

Part II
8
有名経営者・起業家 ◆ Famous CEOs and Entrepreneurs

語句・表現

☐ *l.8*　user-friendly「ユーザーにとって（機器が）使いやすい」

☐ *l.11*　consumer product「消費者向け製品，消費財」

25-3 Jeff Bezos: Targeting the Untapped Potential of Internet Sales

1 ❺ Customers were able to post product reviews and even get personalized product recommendations based on their search behavior. In light of Amazon's success, other brick-and-mortar merchants soon followed suit in setting up their own online stores.

5 ❻ As the number of companies battling for a share of the Internet market rapidly increased, Bezos moved to diversify even further. Amazon began selling a raft of new products, from consumer electronics to apparel to hardware. Amazon started its on-demand video streaming service in 2006, the same year it launched Amazon Web Services (AWS), which later

10 became the biggest cloud-computing platform in the world.

❼ 2007 marked the launch of Amazon's handheld digital book reader, known as the Kindle. With the device's built-in wireless Internet connectivity, users were able to access Amazon's massive collection of electronic books for purchase and download. By 2010, digital book sales had

15 reportedly overtaken sales of traditional books.

1176 post [póust]	vt. (ウェブサイトなどに)を投稿する, を掲示する〔載せる〕
1177 battle for ～	～を得ようと争う
1178 a raft of ～	数多くの～, たくさんの～
参 raft	n. たくさん, 多数, 多量；いかだ
1179 consumer electronics	家電製品
1180 apparel [əpǽrəl]	n. 衣料品
1181 hardware [háːrdwèər]	n. 金物類；〈コンピュータ〉ハードウェア
1182 on-demand [ʌndimǽnd]	adj. オンデマンドの 解説 on demand(オンデマンド)とは, ユーザの要求があった際に, その要求に応じてサービスを提供することを言う。

25-3　ジェフ・ベゾス：インターネット販売の未開拓の可能性をターゲットに

❺ 顧客は商品の評価を投稿することができ，検索行動に基づいて個別に商品のおすすめ情報を受けとることさえできた。アマゾンの成功を踏まえて，他の実店舗の小売業者もすぐに独自のオンラインストアを立ち上げ，追随した。

❻ インターネット市場でシェアを争う企業が急速に増加するにつれて，ベゾスはさらに多様化を進めた。アマゾンは，家電製品からアパレル，金物類に至るまで，数多くの新しい製品の販売を開始した。2006年には，オンデマンド映像配信サービスを開始し，同年にはアマゾン・ウェブ・サービス（AWS）を始めた。これは後に世界最大のクラウドコンピューティングプラットフォームになった。

❼ 2007年は，Kindleとして知られるアマゾンの携帯型電子書籍リーダーの発売の年であった。この端末に組み込まれたワイヤレスのインターネット接続機能を用いて，ユーザーはアマゾンの膨大な電子書籍コレクションにアクセスして購入やダウンロードができた。2010年までに，電子書籍の売上高は従来の書籍の売上高を上回ったと言われている。

Part II 8 有名経営者・起業家 ◆ Famous CEOs and Entrepreneurs

1183 ☑	**video streaming service**	映像配信サービス
1184 ☑	**handheld** [hǽndhèld]	*adj.* 携帯型の，手で持って操作できる
1185 ☑	**built-in** [bíltín]	*adj.* 作り付けの，内臓の
1186 ☑	**Internet connectivity**	インターネット接続機能，インターネット接続性

✏ 語句・表現

□ *l.11* 2007 marked ～「2007年は～の年だった」：このmarkは「（…周年など）～に当たる」の意味。mark the 150th anniversary（150周年である）など。

25-4 Jeff Bezos: Targeting the Untapped Potential of Internet Sales

1 ❽ That **milestone** year also included the launch of the Amazon Studios division. Ever in need of content, Amazon began producing original TV shows and movies. Amazon's **yearly net sales** have grown dramatically over the years, from a modest $510,000 in 1995 to over $600 million in 1998,
5 later **soaring** from $19.1 billion in 2008 to nearly $233 billion in 2018.

❾ Bezos has engaged in a number of ventures outside Amazon. In 2000, he founded the **spaceflight** company Blue Origin, acquiring a Texas **launch site** in 2003. Bezos' ultimate goal is to launch a **crewed suborbital** spacecraft (the New Shepard), and in 2021 Blue Origin will **finalize** an orbital
10 **launch vehicle** (the New Glenn), **named** respectively **after** astronauts Alan Shepard and John Glenn. In 2013, Bezos purchased the Washington Post newspaper for $250 million dollars. Bezos became the richest person in the world in 2018, with his net worth at the time estimated to be $112 billion.

(Original, 586 words)

1187 **milestone** [máilstòun]		*n.* (物事や作業の進捗を管理するための) 節目, (プロジェクトを完遂するために重要な) 中間目標地点；(歴史・人生などの) 重要な出来事；マイル標石
	参 **milestone year**	節目となる年
1188 **yearly** [jíərli]		*adj.* 年間の；年に一度の
1189 **net sales**		純売上高 (総売上高から控除項目を引いたもの)
	参 **gross sales**	総売上高
soar [sɔ́ːr]		*vi.* 高く上がる, 舞い上がる
1190 **spaceflight** [spéisflàit]		*n.* 宇宙旅行；宇宙旅行すること
1191 **launch site**		ロケット打ち上げ用地

25-4　ジェフ・ベゾス：インターネット販売の未開拓の可能性をターゲットに

❽ この節目の年には，アマゾン・スタジオ部門も立ち上げた。アマゾンは常にコンテンツを必要としており，オリジナルのテレビ番組や映画の制作を開始した。アマゾンの年間純売上高は，年を追うごとに劇的な成長をしており，1995年のわずか51万ドルから，1998年には6億ドルを超え，その後，2008年の191億ドル，2018年には2,330億ドル近くまで上昇した。

❾ ベゾスはアマゾン以外にも多くのベンチャー事業に携わってきた。2000年には宇宙旅行企業ブルー・オリジンを設立し，2003年にはテキサス州でロケット打ち上げ用地を取得した。ベゾスの最終目標は有人サブオービタル（弾道飛行用）宇宙船（ニューシェパード）の打ち上げで，2021年にはブルー・オリジンは軌道周回打ち上げロケット（ニューグレン）を完成させる予定だ。宇宙船はそれぞれ，宇宙飛行士のアラン・シェパード，またジョン・グレンにちなんで命名された。2013年，ベゾスはワシントン・ポスト紙を2億5,000万ドルで買収。ベゾスは2018年に世界で最も裕福な人物となり，当時の純資産は1,120億ドルと推定された。

1192	**crewed** [krúːd]	*adj.* 有人の
1193	**suborbital** [sʌbɔ́ːrbətl]	*adj.* 弾道飛行用の，サブオービタル；地球を完全に周回しない
1194	**finalize** [fáinəlàiz]	*vt.* を仕上げる，をまとめる
1195	**launch vehicle**	打ち上げロケット
	参 **launch**	*vt.* （仕事・計画など）を始める，（ミサイル・人工衛星など）を発射する
1196	**name ～ after ...**	～に…の名を取って〔にちなんで〕命名する〔名をつける〕

英文記事出典一覧

Part II

1 African Americans point to racial biases in economics by Josh Boak (*THE ASSOCIATED PRESS*, June 12, 2020)

2 What is the link between inflation and equity returns? (*The Economist*, May 28th 2020 edition)

Republished with permission of The Economist Group Limited from What is the link between inflation and equity returns? (*The Economist*, May 28th 2020 edition); permission conveyed through Copyright Clearance Center, Inc.

4 GDP growth revised higher, jobless claims up by David Lawder (*Reuters*, May 29, 2008)

From reuters.com. © 2008 reuters.com. All rights reserved. Used under license.

5 TikTok Files Suit Challenging U.S. Ban by Katy Stech Ferek and Liza Lin (*The Wall Street Journal*, Aug. 24, 2020)

Republished with permission of Dow Jones & Company, Inc., from TikTok Files Suit Challenging U.S. Ban by Katy Stech Ferek and Liza Lin, *The Wall Street Journal*, Aug. 24, 2020; permission conveyed through Copyright Clearance Center, Inc.

8 From The story of the coronavirus impact on airlines in numbers by Graham Dunn (*Flight Global*, 4 June 2020)

copyright © 2020 by Graham Dunn

Used by permission of Flight Global, DVV Media International Limited

11 Saudi Arabia to launch global PR offensive to counter negative press by Simeon Kerr (*The Financial Times*, 12 SEPTEMBER 2017)

FT FINANCIAL TIMES Source: Simeon Kerr, 2017, Saudi Arabia to launch global PR offensive to counter negative press, The Financial Times / FT.com, 12 SEPTEMBER, Used under license from the Financial Times. All Rights Reserved.

12 Digital ad market set to eclipse traditional media for first time by Alex Barker (*The Financial Times*, 23 JUNE 2020)

FT FINANCIAL TIMES Source: Alex Barker, 2020, Digital ad market set to eclipse traditional media for first time, The Financial Times / FT.com, 23 JUNE, Used under license from the Financial Times. All Rights Reserved.

13 Making ads more personal, thanks to AI (*The Economic Times*, May 2, 2019)

14 Suntory enters US beer market with alcohol-free brew (*Nikkei Asian Review*, July 17, 2020)

16 Rethinking Performance Management for Post-Pandemic Success by Michael Schrage (*MIT Sloan Management Review*, June 1, 2020)

© 2020 from MIT Sloan Management Review / Massachusetts Institute of Technology. All rights reserved. Distributed by Tribune Content Agency

19 How Much Do a Company's Ethics Matter in the Modern Professional Climate? (*Forbes*, Sep. 12, 2017) by Larry Alton

※翻訳は弊社によるものです。

参考文献一覧

【参考辞書】

『ウィズダム英和辞典』（三省堂）

『経営・ビジネス用語英和辞典』（IBC パブリッシング）

『ジーニアス英和辞典』（大修館書店）

『新英和中辞典』（研究社）

『新和英中辞典』（研究社）

『トレンド日米表現辞典』（小学館）

『プログレッシブ英和中辞典』（小学館）

『ランダムハウス英和大辞典』（小学館）

Longman Dictionary of Contemporary English（Longman）

Oxford Advanced Learner's Dictionary（Oxford University Press）

Oxford Paperback Thesaurus（Oxford University Press）

Oxford Wordpower Dictionary（Oxford University Press）

The Pocket Oxford Dictionary and Thesaurus（Oxford University Press）

【その他 参考資料】

『最新版 ビジネス英語スーパーハンドブック』（アルク）

【参考サイト】

Cambridge Dictionary

Collins Online Dictionary

Common Language Marketing Dictionary

goo 辞書

Longman Dictionary

Macmillan Dictionary

Marketing Terms.com

Merriam-Webster Dictionary

OneLook Dictionary Search

Thesaurus.com

Weblio 辞書

Weblio 辞書　英和経済用語辞典

経済金融・証券会計訳語辞典

コトバンク

金融・証券用語解説集

生命保険用語　英和・和英辞典

MEMO

INDEX

1) 赤太字＝見出し語（番号付きの語）
   黒太字＝見出し語（番号が付いていない語：『Core 1900』『Advanced 1000』掲載語）
   黒細字＝派生語，類義語，反意語，参考語
2) 数字はページ数を表します。太字は見出し語掲載ページ，細字は見出し語再掲載ページおよび派生語，類義語，反意語，参考語掲載ページを表しています。
   ※「語句・表現」の語は割愛しました。
   ※2語以上でも，ひとまとまりで名詞として機能するものは「単語」に分類しています。

単語 INDEX

熟語 INDEX

MEMO

MEMO

MEMO

MEMO

MEMO

【編著者略歴】

松本 茂 (まつもと・しげる)

東京国際大学言語コミュニケーション学部教授。立教大学名誉教授。「松本茂のはじめよう英会話」「リトル・チャロ2」「おとなの基礎英語」など長らくNHKのテレビ・ラジオ番組の講師および監修者を務めてきた。現在はNHKラジオ「基礎英語」(4番組) シリーズ全体監修者。東京都英語村(TGG)のプログラム監修者も務めている。著作:『速読速聴・英単語』シリーズ(Z会, 監修),『会話がつづく! 英語トピックスピーキング』(Z会),『英会話が上手になる英文法』(NHK出版),『頭を鍛えるディベート入門』(講談社), 他, 多数。

Robert L. Gaynor (ロバート・L・ゲイナー)

英文ライター。ルイス&クラーク大学卒業。ポートランド州立大学大学院修士課程修了(TESOL専攻)。東海大学講師などを経て現職。著作:『速読速聴・英単語 Basic 2400』,『速読速聴・英単語 Daily 1500』,『速読速聴・英単語 Core 1900』,『速読速聴・英単語 Opinion 1100』,『速読速聴・英単語 Advanced 1100』,『TOEIC® TEST 速読速聴・英単語 STANDARD 1800』,『TOEIC® TEST 速読速聴・英単語 GLOBAL 900』,『会話がつづく! 英語トピックスピーキング Story 2 英語で仕事!編』(Z会, 共著)

Gail K. Oura (ゲイル・K・オーウラ)

英文ライター。サンタクララ大学卒業。ハワイ大学大学院修士課程修了(コミュニケーション学専攻)。東海大学講師, 上智短期大学助教授などを経て現職。著作:『速読速聴・英単語 Basic 2400』,『速読速聴・英単語 Daily 1500』,『速読速聴・英単語 Core 1900』,『速読速聴・英単語 Opinion 1100』,『速読速聴・英単語 Advanced 1100』,『TOEIC® TEST 速読速聴・英単語 STANDARD 1800』,『TOEIC® TEST 速読速聴・英単語 GLOBAL 900』(Z会, 共著)。

【音声吹き込み者略歴】

Helen Morrison
アメリカ ウィスコンシン州 ミルウォーキー出身

Christopher Koprowski
アメリカ ミネソタ州 出身

Carolyn Miller
カナダ オンタリオ州出身

Kevin Glenz
アメリカ ウエストバージニア州出身

書籍のアンケートにご協力ください

抽選で図書カードを
プレゼント！

速読速聴・英単語 Business 1200 ver.2

初版第1刷発行 ………… 2008年12月10日
ver.2 第1刷発行 ……… 2021年 3 月10日
ver.2 第3刷発行 ……… 2024年 6 月10日
監修者……………………… 松本茂
発行人…………………… 藤井孝昭
発行…………………… Z会
　　　　　　　　　　〒411-0033　静岡県三島市文教町1-9-11
　　　　　　　　　　【販売部門：書籍の乱丁・落丁・返品・交換・注文】
　　　　　　　　　　TEL 055-976-9095
　　　　　　　　　　【書籍の内容に関するお問い合わせ】
　　　　　　　　　　https://www.zkai.co.jp/books/contact/
　　　　　　　　　　【ホームページ】
　　　　　　　　　　https://www.zkai.co.jp/books/
英文執筆………………… Robert L. Gaynor, Gail K. Oura
執筆協力………………… 櫻井功男, 松尾直美, 松本祥子
翻訳協力………………… 林彩, 西田直子, 山下友紀, 佐々木洋子
編集協力………………… 株式会社 シー・レップス
録音・編集……………… 株式会社 映音空間
印刷・製本……………… シナノ書籍印刷株式会社

ISBN978-4-86290-355-6　C0082